制　度　与　创　新　成　就　基　业　长　青

U0823570

田小皖

2022年11月18日

财富规划必读良册系列丛书

家族之根

打破富不过三代的禁锢

田小皖 姚盼 著

中国财经出版传媒集团
中国财政经济出版社

图书在版编目（CIP）数据

家族之根：打破富不过三代的禁锢 / 田小皖，姚盼著. --北京：中国财政经济出版社，2022.11

ISBN 978-7-5223-1540-9

Ⅰ.①家… Ⅱ.①田… ②姚… Ⅲ.①家族－私营企业－企业管理－研究 Ⅳ.①F276.5

中国版本图书馆CIP数据核字（2022）第213016号

责任编辑：陈志伟　　责任印制：史大鹏

封面设计：卜建辰　　责任校对：胡永立

家族之根——打破富不过三代的禁锢

JIAZU ZHIGEN——DAPO FUBUGUO SANDAI DE JINGU

中国财政经济出版社 出版

URL：http：//www. cfeph. cn

E-mail：cfeph@ cfeph. cn

社址：北京市海淀区阜成路甲28号　邮政编码：100142

营销中心电话：010-88191522

天猫网店：中国财政经济出版社旗舰店

网址：https：//zgczjjcbs. tmall. com

北京时捷印刷有限公司印刷　各地新华书店经销

成品尺寸：170mm×240mm　16开　18.25印张　231 000字

2022年11月第1版　2022年11月北京第1次印刷

定价：98.00元

ISBN 978-7-5223-1540-9

（图书出现印装问题，本社负责调换，电话：010-88190548）

本社图书质量投诉电话：010-88190744

打击盗版举报热线：010-88191661　QQ：2242791300

PREFACE 序

社会常有“家是缩小的国、国是扩大的家”的说法，更认为“国有国法、家有家规”。故此，要好好地治国治家，便需透过对国和家进行科学系统的研究，客观地找出强弱机危，以博取良法、建立制度、化解矛盾纷争，才能凝聚共识令众有所依，集结正能量并提升国与家的综合发展力量或竞争力，达至长治久安，可持续发展。

对于国家和民族的发展，我们总以为其决定因素在于钱财资源等物质因素，但其实更重要的是价值观和信念等精神因素。法国大思想家孟德斯鸠（Montesquieu）在其《论法的精神》一书中便清楚直白地指出：一个民族愈发达，物质因素对其影响愈小，反之精神因素对其影响则愈大。

相对于国，家的规模虽小，但决定其能否和睦兴旺、持续发展、受人敬仰称颂的主因，还是精神因素。有了健全的价值观和信念，家族中无论日常相处、家事分工、情感孕育、关系伸张，乃至于财产分配、职责交托等，便能产生良性互动，促进家族正面发展，也不致于稍有偏差便滋生矛盾怨怼，或容易受人煽动挑拨，做出各种不利家族发展的举措，可见精神因素实乃国与家发展的重中之重。

既然精神因素如此重要，家族的正确做法或努力方向，自然是要确立正确合适的价值观，珍而重之的培养、凝聚，使之世代相传。若能将精神价值写进家族宪章中，自小让子孙后代学习细味，耳濡目染，在不经不觉间建立起大气大方大我的家族精神，显然是最能达至家族善治的保证。

长久以来，教育界、商界、法律界或学术界都有研究治理家族的良方，为家族传承与可持续发展排难解纷，指明发展路向，惟众说纷纭，资料散乱，令有心学习者皓首穷经，仍事倍功半，今田小皖、姚盼等研究著述的《家族之根——打破富不过三代的禁锢》一书出版，既从理论入手，确立家族治理信念与宗旨，又筛取中外不同国家文化巨富世家克服问题和挑战的成功案例，梳理其发展过程曾出现的正反经验教训，然后按部就班地阐述其如何建立优良治理体制，让后来者有例可循，满足了不少寻觅家族治理良方者的需求。

中国文化以家为本，重视血脉，子女自幼便被灌输要孝顺父母、兄友弟恭等良好德行，这种品德先行的文化，为家族长存确立了基础，也曾孕育出璀璨文明，吸引四方来仪。近代国家虽经历了崎岖曲折，但经过多代人的努力、变革，现在终迎来民族复兴，透过因应时代与社会不断发展的家族精神重塑与凝聚，去芜存菁，无论贫富大小的无数家族，必可成为支持并推动国家民族再闯高峰、再创辉煌的巨大力量源泉。借《家族之根——打破富不过三代的禁锢》一书的成功出版，为中国家族与企业走向更好治理与更宽广发展道路送上最衷心祝愿。

郑宏泰
香港中文大学社会与政治研究中心主任
全球中国研究项目联合召集人

Foreword 前言

改革开放四十余年，中国民营企业在体量和质量上都取得长足的发展，成为促进我国高质量发展不可或缺的部分。四十年也正是两代人或三代人交替的时间跨度，第一代企业家筚路蓝缕开创家族基业，对内应对激烈商业竞争，对外克服经济周期波动，将家族企业带入“交班”的关键时点。

确保家族企业成功交班的密码是什么？确保家族长盛不衰的方法是什么？企业家们和研究企业发展的学者们都从各自视角进行了探索，有人重拾中国传统的家族概念，重提睦亲勤俭、蒙以养正、亲仁济众等精神品质，以千年厚重的历史积淀，应对新时期的新挑战；有人看重“从身份到契约”的转变，着重以现代商事制度为基础，以条约、规则为手段，克服代际传承问题。两者都有各自的作用，也都有各自的不足。

因为经济发展的原因，欧美成熟发达经济体比我们早很多年富裕起来，也因此早早面对家族传承问题，他们也经历了从以文化为基础，到以规则为手段的探索过程，逐渐形成了一些有关于家族传承的理念、方法，并已经出现很多成功的案例，这些理论和实践是我们探索中式家族传承不可多得的借鉴。虽然他人已经有成熟的解决方案，但我们也不宜照搬照抄。文化传承不同，从根本上塑造了不同的“家族”“传承”认知；体制规则不同，缺少相同的制度资源以构建具体的解决方案。因此，我们要在考虑具体国情的前提下，消化、吸收外部已有的理念、方法，并转化改造它们，使之适应我们的需求。

随着中国企业家集体性进入传承阶段，编制家族宪章的源发性需求已经爆发。几年前，客户还在询问：家族宪章是什么？现在的客户已经不需要这样的概念性初级教育了，他们往往在第一次见面时就拿出问题清单“拷问”我们。在多年服务客户的过程中，我们梳理总结了中国家族客户常会遇到的问题，并在本书提出自己的解决方案；还有一些诸如“家族治理如何与公司治理相关联”等问题确实是理论及实务中的难点，我们在实践中进行了多样化的探索，并在书里尝试给出解决方案。

家族宪章是家族治理的纲领性文件，能与很多其他业务接合，比如在家族宪章下设立家族信托或家族办公室、为家族提供投资管理服务、为家族成员提供整体保险保障方案等，家族宪章为这些服务或产品提供了框架支持。除此之外，正如我在《资产保护与风险隔离操作实务》一书中提到的家族宪章及家族治理还能起到家族风险隔离的作用。

撰写本书时，我研究了国内外很多的家族传承观点、理论，并没有发现一个放之四海而皆准的标准，时代变迁、地域不同、家族禀性各异，致使该领域的研究多以经验总结为主。同时，由于职业特性影响，我主要是以律师视角阐述在中国语境下的家族宪章要素，其中的很多理解、方法只是个人的执业感悟，真诚欢迎各位读者的交流、反馈。

在此特别感谢我们的客户们，因为他们的信任，我们才有机会走近一个个优秀的中国家族和家族企业，了解他们的发展故事。编写家族宪章只是服务的表面，更重要的是其内涵：（1）协调家族成员的利益；（2）建立家族成员合作、冲突的机制。期间，我们看到了家族成员从个人利益角度出发进行的博弈，也看到了他们为家族整体利益所做出的牺牲。改革开放不仅为高净值家族带来巨额财富，也塑造了他们开放开明、进取守约的精神品质。伴随着民族复兴的步伐，我们也一定会拥有更多的“百年家族、百年企业”。

本书写作前后花费两年时间，期间几次调整章节结构、案例资料，最终得以成书。姚盼先生撰写了第五章“群策群力：家族会议的智慧”，并为其他章节提供了资料支持；家办行业专家夏毅先生及保险专家杨升先生对本书的结构及案例提出宝贵意见；助理雷雅婷律师帮助进行了校阅。

田小皖

2022年6月于北京

Contents 目录

第一章

束广就狭：家族宪章概述

01

第一节
为什么需要家族宪章

> “君子之泽，五世而斩；小人之泽，亦五世而斩。”——《孟子·离娄章句下》
>
> “富裕农民，贵族儿子，穷孙子。”——葡萄牙谚语
>
> “创造、继承、毁灭。”——德国谚语

这些谚语表明，“富不过三代”是一个世界性的问题。根据美国布鲁克林家族企业学院的研究，70%的家族企业没有能够传到下一代，88%的家族企业没能传到第三代，只有3%的家族企业能传到第四代。家族企业很少能传承数代主要是内部冲突所致。随着代际延续，家族成员之间裂痕渐生、关系紧张，在没有明确的家族使命、家族愿景，没有一套明确的机制、规则统御家族成员、家族企业的情况下，家族就会面临争议、对立、分裂等问题。而内部冲突之所以能造成如此广泛且深远的影响，究其根本还在于家族与家族企业密不可分的联系。

一、家族发展所面临的问题及回答

图1-1的三圈模型经常被用来说明家族与家族企业的管理权和所有权的相互作用或影响，三圈模型由所有权圈、管理层圈和家族圈三部分

组成。

所有权和管理权是所有企业均具备的共同要素，而家族是家族企业独一无二的影响因素，它也是家族企业与非家族企业的区别所在。在许多家族企业中，家族渗透到企业的管理和所有权中，成为企业整体运营的重要组成部分。从图1–1中很容易看出，这三个组成部分之间的相互作用，例如，三者之间相互挑战但又同时为彼此带来独特机会，并且，在家族企业的某个阶段，所有权、管理权和家族三者将混合在一起。

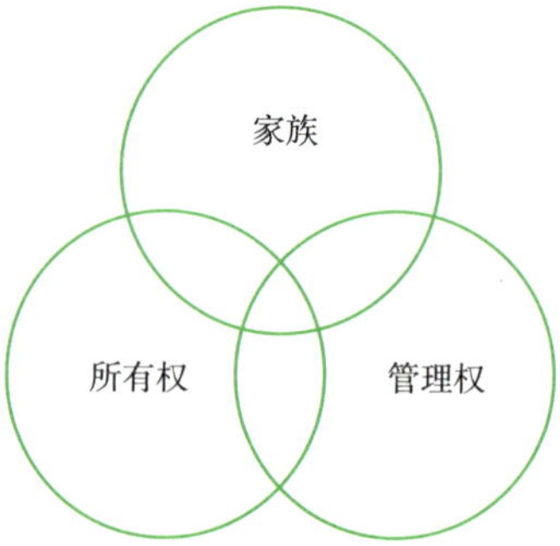

图1–1　三圈模型

图1–2是传统三圈模型的一个变体，它说明了家族的重要性或影响程度。在一个典型的多代家族企业中，家族往往更加突出，对企业的管理权和所有权有更大的影响。实际上，在许多家族企业中，企业所有权完全是家族的，管理权也完全或主要是家族的。随着家族和家族企业的发展和壮大，各种关系开始变得复杂、分散、破碎。除了家族成员之间同代或跨代的私人关系，还存在家族企业、家族办公室、家族信托受托人等为了保护家族财富而存在的不同主体之间的复杂关系。

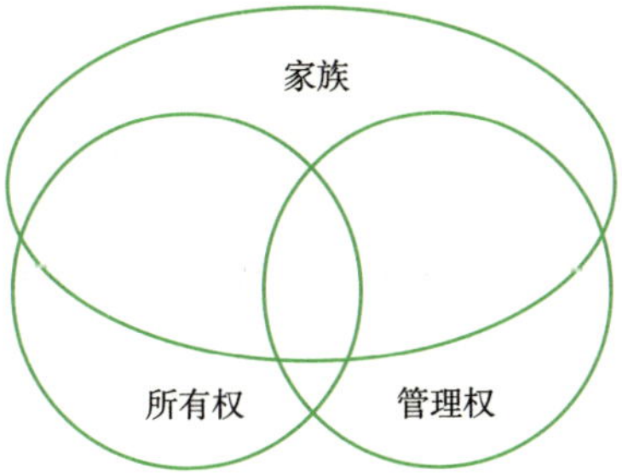

图 1-2 三圈模型变体

在这种情况下，家族企业能否超越非家族企业以及能否成功将企业传承至下一代，在很大程度上取决于家族治理的状况。因此，探讨如何治理家族更具有重要意义。在这个过程中，家族成员们需要花时间和精力去思考下列问题：

- 如何保持家族凝聚力？特别是在家族第一代离去之后如何维持家族团结？
- 下一代家族成员进入家族企业的标准是什么？
- 是否让下一代成员参与家族企业的业务或取得家族企业的所有权？
- 传承是依靠家族的价值观和过去经验还是制定明确的规则？
- 如何激励家族成员接受更好的教育并去外部企业锻炼？如何鼓励青年家族成员像前辈一样从公司底层开始做起？
- 家族是否要调整现有的家族成员薪酬体系？
- 如何让非参与型家族企业股东（即持有家族企业股权但不实际参与企业经营管理的家族成员）具有参与感？
- 如何协调家族股东与非家族股东的关系？

- 家族中下一代之间的关系该如何调整？
- 如果家族成员想出售其股份，该怎么办？
- 家族企业的接班人标准是什么？如何实现传承？
- 如何鼓励家族姻亲参与家族建设？
- 家族内部如何做决策？谁有权参与决策？
- 如何协调、处理家族争议？

事实上，在家族治理的过程中，家族成员不仅要思考上述问题，还有其他更多问题等着他们去解决。不同家族解决问题的意愿不尽相同，而积极寻求解决方法的家族，大多受以下因素驱动：

- 保持家族所有权的统一，培养家族企业所有者对企业未来的责任感、使命感；
- 为家族企业运营打下坚实的基础，让外聘管理者和商业伙伴保持信心；
- 让家族下一代成为家族企业未来主角；
- 保持家族和谐，防止因误解而发生冲突。①

这些动机在长期的实践和发展中成为指引家族成员们进行家族治理的原则，又可以进一步被归纳为以下几点。

1. 促进家族企业的永续发展。包括为家族企业专业化治理设定标

① Daniela Montemerlo，John L.Ward.The Family Constitution［M］.New York：Palgrave Macmillan，2011-01-11.

准，规划、管理家族传承，为传承做准备工作等。

2. 保持家族企业所有权的统一，培养企业所有者的责任感。包括制定家族企业股份在家族内部、外部流转的规则，设立家族股权转让内部市场，制定股息政策，以负责任的家族企业所有者为标杆，学习、分享并实践其价值观和行为模式，明确如何解决所有权冲突等。

3. 夯实家族凝聚力。包括保持家族的共同价值观，为家庭成员团聚创造条件，为整个家庭和家族成员提供服务，培养家族成员成为家族企业未来主人并勇于担负重担等。

因此，为了更好地治理家族，实现家族企业的传承及家族财富的延续，各家族利益相关者必须秉持以上三个原则，对共同的权利及义务达成一致，建立机制以保障它们的运作。这种集精神传承、财富传承等功能为一体的系统机制汇集到纸面上，可以是简单的一页家族宣言，也可以是数十上百页的家族宪章及系列文件。前者只包含家族价值观和信念等原则性内容，后者则包含家族价值观、家族与家族企业关系准则、家族企业所有权约定等。对二者的选择通常取决于家族企业本身、家族企业所有权结构、家族本身三者的复杂程度。

家族企业：单一业务还是多元业务？单一公司还是集团公司？非上市公司还是上市公司？

家族企业所有权：股东数量增多还是减少？第二代/第三代持有股权情况？家族各分支持股结构的变化？

家族：家族成员数量是否变化？家族成员是否分化为参与企业经营型及非参与企业经营型？家族成员进入企业的标准及薪酬是否科学？

在了解清楚这些复杂因素之后，问题的答案就呼之欲出了——家族宪章才是最优解。它需要平衡家族企业、企业所有权以及家族三者之间的关系，促使家族了解上述复杂因素，促进家族的内部讨论，在问题产生之前帮助家族作出决策、找到解决方法。否则，当问题出现而家族没有准备之时，家族只能在更紧迫的时间压力下寻找解决方案，无暇仔细考虑后期影响，致使这些方案通常会因缺少灵活性和客观性而带来灾难性的后果。因此，仅对公司、家族或所有权其中一方进行安排是不够的，需要对家族问题及企业问题做系统性的了解，并深谙三者的关联性和相互作用的特性。

首先，从家族企业的角度来看，作为企业所有者的家族应该制定家族宪章来明确企业领导权的传承。有的家族会提前对传承进行规划，以明确下一代进入家族企业的标准；有的家族会设立专业管理团队的雇佣标准或选任机制，以确保适当的公司治理；有的家族更加重视下一代的商业基因培养，以便从下一代中选出优秀的家族企业继任者。

> Tergerg Group创立于1869年，目前已经传承至第五代，Tergerg家族认为家族持股是保证企业顺利传承的关键结构安排，家族协议明确了共同的价值观，依靠成熟的公司治理机制确保公司商业决策的合理性。Tergerg Group目前由第四代控制，家族设立了“第五代委员会”以帮助第五代的成长。家族也会为第五代提供观摩公司运营的机会，并且提供了职业发展咨询。在符合家族协议约定学历及其他公司工作经历的条件下，第五代才有可能进入家族企业工作。

家族宪章可以规定家族对企业的责任，它提供了强有力的手段来培养未来的企业所有者，明确了与家族利益和公司利益相关的政策（如企业雇佣家族成员政策、企业为家族活动提供资金的规定），为下一代成员提供了重要的参考（如家族传承中对于企业高管意见的参考）。家族宪章可以强化共同的价值观，并为家族成员独立于企业经营活动的其他共同行动创造条件。它还能为整个家族及成员个人提供财务支持和服务。一些家族承诺为下一代的教育提供资助支持，而另一些家族会建立应急基金，以备部分家族成员不时之需，还有些家族会对成员重大的文化、艺术、科技贡献进行褒奖。

> 一家中型家族公司中有第二代的四名成员（公司股东）和六名第三代成员（未持有公司任何股份），有四名家族成员积极参与了公司经营，分别是第二代的总裁和三位第三代成员。公司总裁一直得到兄弟姐妹的支持，但对能否得到下一代支持感到担忧，并且公司无法为所有家族成员提供就业岗位。现在，一些不参与公司经营的第三代家族成员想成为股东，并愿意以非员工持有者的身份为公司和家族作出贡献。部分家族成员一直在询问，他们的孩子是否有机会在家族企业中工作。他们积极地组织了一系列的家族会议，讨论了如何贯彻家族价值观，如何保护家族资产，如何组织家族，以便能既支持企业发展，也帮助家族成员找到自己的生活方式以及如何帮助股东承担其权利和义务等。

其次，从所有权的角度，家族宪章要对企业所有权问题有所回应。随着家族规模的扩大，可能更多的人享有家族企业所有权（股权）。相反，所有权的扩大也会影响公司的扩张或经营的多元化。一般来说，家族往往会通过设定一套制度以限定家族内外的股权流转，特别是要为非家族人士的进入设定条件以确保家族的控制权，或者创立一个家族内部的股权流通市场，以满足部分成员流动性的需要。特别是当公司扩大产品范围和市场地域时，实控家族往往会通过搭建控股公司结构以加强家族控制，明确家族和非家族企业高管的角色，并设定一套机制以避免离婚分割及继承分割所导致的家族企业股权被动分散，以集中家族支系的控制权。

> BISSELL成立于140多年前，依照过去的继承规则，它的公司股权会分散至关系较远的亲属，造成这些几乎不参与公司业务的成员对公司重大决策拥有表决权。为确保公司的控制权集中在少数活跃核心成员手中，家族采取了一系列保护举措。2004年，Mark Bissell开展资本重组，通过回购等操作将公司股权集中，以确保家族核心成员对企业的控制，并通过制定新的股权转让限制条件，以避免向第三方出售股权的风险。Mark Bissell表示："通过资本重组，我们确立了更加一致的发展方向，并得以集中精力发展业务，为顾客开发创新产品。"

最后，从家族的角度来看，家族宪章的内容包括对家族精神、家族文化的规定，传递家族先辈的价值观和行为准则，要求家族成员"有所为，有所不为"，规定具体鼓励之事及禁止性行为，明确奖惩制度，明确解决冲突的方式和过程。它可以加强参与型家族成员与非参与型家族成员之间的沟通，促进家族成员之间的相互信任，增强家族凝聚力。

> 某个家族企业的股权已经由第一代转移至第二代，第二代在家族公司董事会及不同业务部门也各有分工。家族对招募家族成员将有利企业发展达成共识，但在招聘标准、薪资待遇等具体问题上暂未达成一致。当一位家族成员（家族企业管理者）在未告知其他成员的情况下招录了自己的孩子，并让其负责某重要业务环节时，矛盾就产生了。家族成员对此看法不一，各抒己见。最终，按照家族宪章的规定，把该事件提交给了家族委员会，通过家族委员会的召开和讨论，该家族制定了具体的招聘准则，并决定为上述家庭成员设置一个考验期，若其能达

> 到家族规定的条件和企业的用人标准，则予以留用。本次事件引发的家族矛盾因良好的沟通解决机制得以顺利消弭。

家族宪章往往会规定家族的核心价值观以及家族成员所承载的使命，并鼓励家族后代弘扬家族文化、传承家族精神、发展家族企业、合理共享财富。例如，《2021年全球家族企业调研——中国报告》中显示，新冠肺炎疫情期间，家族企业不惜余力地保护自身员工和支持各地社区，彰显了他们的价值观和使命感。65%的中国内地家族企业表示，他们拥有明确的企业价值观和使命感，51%的中国内地家族企业认为秉承价值观和使命感能帮助他们团结度过公共卫生危机。又如，古代范仲淹的《义庄规条》，又如现代的李锦记《家族宪法》、宁波华茂集团《徐氏家族共同协议》，基本上都会涉及家族行为准则、家族财富传承规则、家族事务决策机制以及家族子女教育等多方面的内容，具体的内容则会依据家族的历史、家族企业的发展状况、创始人的个人经历以及当时的社会背景等有所倚重。其中，家族历史，特别是过去的冲突历史，会对家族宪章的目的、内容和类型等产生重大影响。如果家族企业所有者之间已经存在诉讼，则家族股东们会倾向于制定独立的所有者协议（股东协议）以应对下一代带来的所有权分散；因为家族成员个人冲突而分裂的家族则更倾向于花费时间和精力使下一代成员相互了解并创造共同的文化；因家族成员不称职导致业务受阻的家族则可能会严格规定下一代进入家族企业的条件和职业发展计划。由此可见，家族制定家族宪章不仅是出于管理家族、企业、所有权之间复杂性的考量，还可能出于家族历史或家族内部关系的冲突与矛盾。

知晓过往才能应对未来，吸取教训和经验才能更好地发展。一个家族既不能因过去的问题迟滞发展，也不应想当然地认为过去成功的做法能足以应付未来的挑战。不同家族基于不同目的制定家族宪章，对当前形势和未来复杂性的评估、家族历史的影响、现时家族的紧张关系等因素都会影响到家族宪章的目标定位。尊重过去、吸取经验，同时积极行动以应对现实问题，会大大提高家族宪章促进家族及家族企业成功发展的可能性。但是，家族宪章绝对不是万能的，有些问题根本无法用它解决。例如，解决长期家族纠纷或治愈情感创伤，家族应对症下药寻求专业顾问以解决这些问题。毕竟起草家族宪章只是一个反映家族共同前进的决心、凝聚力量的过程，但是无法解决根本利益冲突，也无法弥合情感创伤。了解这些，我们才能正确认识家族宪章，真正发挥它的作用。

二、家族宪章是对已有法律结构的补充

为了确保家族长久繁荣，就要在家族财富的管理、控制与享受家族财富带来的利益及好处二者间取得平衡，因此需要创造各种法律结构，并将它们应用于控制、管理、享受财富。公司、合伙、基金、信托等是常见的财富组织结构，它们被广泛用于商业运营、责任隔离、税收优化、传承规划中，其作用是巨大的。但是，在家族事务中，这些法律结构在一定程度上分离了不同利益相关方的控制要素，如造成了家族成员内部（支系、代际）的分裂、家族和非家族股东之间分离。家族宪章能将这些分裂的要素凝聚在一起，并通过家族原则及具体规则来保持不同利益和家族财富结构的各个部分有效协同运作。

法律结构能明确界定的权利和义务，这对于家族企业的良好运营至关重要，但是当面对由代际延续带来的紧张、分裂、纠纷，甚至是法庭上的争锋相对时，它们显得十分单薄。单个法律结构本身僵硬，它们相对家族发展滞后，不足以预见或解决家族或家族企业发展中可能出现的问题。家族企业创始人意外死亡、家族成员离婚、债权人对家族成员或家族企业提出重大索赔都足以使法律结构瘫痪，给与家族财富有利益关系的家庭成员带来重大麻烦和不确定性。家族宪章及其随附的系列协议、文件可以提前提出问题，并预设方案、制订计划。即便未能成功预测问

题，家族宪章建立的家族治理程序也会充分重视该等问题，并对其进行快速反应，寻求解决之道。

情景1：一个知名的全球家族在几年前通过制定、实施家族宪章，成功避免了家族及家族企业的灾难。这个家族拥有几十亿美元市值的家族企业，在世界各地设有分支机构和工厂。在企业创始人、家族第一代去世后，由第二代两兄弟共同负责管理、运营家族企业，但由于兄弟俩不和，导致关系紧张，给企业发展带来阻碍。激烈的内讧像火一样蔓延开来，家族的青年一代（第三代）看到上一辈如此分裂，对家族前景十分悲观。与此相关的法律诉讼牵连到家族企业及家族成员，法庭上的争斗已经快要危及企业的稳定及税收安排了，如此下去，必将不可逆转地摧毁为保护家族财富而建立的家族资产结构。幸运的是，在家族企业和家族关系受到不可挽回的创伤之前，家族成员同意在法庭程序之外进行私密讨论，积极听取家族治理专家、律师和会计师的意见，并以家族宪章的形式提出了一个可行的框架。该框架在以企业及其未来的稳定为主要考虑因素的前提下，兼顾了家庭成员的不同观点和利益需求。最终法律诉讼被撤回，家族及家族企业经历动荡波折后重整出发。

情景2：家族宪章帮助某北美知名家族避免一场关于家族企业和信托公司运营的公开争端。该家族第二代某个受益人与其父亲以及家族企业的其他高管发生分歧，他试图在某个司法辖区提起诉讼。这个诉讼将对家族企业的影响极大。好在家族之前制定了家族宪章，宪章中规定了类似纠纷的解决途径，该纠纷最终没有提交诉讼，处于保密状态的家族财富结构安排（主要是信托内部安排）没有被公开，问题私下和平解决，没有给其他家族成员带来不良影响。

许多家族可能会认为，他们已经签署了股东协议、投资和分配政策或精心设计的信托文件，采用了适当的公司治理实践和原则，并拥有清晰可行的机制，因此不用多此一举制作家族宪章。但是，股东协议和类似的协议往往只会关注与企业利益和企业运营相关的正式法律权利和责任。由于《公司法》或《信托法》的正式法律要求，这些关键文件有时会受到限制，只能处理非常有限的事项，它们一般满足不了家族成员的个性化需求，也不会涉及家族成员与企业和家族财富结构其他部分的关系。随着家族和企业日益多样化，任何安排中都可能出现管辖权问题及纠纷解决机制问题。股东协议要受特定法域管辖，管辖法律对家族问题的处理可能对家族利益不利，造成家族成员、家族财富结构信息可能会被公开披露。在这种情况下，家族宪章有巨大的灵活性，可以选择对家族及家族财富友好的司法管辖区，可以选择争端解决机制，兼顾成本效益和机密性，并且往往更有机会成功地解决家族财富帝国的各个组成部分之间的分歧。

第二节
家族宪章的起源及发展

宪章或宪法这个词是个舶来品，来自英文“Constitution”，它可以追溯到古罗马时期，古罗马帝国用它来表示帝王的“诏令”“谕旨”，以区别于市民会议通过的法律文件。欧洲封建时期，用以表示在日常立法中对国家制度的基本原则的确认，含有组织法的意思。英国在中世纪时期建立了代议制度，确立了国王没有得到议会同意就不得征税和进行其他立法的原则。后来代议制度普及于欧美各国，人们就把规定代议制度的法律称为“Constitution”，指确认立宪政体的法律，是一个国家运行的纲领性文件。家族宪章是关于家族及家族财产的约定，它并不是一开始就以一种成熟完整的形式呈现，多体现为“家族传统”“家族宣言”“家族协议书”等形式，这些初级的家族宪章主要规定了家族精神以及家族处世原则。

美国金融时报的一篇报道提到，家族宪章起源于日本三井家族1722年达成的家族协议书。1622年出生的三井高利，14岁就开始帮助父亲打理生意。1673年，51岁的三井高利在江户（今东京地区）开设了一家名为“三井越后屋”的和服店。在他的经营下，这家小小的和服店逐渐演变成日本第一家百货公司——“三越百货”。三越百货直到今天仍然生机勃勃，并在2008年4月与伊势丹百货合并，成为日本第一大百货集团。三井高利共有11个儿子和5个女儿，为了让众多子女齐心协力发展家族事业，三井高利整理父亲生前的文章，又总结其一生的处世经营，完成了《三井氏家规》。在三井高利去世后不久，三井兄弟之间就在家规的基础上达成了进一步的家族协议：“在兄弟们的有生之年，家族财产将永不分割，全做企业发展之用。兄弟当中，如对事业资产有所要求时，则根据长子三井高平的判断予以处置。”这份“分家不分业”的协议保证了家族生意的完整，并为三井财团今后的长足发展奠定了基础。

英国雷诺家族则制定了家族宣言：“我们家族要努力成为英国最受尊敬的商业家族之一，任何时候都要追求和保持人道精神、谦虚和真诚。家族企业要遵循最高的商业道德标准，积极投身社区事务及社会慈善事业。我们的家族目标是：（1）保持家族完整；（2）鼓励创业及倡导企业家精神；（3）鼓励承担责任及财务独立；（4）培养后代坚实的价值观和文化修养，协助后代传承家族文化、价值及财产；（5）员工必须得到公平的保护和良好的保障；（6）保持事务简单；（7）勤奋、善良和慷慨；

> （8）不让家族企业和财物流落在外；（9）慷慨支持儿童教育，做到每年至少捐赠两千万；（10）禁止涉足烟草、酒精及污染大气的行业，禁止雇佣童工。家族的一切规划都要围绕以上目标来展开，家族监督委员会执行监督。”

家族宣言是家族宪章最初的实体内容及表现方式，它本质上是哲学性的，核心内容是家族价值观和信念，也可能包括部分家族企业原则，它依靠道德感和责任感驱动执行。总的来说，家族宣言中的价值观和原则涵盖了家族成长、成员关系、家企关系的大部分方面，有时也会提及具体行动计划。例如，家族宣言作为逐步制定家族宪章过程中的一部分，其中的家族原则将被细化为执行政策。

家族宣言在中国传统文化的语境下大概等同于家训、家规，它凝结了支撑家族发展的经验、哲思及智慧，如林则徐家族的家训“十无益”，保滋堂的祖训“以诚为本，以信立业。不求明利，只重精髓”，以及经营宗旨“保世恪遵金匮训，滋生常籍赭鞭功”。

所有年龄的家族成员都应参与家族宣言的制定过程，无论其在家族企业中的所有权多少或职位高低，并且家族成员应广泛参与家族宪章的批准和实施。较大的家族可以任命一个工作小组，该工作小组通常由在家族企业中具有不同角色的家族成员组成。例如，将不参与具体业务的董事和未来股东都包括在内，或加入不同代的家族成员和姻亲等。参与和寻求共识是制定过程的重要特征，还可以选择具有通才背景的家族企业顾问来进行技术协助。

制定家族宣言的过程为家族提供了许多自身建设的机会，其中包括关注家族价值观和信仰，将家族成员精力集中在基本问题上。团结家族成员，关注家族企业，优先考虑最关键的问题，不囿于细枝末节，将更详细的工作留到实施阶段等。制定过程促使更多家族成员参与其中并接受家族意识教育，尤其是那些青年或未受雇于家族企业的家族成员。此外，建立对家族价值观和原则的学习有助于解决家族冲突，增加处理家族问题的灵活性。

随着家族企业的重要地位确立，家族与企业的互动关系（以下简称“家企关系”）成为家族宪章的重要内容之一，家族宪章逐渐在家族宣言外加入家企关系准则。家企关系准则是一种规范性文件，主要由各种针对与公司需求相关的不同政策、规则组成，通常解决诸如家族雇佣和家族成员职业发展、在业务中如何对待家族成员、家族企业治理和管理结构以及家族成员行为守则等问题。家企关系准则还会详细说明实施策略及程序，例如，可以明确董事会如何监督家族成员的业绩和报酬。

某家族家企关系准则

- 家族企业关系的基本原则
- 所有权结构
- 集体治理：股东大会和董事会
- 家族成员进入公司的标准
- 董事、总经理和非执行董事长的角色
- 家族成员薪金制度原则
- 家族成员从家族企业的退出
- 家族成员对公司资源的使用

大多数家企准则以现有的家族宣言为基础，吸纳家族宣言中已经提出的价值观和原则。在某些情况下，如家族急于制定一些基本规则，或者没有精力去制定家族价值观和使命时，家企准则可能仅由政策组成。而当家族成员仅关注政策时，他们就有可能无法就家族价值观达成共识，并且由于家族成员在此过程中意识到，他们认可的价值和原则存在分歧，导致有些家企准则通过得甚是不畅，或被推迟表决。

家族中家族企业的创立者、管理者及所有权拥有者在制定家企准则时具有天然优势地位，他们会依据自己对行业的了解、对未来的展望以及家族企业发展历史提出相应的看法或要求，家族中的其他家族成员正好借此机会了解家族企业，知晓前辈创业的艰辛，培养家族团结意识。另外，家族顾问和技术专家在政策的制定和程序的实施中可以发挥较大作用。

家族企业发展历史不同，家族成员参与过程及程度不同，上市与否及公司监管政策不同，会导致家企准则的具体内容存在很大差异。对比家族宣言，虽然家企准则由细化的政策、规则构成，但其通常仍只具备道德约束力。一般而言，在规范家族企业所有权及公司治理方面，家族会寻求法律约束力，但是这种法律约束力一般是通过专门的股东协议或是公司章程等文件来体现，家企准则中涉及的家族企业所有权及公司治理的政策、规则多停留在道德义务层面。家企准则将家族宣言中确立的价值观、原则具体化，针对家企关系制定规则，优先解决其中重要问题，但家企准则也可能因过多笔墨花在政策上，会让某些家族成员感觉十分拘束，或是制定了过多的政策细节使得家企关系过于僵化。

除了家族宣言与家企准则外，为了保护家族成员中家族企业所有者（股东）的权利，规范其义务，家族宪章还会涵盖所有者条款。其核心内容包括所有权和治理政策，具有政策的规范性和法律的强制性。所有者条款是由一部分家族财产（多指家族企业）所有者（控股股东）来制定并签署的，依据相关国家/地区的法律来决定是否需要取得其他少数股东的同意。考虑到所有者协议的性质，通常只有持有家族企业股权或权益的家庭成员能够参与制定、批准和修改程序。制定过程的所有阶段都是相当正式的，通常在法律和财务领域的专家协助下进行。

所有者条款与当地的公司法律环境密切相关，除少量政策性约定外，股东权利、义务都只能在法律制度框架内展开。有的家族股东认为家族企业股权所有问题是根本，因此所有者条款只应约定与股东资格、股份发行和转让有关的事项，将其他问题留给公司治理机制处理。

家族企业股东权利及义务

- 投票权行使政策
- 优先购买权和选择权
- 股权转让的评估标准
- 股息分配
- 股东大会
- 董事会

所有者条款的主要内容是具有法律约束力的，但也可以纳入一些法律属性较少的所有权政策，包括担任家族董事的资格要求、家族股东们的信息权，这些政策通常可以为董事会或是提名委员会提供具体操作指引。

所有者条款设立了受保护的法律权利与义务，在非正式家族文件的保证范围外，确保了股东的权利。家族企业管理层通常很赞同这样的协议，因为它能有效避免公司所有权的不确定性、股东之间以及股东与公司管理层的沟通不畅。另外，所有者条款也可能使家族成员陷入一种虚假的安全感中。一旦达成股东协议，家族便失去了解决家族其他问题及商业问题的动力，他们未能意识到所有者协议是家族协议中“最冷酷”的形式。所有者协议会防范某些问题，但其还不足以彻底解决家族股东的团结和责任意识等问题。

经验表明，过分强调家族企业所有权可能会疏远没有所有权益的家族分支支系，过分强调家族可能会导致家族企业业务上的紊乱，而过分强调家族企业的业务则可能会触犯部分家族成员的利益，尤其是不在家族企业中任职的家族股东。成功的家族通常给予三者同样的重视，即他们试图明确家族、家族企业管理层和所有者的利益和需求，因此会将所有三种类型的家族协议整合在一份全面的家族宪章中。在更为盘根错节的家族中，家族宪章会阐明所有家族治理机构（家族委员会、家族基金会、家族办公室、家族投资公司以及家族企业等）的治理实践和政策，规定家族委员会和家族会议的作用和程序。

家族宪章的构成具有以下特点：

- 具有多种目的：分别为家族、家族企业和企业所有权架构提供指引；
- 规范家族包括家族企业在内的所有机构；
- 集合家族宣言，家企准则和所有者条款的内容；
- 力求在统合家族协议的各方面时达到平衡；
- 具有道德和法律上的执行力；
- 制定过程异常复杂：根据在家族、家族企业和企业所有权架构中的作用，要求不同的家族成员参加不同的会议和讨论；
- 需要多领域专家辅助制定。

××家族宪章大纲（节选）

1　序言

1.1　承诺声明

1.2　家族价值观

1.2.1　家族核心价值观

1.2.2　价值观对实现企业目标的作用

2　家族业务

2.1　新业务的产生和作用

2.2　业务之间的关联

2.3　股权结构

2.4　家族在企业领导和新业务创建中的作用

3　家族企业的参与

3.1　参与政策

3.2　家族领导和治理计划

3.2.1　家族领导的传承

3.2.2　家族委员会的作用

3.2.3　委员会与董事会的关系

4　家族成员的培养

4.1　家族教育、沟通和信任计划

4.1.1　商业教育

4.1.2　促进家族和谐的教育

4.1.3　对家族补偿、所有权继承和遗产计划的教育

4.1.4　对成员的个人需求和目标的监督

4.2　参与的计划和意义

4.2.1　通过对家族历史、功绩的认可以建立自豪感

4.2.2　制度化家族文化和传统（家谱、祭祀）

4.2.3　个人成员对于家族事务的广泛参与（监察角色，

管理家族慈善等）

4.3 家族福利计划

4.3.1 创业支持

4.3.2 家族津贴

4.3.3 慈善事业

4.3.4 共享资源

4.3.5 困难成员援助预案

4.3.6 家族活动

5 家族事务管理

5.1 家族管理计划

5.1.1 家族办公室和资源

5.1.2 预算和资金

5.2 家族会议

5.2.1 话题

5.2.2 会议日程和地点

5.2.3 筹备的责任

6 家族矛盾的处理

6.1 对于道德义务事项的家族内部评议

6.2 对于法律义务事项以家族内部评议优先

制定全面的家族宪章的优点有：

- 融合家族和企业的利益；
- 为子孙后代提供宝贵而明确的路线图；
- 更充分地发展家族委员会和家族治理体系；
- 允许不同的家族成员参与制定过程，增强他们参与感及被关注感。

家族宪章的样式和内容因文化而异，因家族而异，因国家而异。每个家族都应依照自己的情况来制定家族宪章，并根据家族企业业务性质、法律和家族文化，以家族协议的形式解决本家族的具体问题。制定家族宪章的过程与家族宪章本身的内容一样重要，甚至更为重要。实际上，制定抽象的规则并不难，难的是使这些规则适应家族的不同情况及让这些规则真正指导家族行为。制定家族宪章的过程也是建立家族决策机制和解决问题的方法的过程，该过程可以使家族成员了解他们自己的历史和家族业务。正是这些历史和业务一直支撑着家族的发展，这个过程还促使家族成员考虑集体利益，考虑企业所有权以及家族本身。

家族宪章的主要缺点是它过于复杂，需要统筹太多事项，繁杂的制定工作可能会降低家族责任感、使命感。如果该制定过程对时间或感情投入的要求过高，家族成员可能会精疲力尽或放弃该过程；但是快速制定家族宪章又可能会导致家庭成员缺乏对制定过程的参与、理解与肯定。通常，最好从重要主题开始，逐步过渡到制定内容丰富的家族宪章，以免家族成员被过多话题困扰。

第三节
李锦记家族和穆里耶兹家族的范式

谈及家族宪章、家族治理时，香港特区的李锦记家族和法国的穆里耶兹家族是最为人熟知的两个案例，它们生动展示了家族宪章的关注重点，解读它们将有助于我们了解家族、家族企业的发展及家族宪章、家族治理之间的关系。一中一西，两个家族宪章的制定及实施过程，足以充分回答“我们为什么需要家族宪章”。

一、李锦记家族

（一）李锦记家族的冲突与重构

李锦记家族发展至今已有130余年历史，并已传承至第四代，打破了“富不过三代”的魔咒。期间历经两次分裂，仍然生生不息。李锦记创始人李锦裳于广东省珠海南水镇发明了蚝油制法，并于1888年创立了李锦记，开始了制造调味酱料的事业。1920年，李锦记由李氏家族的第二代成员李兆南接手管理，李锦记的蚝油及虾酱畅销于北美各大城市。20世纪70年代，李锦记第三代传人李文达接班，出任公司主席一职，李锦记畅销产品达60余种，分销网络遍布全球五大洲100多个国家和地区，成了一个驰名海外的酱料王国。2012年，李氏家族第四代李惠中完成接班。李锦记家族图谱如图1-3所示。

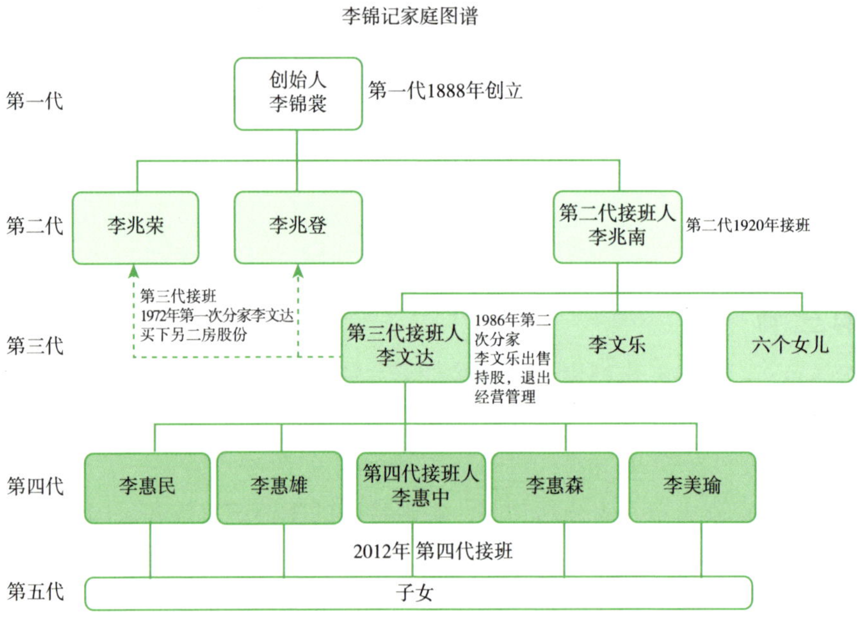

图1-3　李锦记家族图谱

李锦记家族曾两度因分家让企业深陷困境。1971年前后，创始人李锦裳将股份分给了三个儿子李兆荣、李兆登及李兆南，因李锦记家族第三代李文达（李兆南后代）经营理念与家族第二代李兆荣、李兆登相左，这使得李兆荣、李兆登联合欲收购李兆南的股份。最终，李文达协助父亲李兆南以460万港币收购了李兆荣、李兆登的股份，并接任了公司第三代掌门人。1987年，家族第三代李文达兄弟再次因分家产生矛盾，双方不得不对簿公堂。最后李文达收购弟弟李文乐股份，但此次收购一度使李锦记陷入财务困境。两次分裂之后，第三代掌门李文达深刻体会到了家和万事兴的重要性。2000年，其四子李惠森（家族第四代）要求“自立门户”时，被李文达拒绝。他经历了两次家族纷争，深切认识到必须要以某种方式打破家族分裂的魔咒。

没错，李文达用来打破家族分裂的“魔法”就是制定家族宪章，建立家族治理体系。拥有家族宪章、建立家族治理构架的华人家族不多，李锦记家族的发展、纷争、反思与调整，为我们提供了难得的学习样本。李氏家族宪章讨论的三个主题：家族、家族企业及家族与家族企业之间的关系——正是家族治理的三大主题，也是一般家族宪章（家族协议）需要讨论的三大主题。在本书中我们把它们总结为：家族、家族企业所有权政策及家族企业政策。对这三大主题的不同诠释，演绎出不同的家族宪章（家族协议）的形式及内容，缔造了不同的家族治理结构。

（二）家族治理体系

李锦记家族治理结构如图1–4所示。

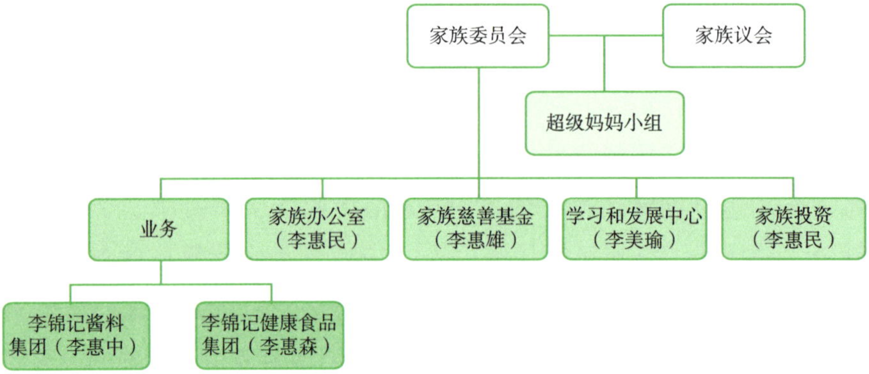

图1-4　李锦记家族治理结构

家族委员会：在李文达主导下，2002年，李氏家族成立了家族委员会，由李文达夫妇及李惠中五兄妹共计七人担任核心成员，作为家族的沟通平台及最高权力机构。委员会下设有家族办公室、家族投资公司、家族慈善基金、家族学习和发展中心。李锦记家族委员会只负责家族事务的处理，主要关注如何将家族共有的价值取向、行为准则加以正式化，以及家族核心成员的培育等家族事务的核心问题。另外，家族委员会还有权任命董事会中的家族董事，讨论与企业运营相关重要战略决策的董事会共同运行、各司其职，保证董事会能够在考虑家族整体利益的情况下独立作出决策。直到今天，李锦记家族委员会每个季度都会召开一次为期4天的会议。

家族宪章：家族治理构架由家族委员会协商讨论制定，主要体现为李氏家族宪章。其主要内容包括以下九项。

1. 公司治理

李锦记集团坚持家族控股，必须具有血缘关系的家族成员，才能持有公司股份；下一代无论男女，只要具有血缘关系，就具有股份继承权；

董事局一定要有非家族人士担任独立董事；酱料和保健品两项业务的主席必须是家族成员，主席每两年选举一次；集团董事长必须是家族成员，CEO可以外聘。

2．接班人培养

下一代拥有自主选择是否接手家族企业的权利，但后代若要进入家族企业，必须符合三个条件：

（1）本科文凭以上，之后至少要在外部公司工作3至5年；

（2）应聘程序和入职后的考核必须和非家族成员相同，必须从基层做起；

（3）如果无法胜任工作，可以给一次机会，若仍旧没有起色，则会被解雇；但如果下一代在外打拼有所成就，李锦记需要时可将其召回。

3．家族会议

每3个月召开一次家族会议，每次四天。前三天由家族委员会核心成员参加，后一天家族成员全部参加；会议中设置一名主持人，由委员会核心成员轮流担任。

4．家族企业董事会

董事会成员由家族委员会在对业务有兴趣的家族精英中选择出任，可聘请外部非执行董事。

董事会主席由家族成员出任，家族委员会每两年召开一次会议选定董事会及各个项目的主席，主席可以连任。

5. 家族委员会、董事会与管理层的角色分工

李锦记家族对家族委员会、董事会与管理层的功能做了细致区分，避免家族对企业的不适当干扰；家族委员会主要关注家族价值观的强化、家族宪章的制定，协调家族关系和所有权问题，以及决定董事会的结构；董事会的主要职责是制定策略，挑选企业高阶主管、监督企业的业绩、处理企业与社会的关系；管理层负责企业策略的实行、企业的日常运营、员工的考核与聘用、以及确定企业文化与员工准则。

6. 家族内部规范

不要晚婚，不准离婚，不准有婚外情；如果有人离婚或有婚外情，须自动退出董事会；如果有人因个人原因退出董事会或公司，股份可以卖给公司，但仍然不离开家族，仍是家族委员会成员，参加会议。

7. 家族成员退休规定

家族成员年满65岁时退休。

8. 家族宪章修改和决议执行

家族宪章内容的制定和修改，必须经家族委员会75%以上通过；一般家族事务的决议超过51%就算通过。遇到票数均等的僵持局面，以摇骰盅的方式做出最后决策。

9. 其他架构

设置“超级妈妈小组”作为家族妈妈们的沟通渠道，便于妈妈们交流后代培养的经验；设置“家族投资”负责管理家族在业务之外的其他投资；设置“家族学习与发展中心”以关注家族成员的培养、负责所有家族成员的学习和培训，规划成长一代的培养方案，帮助他们了解家族业务、关注家族价值观的传达；设置“家族慈善基金”来负责家族慈善事务；设置“家族办公室”来给予家族事务的常设性支持。

（三）家族核心价值

除了相应的制度规范，李氏家族的人认为，能让李锦记家族企业延续百年的根源在于家族的核心价值：“思利及人”以及“务实，诚信，永远创业精神”，第四代传人之一的李惠森曾明确地解读“思利及人”的三个要素，包括：换位思考、关注对方感受和直升机思维。

第一，换位思考：做任何事情都要站在对方的立场去思考，即上司要站在下属的位置上去考虑，做生意也要站到客户的角度去考虑，尽量满足对方。

第二，关注对方感受：无论做什么事、说什么话，都会影响到对方的感受，这是需要关注的地方。

第三，直升机思维：考虑问题要像坐直升机一般，超越个人和眼前的局限，站得高才能看得远。

二、穆里耶兹家族的百年传承之道

法国欧尚集团是以经营大型综合超市为主的国际商业集团，是目前法国第二、欧洲第六的大型跨国商业集团，由路易斯·穆里耶兹的长孙杰拉德·穆里耶兹（Gerard Mulliez）于1961年在法国北部开设。20世纪60年代至90年代，欧尚开设到12个国家，雇佣员工17.5万人，年营业额达660亿欧元，成为世界主要跨国零售集团之一。

1900年，路易斯·穆里耶兹（Louis Mulliez）白手起家，成立了一家名叫菲尔达（Phildar）的小纺织厂，1956年，历经了两次世界大战的菲尔达成立第一家特许经营店。1961年，路易斯·穆里耶兹的长孙杰拉德·穆里耶兹（Gerard Mulliez）在Roubaix一家600平方米的废旧工厂成立了一家零售商店——欧尚（“Auchan”），欧尚的名称取自于它的所在地“Haut Champs”。除了欧尚集团，穆里耶兹家族庞大的商业帝国还包括，全球最大的体育用品超市迪卡侬，世界第四、欧洲第二的跨国装饰建材零售集团乐华梅兰以及家族传统产业菲尔达等二十多家大型公司，涉及的产业包括零售、建材、体育用品、餐厅等众多领域，分布在全球几十个国家和地区，拥有超过50万名员工，年营业收入超过700亿欧元。穆里耶兹家族治理机制四大机构示意图如图1–5所示。

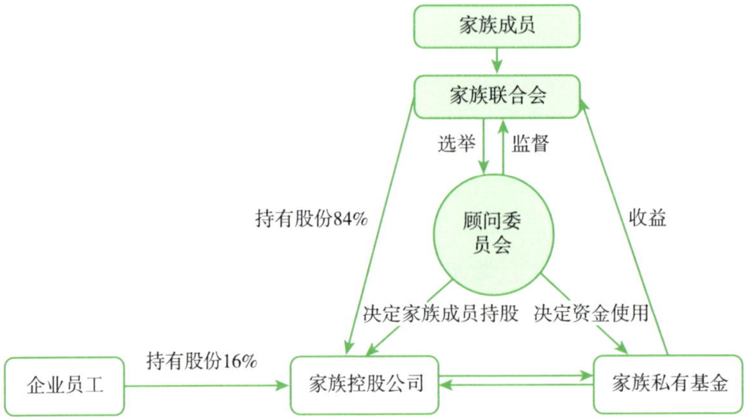

图1–5　穆里耶兹家族治理机制四大机构示意图

一个世纪以来，穆里耶兹家族一直人丁兴旺，有近800名继承人，整个家族目前传承至第四代，庞大的商业帝国运转得井然有序。其中的秘诀有四点。

1．共同的信仰和凝聚的价值观

家族信条“百万一心”（Tous dans tout）反映了团结、继承家族传统、对后代负责等核心信念，包括“家族利益永远高于个人利益”等内涵。

2．家族宪章

家族宪章明确每个家族成员的权利、义务和行为规范，配合整套家族治理机制，确保家族价值观能够贯彻到家族成员的日常行动中去。家族宪章不仅规范业务行为，而且规范个人行为，并制定违反规则后的惩罚措施，最严厉的惩罚是剥夺继承权。穆里耶兹家族还规定了家庭成员的退出、冲突调解的程序，以及家族宪章的修订法则。

3．家族治理机制

穆里耶兹家族以家族控股公司、家族联合会、委员会与家族私有基金的设置，保全家族企业股份，并提供后代创业资金。

4．人才培育及传承规则

所有成员在进入家族企业的控股公司（CIMOVAM）之前，都必须接受严格的训练，并向家族证明自己的价值；股份分配不是平均的，成员们可以增强或减弱自己在家族企业中的参与程度，确保股权能分配给认同家族理念、对经营事业有能力有热情的家族成员；如果有成员要退出企业，应当提前告知家族委员会，然后由家族委员会事先评估好企业价值，再利用流动资金购买其股权。穆里耶家族用基层锻炼或在其他企业工作的方式挑选合适的接班人，挑选出认同家族核心价值观、有能力且有热情接班的下一代，确保家族的万古长青。

在这些百年家族的传承中，随着家族资产规模越来越大，传承越来越受到重视。一个家族精神传承的荣耀，能够让后人继承先人的光荣和梦想，不断地追求卓越，创造新的辉煌。因此，制定家族宪章往往为这类家族提供了一个很好的思路，能够将先辈们闪耀的品质和高瞻远瞩的家族精神代代流传，并且在家族宪章的指引下，不断完善和改进家庭财富保值增值和家族治理的方法，促家族发展，保基业长青。

上述两个家族故事生动展示了我们在讨论家族议题时经常涉及的内容——家族价值观、传承安排、家族企业发展、家族治理结构。它们诠释了家族、家族企业的发展与家族宪章、家族治理之间的关系。我们在讨论高净值人士的家族问题时，不会脱离家族企业来“空谈”家族。传承和发展家族企业的有效方法之一就是制定家族宪章，进行家族治理以延续并增强家族发展的能力。

第二章

同寅协恭：家族宪章与家族治理

02

第一节
家族治理的内容

世界经济论坛发布的《家族企业治理入门》（A Primer on Governance of the Family Enterprise）对家族治理做如下定义："家族治理是指辅助家族决策及家族事务管理的一系列规则、程序及机制。"家族世代多、支系多，一个符合家族实际情况的治理体系有助于家族企业的可持续发展及繁荣，让所有权及管理权的传承有序进行，弥合家族矛盾与冲突，确保家族的和谐与幸福。家族治理体系的三个关注点是所有权、管理权和控制权。在家族内部，家族制定家族宪章、设立家族委员会、运行家族会议；在家族外部，家族通过家族企业董事会掌控公司运营，在持股公司层面搭建所有权结构，在运营公司层面引入非家族股东，各要素结合辅助管理权传承。家族治理体系的根基是家族共同的信仰及价值观，在此基础上家族成员自觉承担家族使命，并让这些"软性"的具体化规范、价值观、传统，指导"硬性"的制度、规则的运行。

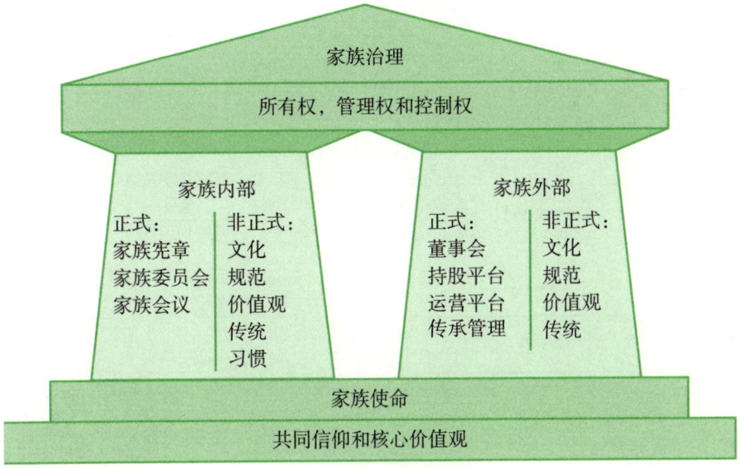

图2-1 家族治理内容

从上述理论总结可以看出，在共同的信仰、价值观基础上，家族成员拥有一致的使命，通过两大支柱——家族内部治理及家族外部治理，解决三个关注点——所有权、管理权和控制权。家族内部治理的正式形式是家族宪章、家族委员会与家族会议，家族外部治理的正式形式是家族企业董事会、家族持股平台公司、家族运营公司及传承管理（见图2–1）。家族治理不是一蹴而就的，正式的家族治理体系往往在家族第一代萌芽，家族第二代、第三代完善，具体的机制取决于家族后代是否持续持有、运营家族企业。在上述理论框架下，我们回看李锦记家族案例。

李锦记家族以家族宪章为基础，构建了家族议会、家族委员会等家族治理结构，李锦记的家族治理反思了第二代、第三代的两次家族冲突，应对家族企业传承是其主要目的之一。李锦记家族企业虽成立多年，但一直未上市，故其家族企业的股权结构图并未公开披露。通过在香港特区的公司注册处查询，我们努力还原出上述持有结构图（见图2–2，资料有限，或有出入）。

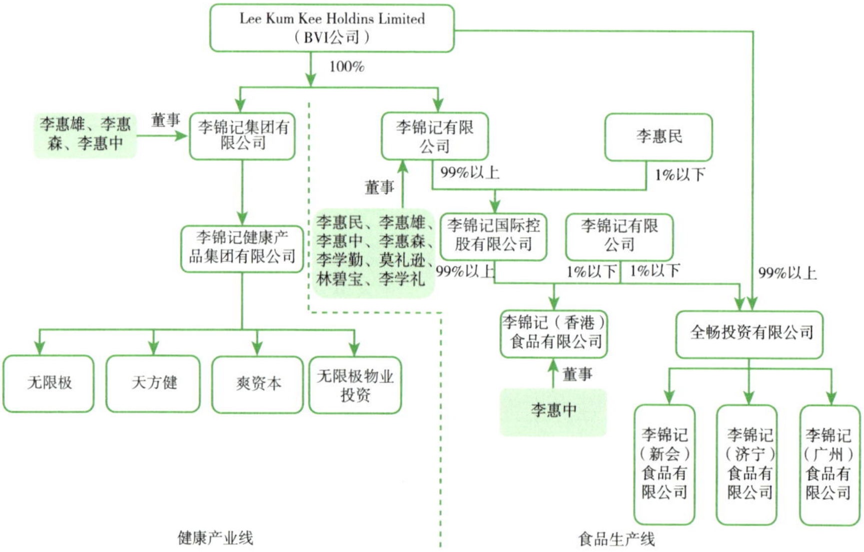

图2–2　李锦记家族持有结构

结构图中最顶端是Lee Kum Kee Holding Limited（BVI公司），其100%持有李锦记集团有限公司，通过李锦记集团有限公司构建健康产业线。英美法系公司以公司董事为运营中心，李锦记集团有限公司的董事是李惠雄、李惠森、李惠中，即他们在健康产业线中拥有话语权。Lee Kum Kee Holding Limited 100%持有李锦记有限公司，通过李锦记有限公司构建食品产业线，李锦记有限公司董事为李惠民、李惠雄、李惠森、李惠中等，食品产业线中的全畅投资有限公司在内地设立了分公司。

回顾李锦记家族的两次分裂：第一代将股份分给第二代三个儿子李兆荣、李兆登及李兆南，经营理念冲突后，李兆南收购李兆荣、李兆登股份；后来又因分家矛盾，第三代李文达收购李文乐股份。“发展—分裂”的故事出现两次是促使李文达开启家族治理的主要动因。从上述股权结构图可知，李锦记家族以Lee Kum Kee Holding Limited多层持股，形成了家族企业整体所有权的统一，锁定了家族整体利益；以重要家族成员在不同子公司担任董事，分享了重要业务线条的管理运营权，满足家族成员个性发展的需求。所有权与管理权有机统一，极大地减少了“合—分”冲突。

因为BVI地区不开放公司查询，故除了自我披露外，笔者无法通过公开渠道获知Lee Kum Kee Holding Limited的持股结构。但回顾李锦记家族的分裂重整历史，笔者猜测Lee Kum Kee Holding Limited很可能不是被自然人直接持股，李锦记家族可能选择信托或家族基金会作为股东持有Lee Kum Kee Holding Limited，通过信托或家族基金会实现所有权虚化，并与家族治理结构对接。假设李文达设立家族信托，家族信托设立Lee Kum Kee Holding Limited作为信托的SPV（特殊目的载体），李文达可能将家族企业股权置入家族信托或是以Lee Kum Kee Holding Limited进行家族企业股权重整，达成上述家族企业持有结构。为了将企业持有结构与家族治理结构衔接起来，在信托结构中引入保护人委员会或管理委员会，保护人委员会或管理委员会依据信托协议拥有信托资产的管理权，即由其担负家族企业的运营管理之职。保护人委员会或管理委员会可以与家族委员会人员重合，即同一批家族成员在家族治理中作为家族委员会，统一家族意志，通过充当信托保护人委员会或管理委员会，传递至家族企业治理中。如图2-3所示。

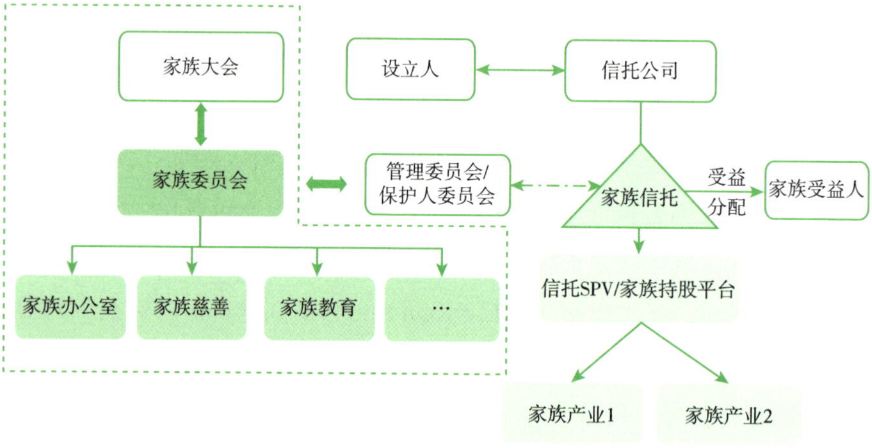

图2-3 家族治理中的内部治理和外部治理连接

图2-3的左侧虚线内展示了家族治理中内部治理的正式形式，右侧展示了家族治理中外部治理的正式形式，家族内部治理与家族外部治理通过信托制度中的管理委员会或保护人委员会连接起来，用于解决所有权、管理权和控制权问题。家族信仰、价值观、使命也被总结、体现在家族宪章中，用以驱动家族内部治理与家族外部治理的开展。

家族内部治理与家族外部治理各自独立又相互关联、相互映射，鹰君集团罗氏家族也同样采用了家族信托持股家族企业的方式（见图2-4），但因为家族内部治理失调，导致家族纠纷。

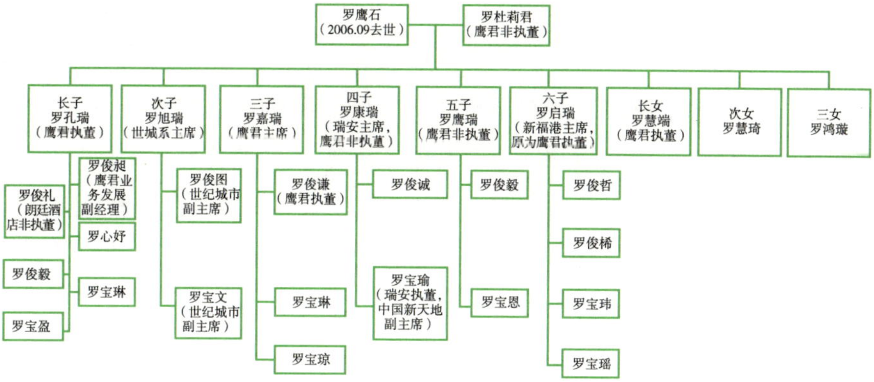

图2-4 鹰君集团罗氏家族成员

2018年新闻曝出鹰君集团创始人罗鹰石的遗孀、被称为“罗老太”的罗杜莉君，与当地媒体见面，公开表示，若赢了官司，只希望取回自己财产的话事权。在2016年底，“罗老太”突然上诉香港特区高等法院，控告汇丰国际信托，要求法庭撤掉其信托人职务、下令汇丰信托交代账目及赔偿损失，罗氏家族成员则对于母亲的上诉各有不同意见。罗氏家族的家族信托纠纷将这一家的豪门恩怨披露在聚光灯下。

鹰君集团的创始人罗鹰石，1913年出生于潮州普宁，1963年创办鹰君，转行做房地产生意，一路扩展，成为了香港特区的超级富豪。整个家族直接掌控了香港特区十家上市公司，市值过千亿，创下香港特区的家族掌控上市企业数目最多的纪录，但他在接班问题上却摇摆不定。

罗鹰石与杜莉君共有6子3女。长子罗孔瑞于1967年回归家族企业担任董事；次子罗旭瑞于1968年回归家族企业，两人均为家族企业作出了重要贡献。然而好景不长，20世纪80年代随着香港特区地产业下行，罗氏家族及鹰君集团经历了诸多坎坷。

先是长子罗孔瑞获罪，退出企业经营；再是父亲为缓解资金困难拟出售酒店资产，次子罗旭瑞联合外人敌意收购，导致其与父亲决裂，四子罗康瑞早已自立门户无暇分身，焦头烂额的罗鹰石不得不从美国召回三子罗嘉瑞“救驾”。虽然没有多少行商经验，但罗嘉瑞显然是继承了父亲的商业基因。1984年，鹰君的股价有了明显反弹，临危受命的罗嘉瑞无疑帮助家族度过了难关，交上了一份满意的答卷，从此备受父亲器重。

1984年，罗氏家族信托设立，三子罗嘉瑞与父亲勠力同心，确保鹰君集团渡过难关。此后，鹰君集团慢慢进入三子罗嘉瑞主导的时代。2006年，父亲去世，三子罗嘉瑞接任董事局主席。期间，鹰君集团发展迅速。与此同时，随着企业的发展，所有权结构的不断变化，家族矛盾也日趋公开化。2016年，母亲杜莉君起诉罗氏家族信托受托人，主要原因就是受托人未增持鹰君集团股份，导致三子罗嘉瑞处于相对多数的地位。罗家内部分化成两个阵营：一方以母亲罗杜莉君为首，包括长子罗孔瑞、次子罗旭瑞、幼子罗启瑞、次女罗慧琦和三女罗鸿璇；另一方则以三子罗嘉瑞为代表，包括四子罗康瑞、五子罗鹰瑞和长女罗慧端。

图2-5至图2-8描述了鹰瑞集团2015年至2010年主要股东的持股变化情况。

主要股东

❮ 2017-06-30 | 2016-12-31 | 2016-06-30 | 2015-12-31 | **2015-06-30** | 2014-12-31 | 2014-06-30 ❯

股东名称	最终控制人	持股数(万股)	占总股本比(%)	持股变动(万股)	股票类型
Powermax Agents Limited	罗嘉瑞	16537.28	24.88	↑ 282.23	普通股
罗嘉瑞	罗嘉瑞	6592.02	9.92	↑ 654.97	普通股
Surewit Finance Limited	罗嘉瑞	4969.47	7.48	↑ 84.81	普通股
Adscan Holdings Limited	罗嘉瑞	3562.82	5.36	不变	普通股
Green Jacket Limited	罗嘉瑞	3351.36	5.04	↑ 57.19	普通股
HSBC International Trustee Limited	罗嘉瑞	2194.52	3.30	↓ -3779.88	普通股

图2-5 2015年6月末鹰瑞集团的主要股东

主要股东

❮ 2017-06-30 | 2016-12-31 | 2016-06-30 | **2015-12-31** | 2015-06-30 | 2014-12-31 | 2014-06-30 ❯

股东名称	最终控制人	持股数(万股)	占总股本比(%)	持股变动(万股)	股票类型
Powermax Agents Limited	罗嘉瑞	16537.28	24.88	不变	普通股
罗嘉瑞	罗嘉瑞	7110.54	10.70	↑ 518.52	普通股
Surewit Finance Limited	罗嘉瑞	4969.47	7.48	不变	普通股
Adscan Holdings Limited	罗嘉瑞	3562.82	5.36	不变	普通股
Green Jacket Limited	罗嘉瑞	3351.36	5.04	不变	普通股
Southeastern Asset Management, Inc.	Southeastern Asset Management, Inc.	3323.99	5.00	不变	普通股
HSBC International Trustee Limited	罗嘉瑞	2194.52	3.30	不变	普通股

图2-6　2015年底鹰瑞集团的主要股东

主要股东

❮ 2016-12-31 | **2016-06-30** | 2015-12-31 | 2015-06-30 | 2014-12-31 | 2014-06-30 | 2013-12-31 ❯

股东名称	最终控制人	持股数(万股)	占总股本比(%)	持股变动(万股)	股票类型
Powermax Agents Limited	罗嘉瑞	16824.30	24.87	↑ 287.02	普通股
罗嘉瑞	罗嘉瑞	9904.22	14.64	↑ 2793.68	普通股
Surewit Finance Limited	罗嘉瑞	4038.36	5.97	↓ -931.11	普通股
Eagle Guardian Limited	罗嘉瑞	3721.61	5.50	不变	普通股
Adscan Holdings Limited	罗嘉瑞	3562.82	5.27	不变	普通股
HSBC International Trustee Limited	罗嘉瑞	1818.90	2.69	↓ -375.62	普通股

图2-7　2016年6月末鹰瑞集团的主要股东

主要股东

❮ 2019-12-31 | 2019-06-30 | 2018-12-31 | 2018-06-30 | 2017-12-31 | 2017-06-30 | **2016-12-31** ❯

股东名称	最终控制人	持股数(万股)	占总股本比(%)	持股变动(万股)	股票类型
Powermax Agents Limited	罗嘉瑞	16824.30	24.83	不变	普通股
HSBC International Trustee Limited	罗嘉瑞	7628.68	11.26	↑ 5809.78	普通股
罗嘉瑞	罗嘉瑞	4511.54	6.66	↓ -5392.68	普通股
Surewit Finance Limited	罗嘉瑞	4038.36	5.96	不变	普通股
Eagle Guardian Limited	罗嘉瑞	3721.61	5.49	不变	普通股
Adscan Holdings Limited	罗嘉瑞	3562.82	5.26	不变	普通股

图2-8　2016年底鹰瑞集团的主要股东

2016年的矛盾其实可以溯源至1984年，彼时，罗氏家族进入第二代主导的阶段，鹰君集团也历经近20年发展，面临着新机遇和挑战，罗氏家族需要构建家族治理结构，鹰君集团亦面临着所有权结构的调整，以适应业务发展及罗氏家族的变化。罗氏家族选择了将家族企业所有权置入信托，利害关系人只享有受益权（受益人不包括二子），管理权将从父辈向三子过渡。家族及家族企业发展到一定阶段不得不面对“合”“分”的选择，三子不但拥有公司管理权，而且所有权比例不断扩大，照此速度发展，鹰君集团很可能发生三子独大的格局，“分”的趋势打破了之前“合”的态势。

罗氏家族以信托持有鹰君集团股份是个很好的选择，信托持有股份，罗氏家族成员按信托协议掌控公司管理权，股份分红再按信托协议分配给家族成员（据悉，罗氏家族信托的受益权也由三子罗嘉瑞占有最大份额）。信托能较为完美地解决所有权、管理权、受益权分离问题。家族信托持有的家族企业的股权所有权不发生分割，管理权及受益权可以依据信托文件确定，在信托文件未明确写明时，可与家族治理连接，留有家族治理机构运作、决定，如家族委员会指示信托保护人对信托及受托人进行监督管理。这种家族企业股权的持有及家族企业的运作在一定程度上解决了“合”“分”问题。

但是，“罗老太”觉得罗氏家族信托受托人在罗鹰石去世后就不听话了，没有按要求增持鹰君集团股份，使得三子罗嘉瑞逐渐做大。与受托人的沟通不畅是一个直接原因，但也只反映了问题的表面，信托制约机制缺位、家族内部治理中的制约机制缺失，家族成员缺乏沟通、家族意识教育缺失、未形成共同的信仰及价值观，才是导致家族纷争的主要原因。家族内部治理问题导致家族外部结构失衡，家族外部问题又加剧了家族内部治理失衡，互为因果，形成恶性循环，不可割裂。因此，需要通过制定家族宪章来预防、解决上述问题。

第二节
家族企业传承制度及模式

家族宪章要实现的目标十分多元，一方面侧重家族的凝聚力，强调并彰显家族使命和价值观，建立家族内部的治理体系，避免内部纷争的风险；另一方面，还要建立对家族企业的有效控制，指导家族企业的传承。鉴于家族企业对于家族发展、壮大的支撑作用以及家族企业传承的复杂性，家族宪章自然要对家族企业传承充分关注。

虽然家族企业传承大多表现为企业股权的所有权从上一代变更至下一代，但企业的传承不单是股权的变更，更是企业家精神的培养与继承、企业管理的承接、业务的顺承和创新等。美国西北大学克洛格商学院John L，Ward教授和Justin B. Craig教授提出了家族传承的15个指导原则，即:（1）传承是个过程，并非单一事件;（2）子承父业是个选择，并非义务;（3）鼓励成员拥有在家族企业外的工作经验;（4）安排既有岗位;（5）鼓励改良;（6）传承业务基本技能;（7）非父母导师的教导;（8）明确职责;（9）明确背后的原因;（10）不孤军奋战;（11）家族会议、良好沟通;（12）重视计划;（13）设立顾问委员会;（14）期限倒逼;（15）放手并为此做准备。世界经济论坛发布的《家族企业治理入门》指出，成功的传承应该有六步：第一步，早早让继承人参与；第二步，让继承人进行商业相关的学习；第三步，为继承定制内部学习机会；第四步，鼓励他们获取外部工作经验；第五步，正式向生意圈介绍继承人；第六步，与继承人就家族业务达成书面协议。清华大学的高皓博士认为，家族传承包括产业资本（家族核心实业公司的股权）、金融资本（家族拥有的流动性或非流动性的金融资产）、人力资本（家族成员个体的素质与能力）、家族资本（家族整体的凝聚、团结）、社会资本（家族拥有的社会关系总和）、智慧资本（根植于家族成员头脑之中的内隐的知识、经验和信念）六大维度。方太集团创始人茅理翔先生也总结出颇具特色的传承范式，即对下一代的传承要“带三年”“帮三年”“看三年”，一共将近十年的代际传承周期。

一、家族企业所有权结构

家族企业所有权问题往往是家族宪章中最重要、最为家族成员关注的部分，它们涉及权利划分和利益分配问题。从李锦记家族的重构到鹰君集团罗氏家族的纷争，都表明家族的传承与所有权结构的设置往往密不可分，并且很多时候，与家族内部治理问题也相互交织。因此，我们有必要了解家族企业所有权的基本结构及其在家族治理结构中的重要意义。

（一）个人直接持有

在公司的早期阶段，创始人个人直接作为股东创立公司，个人或夫妻二人作为公司的股东（或大股东），兼任董事、总经理等职务，生产、销售、财务、管理一人抓，随着业务的发展，还可能成立多个项目公司，进入公司工作的家族成员也越来越多。这一成长路径符合绝大多数家族企业的发展实际，也能满足大多数企业的运作管理需求。个人直接持有的初步形式和进阶形式如图2–9所示。

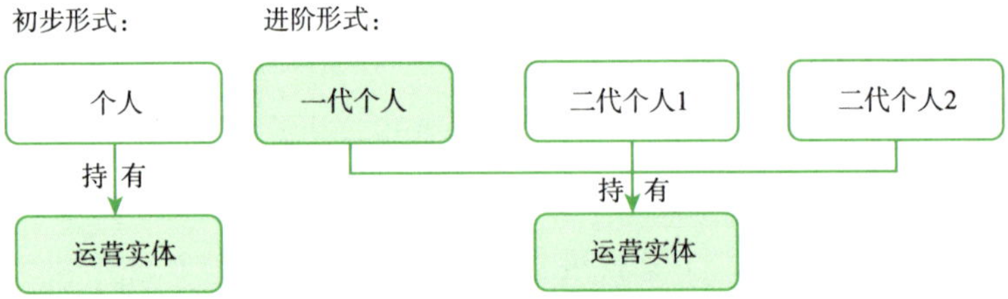

图2–9　个人直接持有的初步形式和进阶形式

从财产保护（债务隔离）方面看，运营实体一般是公司，公司虽然是有限责任属性，能隔离公司与股东之间的风险，但财产保护（隔离）的功能并不十分完善，主要体现在：（1）公司的有限责任穿透。在个人股东滥用股东权利时，第三人可以主张“刺破公司面纱”，要求个人股东本人承担责任。对于很多内部治理不规范、个人财务与公司财务混同的运营实体，被穿透的风险很大；（2）融资时，金融机构要求个人股东（及近亲属）为运营实体提供连带担保，一旦违约，个人股东（及近亲属）要承担偿还责任，如罗永浩对锤子科技承担6亿元左右的连带责任；（3）个人股东的不当行为直接影响运营实体的股权稳定性。

从资产传承方面看，股权的所有权可以进一步细分为持有权、管理权、受益权，对于大家族及资产业务规模大的家族企业，股权传承不是简单的所有权变更问题。如有没有合适的继承人、多个继承人份额如何分配、对于非参与型继承人如何安排……这些问题都需要从持有权、管理权、受益权分离及配置方面提前考虑。由于股权是个人资产，故运营实体的股权传承就只能简化为所有权变更，或是再转化为法定继承或遗嘱继承问题，这种简单化的处理显然不能满足我们关于持有权、管理权、受益权分离的讨论。

> 某三线城市房地产公司由张总创立，在当地开发运营几个地产项目。张总有一儿一女，女儿与儿子都在公司中从事管理工作。张总生前对房地产公司的股权如何传承并未向儿女们示明，张总病故后，女儿拿出张总遗嘱，根据遗嘱，房地产公司股权所有权将全部转移给女儿。儿子对此提出异议，联合母亲及公司财务人员等公司关键人员，抢先控制公司，然后与女儿就遗嘱问题进行诉讼。经历了两年诉讼，虽最终认定遗嘱是真实的，但首先要从夫妻共同财产中划分出个人财产，张总的个人股权由女儿继承，但母亲将自己股权转让给儿子，至此该公司从股权结构层面还是形成了僵局。从管理层面，以儿子掌管

为主，儿子有实际的控制力。这种局面与张总的意向是不相符的，不能说张总没有传承安排，但是家族企业的传承比金融资产、实物资产传承要复杂得多，不是“神秘之纸”（遗嘱）就能解决的。

（二）业务分拆型

当家族企业业务发展到不同业务板块、不同市场地域时，企业本身就需要拆分。家族从第一代发展到第二代，人员增加，支系利益诉求也随之增加。家族企业所有权结构将由个人直接持有为主逐渐向机构持有转变，主要形式有业务分拆型（见图2–10）、股东多元型（见图2–11）和有限合伙型（见图2–12）。

1. 业务分拆型

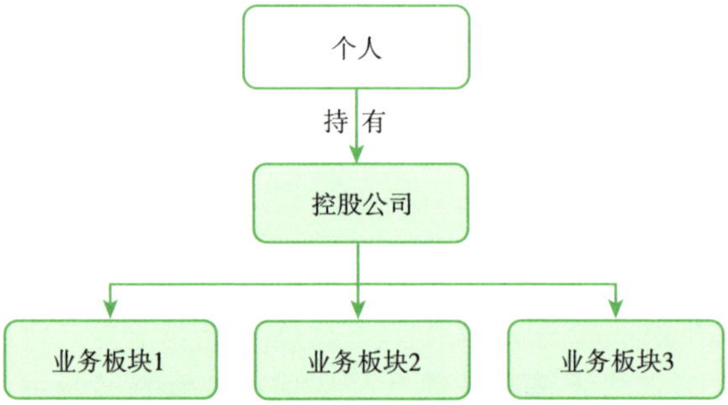

图2–10 业务分拆型模式

该种模式在个人股东与业务板块之间加入了控股公司，个人通过控股公司间接持有运营实体，运营实体也进行不同业务的划分，有效地避免了个人股东与运营实体之间的风险互传及不同业务之间的互相影响。加入控股公司，让个人股东对运营实体税务筹划和资本运作有了更大的空间。

2. 股东多元型

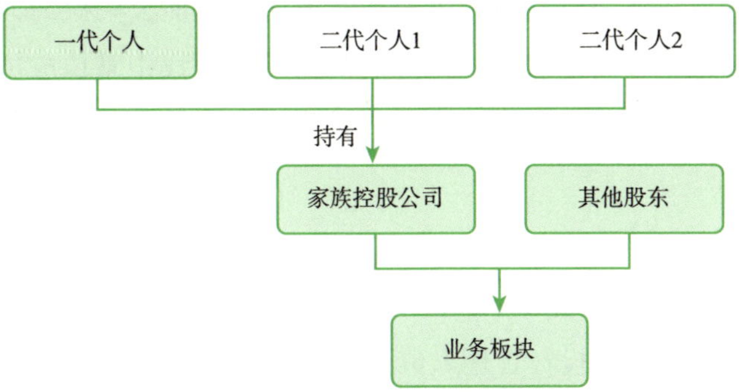

图2-11　股东多元型模式

随着家族的成长，第二代逐渐进入家族企业，为家族企业的发展提供了人力资源保障，助力企业的发展。许多第一代企业家开始着手进行家族企业所有权调整，以满足第二代的利益需求，为传承做铺垫。

在控股公司层面，对其股权结构多元化，除第一代外，引入第二代（全部或部分）家族成员。在理想的情况下，控股公司的议事、决策，不由第一代个人专断，而是通过多数决策、监督等机制来进行，这就是家族治理实践的题中之义。当然，基于第一代权威的存在，其在控制公司层面很可能具有绝对的话事权，故家族治理不一定能在控股公司层面发展起来。

从财产保护（隔离）方面看，业务板块的运营公司本身是有限责任，运营公司之上再嫁接一个控股公司，将运营公司的风险再次隔离。同时，个人股东的风险直接体现在控股公司层面，运营公司受到的风险冲击被控股公司缓冲。尤其是当运营公司股东多元化之后，控股公司只是代表家族持有运营公司，个人股东的风险不会直接作用在运营公司之上。

从资产传承方面看，控股公司的加入让运营公司的传承有了更多空间，可在控股公司层面引入第二代各支系，划定持有的控股公司股权比例，第二代各支系后续的股权变更也只发生在控股公司层面，不会波及运营公司。运营公司的管理权由外聘高管或第二代中某位成员行使。由于控股公司的加入，给运营公司股权的所有权、管理权、受益权分离提供了基础。

由于控股公司的加入，家族可以将金融投资业务从实体经营业务中独立出来，引入专业投资管理人员进行项目融资，极大丰富了投资手段。很多家族将从实体经营中获取的资金，在控股公司下单独成立投资实体（公司或有限合伙），从事投资融资业务。

3. 有限合伙型（管理权与收益权的分离）

上述结构中家族控股平台都是公司形式，股东在公司中享有收益权、决策权（管理权），但是基于各家族成员参与能力与意愿的不同，很多时候要求将管理权与收益权分离，让有能力的人决策、管理，让不想参与的人分享收益。有限合伙正是理想的管理权与收益权结合与分离的制度工具。

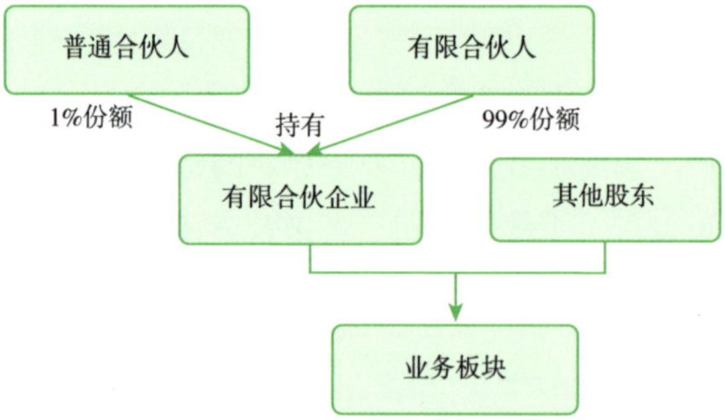

图2-12 有限合伙型模式

有限合伙在投资行业运用较多，普通合伙人一般是有投资管理能力的机构或个人，出资份额较少，但对有限合伙事务有执行权力，分享的收益也大于出资比例；有限合伙人一般是投资人，出资份额较大，不享有合伙事务执行权，只是收益权。这样的机制工具也可同样适用于家族企业的持有及运营，第一代或能力强的第二代作为普通合伙人，通过有限合伙企业持有及管理业务板块的运营，也可以取得作为普通合伙人的特殊报酬，其他家族成员作为有限合伙人，在不出资或象征性出资的情况下，单纯享有收益权及监督权。有限合伙分享实际收益权与管理权，做到各美其美。有限合伙的普通合伙人及有限合伙人可以再嵌套公司等法人结构，通过法人结构解决风险隔离、划定各系利益等问题。

（三）信托/家族基金会持有

信托是由设立人（委托人）设立的，将信托财产的法律所有权转移给受托人，并由受托人严格依据信托契约条款和授信义务，为了受益人的利益持有、管理上述财产，并将其分配给受益人，由受益人享有信托财产衡平所有权（equitable ownership）的法律关系。

虽然两大法系（英美法系、大陆法系）对信托具体法律细节有不同认识，但对信托的基本概念都有共同的认识。《海牙关于信托的法律适用及其承认的公约》规定："当财产为了受益人的利益或为了特定目的而置于受托人的控制之下时，'信托'这一术语系指设立人设定的在其生前或身后发生效力的法律关系。"

信托具有下列特点：

（1）信托财产是独立的，不属于受托人财产的一部分；

（2）信托财产以受托人名义持有；

（3）受托人按照信托协议的约定或是《信托法》的规定，有义务及权利管理、处置信托财产。

对于信托，图解如图2-13所示。

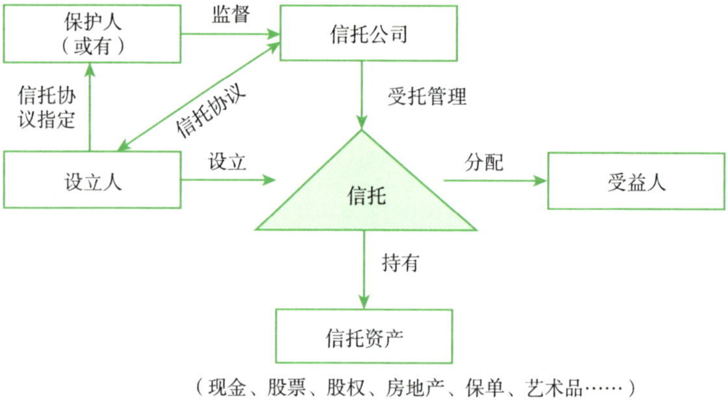

图2-13 信托图解

如图2-13所示，家族信托涉及的主体包括委托人、受托人、受益人、保护人等。委托人一般为家族创始人或最核心的人员，其将资产委托给受托人（如信托公司），由受托人按信托协议要求进行管理和分配。家族信托的委托人只能是一个人或几个核心成员，但是受益人可以是多个人或者是某类人，一般为家族成员。受益条件、份额及财产分配频次均由委托人和受托人在信托契约中进行约定。

委托人可以置入信托的资产原则上可以是所有形式的资产，包括现金、金融产品、不动产、股权、知识产权、艺术品等众多有形和无形资产，但应当都是由委托人自身合法所持有的资产。委托人设立家族信托最主要的目的是财富的保护与传承，此外，家族成员的生活保障、财产管理、资金保值和增值也是常见的信托目的。

信托的另一个重要角色是受托人。受托人接受委托人转移的资产，是信托资产法律上的所有人。由于信托往往是为了家族的股权或者财富传承而设立的，普通法系法院对信托资产的所有权做了分割，将信托资产的衡平所有权授予受益人，这是英美法系所特有的制度安排。也就是说，当受托人没有按照信托协议管理好资产，从而造成受益人最终受益的损失时，受益人可以向受托人提起法律诉讼要求赔偿。这种衡平所有权还分为对物权和对人权，在此不展开讨论。对于受托人来说，其核心职责是以信托的方式持有信托财产的合法所有权，并严格遵守信托条款，代表受益人并以受益人的最大利益来管理资产，并定期按照信托文件的规定向受益人进行分配。在这一过程中，受托人需要遵守授信义务如下：

- 必须诚实诚信地行事，以受益人的最大利益为出发点，以受益人的利益为重；
- 必须避免利益冲突，必须避免“自我交易”；
- 将信托财产与自己的财产分开，保持与信托财产有关的准确记录，并准备好显示信托基金历史收支明细的账户；
- 除非获得授权，否则不得从其受托人的职位中获利。

家族信托保护人也是一个重要角色，如果委托人认为有必要，可以设置信托保护人角色，来对受托人的信托行为进行监督和制衡；经受托人同意，保护人也可以聘请第三方财务顾问，对信托财产的投资给出专业建议。保护人的作用一般体现在四个方面：一是确保委托人的意愿和目的能够得到遵守；二是协助受托人管理信托；三是监督受托人的行为；四是保护信托及信托资产。

从法律角度来看，家族信托作为一项重要的传承工具，具备以下功能和优势：

第一，财产隔离保护。家族信托成立后，信托资产从委托人转移到信托公司，成为信托财产，以家族信托的名义存在。信托财产是独立于委托人的固有财产，除非委托人在设立信托前已经恶意负债或为避债恶意设立信托，否则，债权人无权处分信托财产。除非法律另有规定，否则委托人、受托人、受益人的债权人均不能对信托财产申请强制执行。家族可以通过信托框架，将家族资产从个人资产中隔离，置入家族信托的资产可以抵御未知的风险侵袭，不因个人或企业遇到风险或倒闭而遭受损失，可以长久地为家族成员创造收益，使家族经历风险后，仍有东山再起的根基。

第二，财富代际传承。家族信托的受益人范围广，可以由委托人任意指定，可以是子女，也可以是第三代甚至是尚未出生的后代。家族信托的受益分配非常地灵活，比如定期分配、按事件分配（如考入某大学、达到18周岁等）、附条件分配等。相对遗产的继承，家族信托资产的传承更为简单，委托人去世后，信托财产不作为遗产，而是通过信托协议，向指定的受益人（继承人）按时间、条件进行财富分配和传承，有效避免了其他方式财产继承的风险和烦琐的手续。不仅能够避免后代之间的冲突纠纷，还能够保障传承目的的长远实现。

第三，对婚姻财产进行规划。家族信托一旦合法设立，一般不可撤销，对于财富所有者和信托设立者来说，即使离婚，也不能主张分割信托财产，如果经过合理设计，将企业股权转入信托，可以有效防范婚姻风险，即使离婚也不会造成企业治理结构发生重要变化。因为事先设立家族信托，美国新闻集团总裁、世界传媒大亨默多克同第三任妻子邓文迪的离婚，对默多克个人和企业财富基本上没有什么影响。对于作为信托受益人的子女来说，委托人通过在信托合同中约定“信托收益权仅为个人所有，与其配偶无关”，可以避免子女因离婚原因而造成家族财富损失。

第四，财富的保值增值。信托公司作为专业的资产管理机构，有丰富的资产管理经验和专业人才，遵循诚实、信用、谨慎、有效的原则为信托目的管理财产，根据委托人的要求与实际情况，结合个人风险偏好和信托目的的实现，为委托人构建符合其风险承受能力的合理投资组合，并实现持续的动态管理，科学合理地制定切实可行的投资方案，依据法律法规和有关政策，最大限度地保护委托人的财产与收益安全，实现财产的保值增值。

第五，防止子女挥霍。在信托文件中约定，定期向子女分配一定的生活费，可以避免因为子女涉世未深，没有管理能力，一次性给予子女大额资金可能带来的挥霍风险。例如，财富所有人预期继承其遗产的妻儿可能浪费成性，一旦其去世后，家族财产很可能会被迅速挥霍一空，家人甚至会落入生活没有着落的境地。为了避免造成这种现象，家族财富所有人可以设立保护信托。保护信托是指委托人设立一项信托，受益人享有终身受益权，但是一旦发生某些特定事件（如受益人破产或意图转让、处分其收益权，或者发生受益人挥霍资产、赌博、吸毒，或者发生其他事件使第三人有权享有信托财产），则信托终止。与此同时，按照信托协议的规定，以剩余的信托资产另行成立一项自由裁量信托（全权信托），以原受益人及其家属为受益人，由受托人自由裁量如何向他们分配信托收入以保障他们的生活。

第六，保护财产隐私。家族信托拥有完善的保密机制，具有保护隐私的功能。除信托合同的当事人即委托人和受托人之外，其他人无从知晓信托文件内容，甚至不同受益人之间的收益分配方案都是保密的。同时，如果家族信托的委托人面临大额债务风险时，债权人也很难查询到家族信托的具体情况，即使在资金流向中能查询到资金流入信托公司，只要在设立信托时财产合法，并在当时没有侵害债权人权益，债权人也不能申请强制执行信托财产。

当企业家将家族企业的股权作为信托资产置入信托后，信托成为家族企业股权的持有人，具体可由信托公司设立SPV（有限公司），SPV作为股东持有家族企业的股权（见图2-14）。

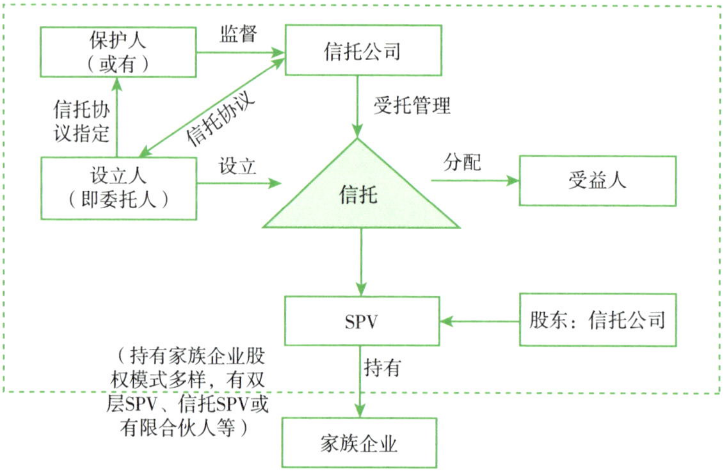

图2-14　家族企业SPV示意图

此时家族企业被信托（即信托公司根据信托协议成立的SPV）持有，家族企业成为独立于设立人的信托财产，家族成员可以依据信托协议管理运营家族企业，例如，担任家族企业的董事以掌控公司运营权；或是在信托结构中引入保护人委员会，由保护人委员会行使家族企业的管理运营权。

信托持有家族企业股权后，家族企业成为独立的信托财产，其依据信托协议，在设立人、受托人、保护人的互动下运营。前述个人直接持有、公司/合伙企业持有，家族企业所有权被家族成员直接控制或是通过控制链条控制，无法摆脱自然人股东生老病死、离婚、被追债带来的变更。从第一代独立创业，到第二代兄弟合作经营，再到第三代第四代堂表兄弟合作经营，现实中很难看到这样传承到第三代第四代的家族企业。以李锦记家族和鹰君集团罗氏家族以例，都是在第二代、第三代的时候就已经发生所有权的重整，家族中的某位“强人”通过收购等方式，重新归拢所有权，从“兄弟合作”或“堂表兄弟合作”又回到一人或一个家族分支独立经营。经过近百年的实践发展，信托是解决所有权问题的终极制度工具，是一种有效的将信托财产的所有权、管理权、受益权分离的法律工具，号称财富配置“皇冠上的明珠”。

罗氏鹰君集团已经将家族持有的部分股份信托化，罗氏家族信托所持鹰君集团不会再发生传承分割，可能发生的争议就是罗氏家族信托的管理，如“罗老太”认为，罗氏家族信托未能及时增持鹰君集团股份，导致三子罗嘉瑞逐渐“做大”，但这种争议不影响罗氏家族信托已持有鹰君集团股份的稳定性，与传统传承时诸子平分或家族内讧比，烈度明显低了一级。

当然，罗氏家族信托纠纷本身也说明了家族信托不是解决所有家族问题的“灵丹妙药”。家族信托结构复杂、运作过程复杂，对家族成员的理解和运用提出了很高要求，如罗氏家族信托纠纷中，管理人是不是应该增持这个问题就不是当初设立信托时能设想到的，需要保护人、管理人等角色协作，家族自身的纠纷也使得管理人难以决策。更何况，家族纠纷有的来自成员长期的个人关系失衡，有的来自对家族管理方式的不满，问题的交织也使解决方法复杂化，家族信托只是解决方案中的其中一部分。

除了家族信托，家族基金会也是国外高净值家族常用的财富持有形式。基金会起源于中世纪的欧洲，主要分布在民法法系国家，大多数用于慈善目的。直到1926年，列支敦士登才出台《自然人与公司法》（PGR），该法首次明文规定基金会可以用于管理家族资产，在此之后法律又进入了停滞期。1995年，巴拿马借鉴了列支敦士登的法律，建立了首个离岸地区的基金会制度，将其带入了离岸体系。目前，阿鲁巴、安圭拉、安提瓜、巴哈马、塞浦路斯、根西岛、曼岛、泽西岛、马耳他、荷属安的列斯群岛、尼维斯、圣基茨、塞舌尔和瓦努阿图都建立了相应的基金会制度。

对于基金会的概念或者定义（见图2–15），在业界没有普遍统一的用语，但各方普遍认同基金会是没有股东的法人实体，其受益人不能对基金会资产享有任何权益。私人基金会是自我治理的可撤销或不可撤销的独立法人实体，私人基金会没有股东或类似的组织结构，其日常管理职能由基金会理事会等部门承担。私人基金会经发起人或其代理人宣告或注册而设立，旨在为受益人的利益或某一目的而持有、管理及分配受赠资产。基金会的全部资产所有权属于基金会本身，由理事会等治理机构根据基金会章程、条例细则的要求进行管理。

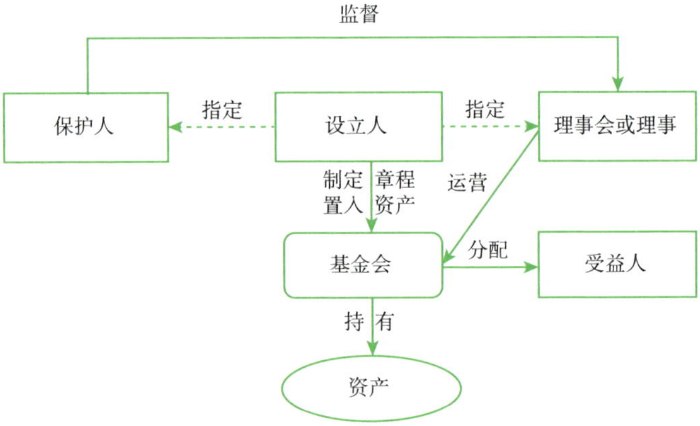

图2–15 基金会的运作原理

关于基金会的设立，除了列支敦士登，大部分地区采用注册登记的形式。列支敦士登采用非正式的宣告设立的方式：为了私人利益的私人基金会通过“宣告设立”的方式设立，设立人也可以去公共注册部门进行登记，但法律没有强制要求。当不以注册形式设立私人基金会时，基金会委员会必须向土地与公共注册署提交“基金会成立告示”。在其他地区，基金会的设立程序可能会要求将一名持牌服务商作为创立人的代理履行注册程序，该服务商一般被称为代理发起人。代理发起人仅在注册流程中发挥作用，一旦基金会正式成立，仍然由实际的发起人向基金会置入资产，该资产可以是货币、证券、股权等多种形式。

一般而言，对于基金会的注册设立，都要求发起人必须向基金会置入最低的资产，如列支敦士登要求的是3万美元，巴哈马和巴拿马都是1万美元，塞舌尔要求不低于1美元。但也有些地方对最低资产没有硬性的规定，或者没有规定，如泽西岛和曼岛就没有最低的限额，耿西岛则笼统规定了初始资本，但没有明确具体数额和最低额度。

一旦资产的所有权以适当的法律形式转移到基金会，该资产就被视为赠与了基金会，并由基金会作为独立法人实体所持有。基金会资产并不构成发起人破产、继承或者特留份继承的法定资产，换句话说，资产一旦进了基金会名下，就不再属于其他任何人。这一点倒是可以用于家族资产的破产保护。在一些离岸金融中心，设立私人基金会还能享受到一定的税收减免，并能保证在未来一段时间内免予征税。

对于基金会的管理，除了法定的最低要求，一般来说由理事会或者理事遵从基金会的宪章文件执行。基金会的宪章文件主要包括基金会的章程（基金会契约）、条例（规范）等，这些文件必须是书面形式的，载明了基金会的名称、目的及其他重要信息，如内部治理结构、高级职员的权利与义务、管理流程等。基金会的章程一般由发起人起草，或者是专业人士根据发起人的意思起草，包含基金会的名称、目标、首届理事会成员、捐赠数额或初始资产、基金会的受益人、终止条款等。一般章程作为注册文件，是对外公开的，发起人更倾向于保持部分或全部的家族事务处于保密状态，特别是基金会的处置条款（资产的管理及分配、受益人的范围、受益人的性质、受益人的受益程度等）。这主要通过基金会条例（规范）的方式实现，条例往往依据基金会契约或章程授权制定。

与信托不同，基金会的发起人可以明示保留权力。基金会章程可以以明示条款的形式保留或赋予发起人一定的权力，这些保留的权力也可以由章程授权的条例进行规定。发起人权力的保留并不像普通法中的衡平原则规定的那样，会导致基金会成为“虚假基金会”。例如，列支敦士登《自然人和公司法》（PGR）中允许发起人被指定为基金会的“控制人”，有权控制基金会的管理以及基金会资产的分配；曼岛的发起人可以保留修改、撤销、变更或终结基金会的权利，但这些权利的行使时限应当限定至发起人去世时或者基金会设立后50年。甚至在部分地区，发起人还可以把部分保留的权利转让给第三人，如保护人。当然，对于权利的保留还需要程序上的合法性，一般要求保留权利的行使必须通过基金会理事会的决议作出，而不能由发起人直接作出。

基金会的理事会是对基金会享有控制和管理权的常设机构，列支敦士登PGR规定：基金会理事会由不少于两个自然人或法人实体组成。当然，很多地方也会规定基金会可以不设立理事会，而单独设立一名理事来进行基金会的管理。一般而言，基金会理事会享有以下权力：第一，执行基金会章程并根据授权对章程进行修正；第二，根据章程规定指定和更换受益人；第三，分配、运作、处置基金会财产；第四，代表基金会对外签署相关契约。理事也需要承担相应的义务：首先，理事有根据基金会宪章组成文件管理资产的义务；其次，因为基金会的管理权力和基金会资产的管理权力本质上具有受托性，权力的行使要求尽到合理的审慎义务、具备相应技能，即行使权力时，理事应当诚实守信，具备善意，并以基金会利益最大化为出发点。

基金会的保护人是指接受基金会设立人的委托或者指定，对基金会理事会进行监管，对受益人利益进行保护的自然人或法人，又称控制人、监护人。其权利如下：第一，对超出章程规定的基金会理事会行为进行授权；第二，添加和更换受益人；第三，监管基金会理事会并要求获得基金账户和财务信息。因此，如果法律禁止任命唯一的受益人或者唯一的理事作为保护人或监护人，保护人或监护人应当保持独立的身份。

基金会的受益人是指按照基金会章程或条例获得所分配基金会资产的人，在家族基金会里受益人往往是家族的后代。更改受益人种类的权利通常由发起人保留，或被赋予给理事会、保护人。受益人对基金会资产不享有权益，他们不是具有法定权利的股东，不像信托受益人那样对信托资产享有横平法所有权（信托受益权）。理事会、职员、监护人/保护人根据基金会立法和基金会宪章文件所承担的义务指向的是基金会，而不是受益人。基金会条例中可以规定：

- 给确定受益人预定分配的权利；
- 确立受益先决条件，该先决条件必须发生在确定受益人或受益人获得分配权利之前；
- 建立受益人员类别，并授予设立/发起人或理事会自由裁量权，决定谁得到什么，或在什么时候能够得到什么；
- 赋予发起人或理事会权力以增加或减少受益人，来改变受益人群体；
- 在取得其他人（如发起人、监护人或保护人）的同意后，行使自由裁量处置权；

- 包含一名最终默认受益人，接受基金会终止时的剩余财产。

私人基金会除了具有一般家族信托具有的家族财产保护、家族财富管理与传承、家族治理、慈善以及家族税务筹划等功能外，尚还具有以下两种特殊功能：

第一，起到控股公司的作用。通过拥有私人公司的股份及财产，基金会可作为家族财富的最终拥有者，掌控家族财富。如2008年底，邵氏兄弟公司通过控股股东Shaw Holdings Inc.发出要约，收购公众手中的25%股份，完成公司的私有化。邵逸夫慈善信托基金以Shaw Holdings Inc.作为控股平台，100%持有邵氏兄弟的股权。从而，邵逸夫慈善信托基金成为邵氏家族财产的最终控制者。

第二，优化目的信托结构。股权信托借助私人信托公司与持牌信托公司的两次信托关系以实现永续存在的目的信托架构过于复杂，常常不被客户所理解。对于家族财富管理来说，最经济而且比较简单的结构是使基金会成为私人信托公司的股东，而由私人信托公司持有实业公司的股份。

尽管基金会与信托在法律形式上有些不同，但作为家族企业的股东，它们都有类似的作用，即“虚化”了家族企业股权的所有权。基金会与信托成为家族企业股东后，家族成员作为基金会的发起人/理事会或信托的设立人/保护人，不是基金会与信托的“股东”，不再拥有多层公司持股的所有权控制链条关系，不再对家族企业拥有直接或是间接的所有权，即“虚化”了所有权。“虚化”的所有权摆脱了自然人股东生老病死、离婚、债务等带来的冲击，为家族企业的传承提供了新思路。所有权的“虚化”并不影响家族成员对家族企业的管理、运营，他们通过基金会的发起人/理事会或信托的设立人/保护人或是在家族企业担任董事、高管，继续享有"股东"般的实权，并且，家族成员作为基金会与信托的受益人，也可以继续享有经济利益。简单说，通过基金会与信托持股家族企业，分离了家族企业股权的持有、管理及受益，为家族企业的传承开辟了不同于自然人直接或间接持股的路径。

（四）综合案例

上文介绍了家族企业股权的持有方式，即个人直接持有、公司/合伙企业持有、信托/家族基金会持有，各种持有方式具有各自特点，适应家族企业发展的不同阶段及业务需求。现实中，家族企业股权的持有方式经常综合使用多种持有方式，以实现控制权统一、风险隔离强、税负负担最优、家族成员利益保障等目的。

1．特步的家族持股结构

特步的家族持股结构如图2-16所示。

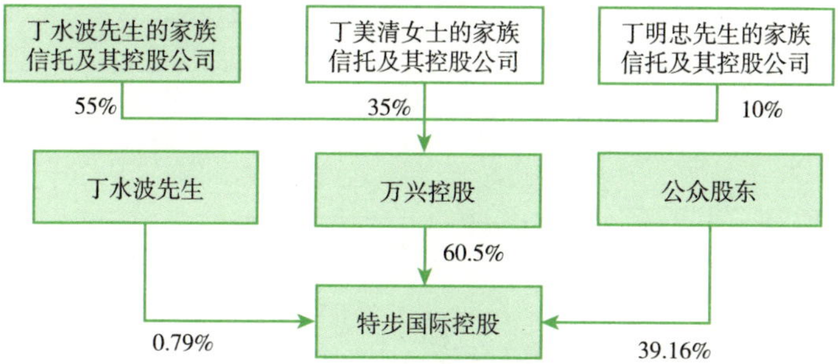

图2-16　特步的家族持股结构

2001年，丁水波创建"特步"品牌，特步公司于2008年在中国香港上市，2015年特步公司公告丁水波家族对上市公司股权持有结构进行调整，调整后如图2-16所示。丁水波先生、丁美清女士、丁明忠先生三兄妹各自设立家族信托，持有万兴控股55%，35%和10%的股份。特步国际控股的股份持有方式包括：（1）个人直接持有，丁水波直接持有少量股份；（2）公司持有，万兴控股作为家族持股平台持有了上市公司的大部分股份，家族持股平台是家族控制权及受益权的主要实现载体，聚合了全体家族成员的利益。家族持股平台替代家族主要成员直接持股最大好处首先是保证家族控制权的稳定，以家族持股平台层面的决策代替家族上市公司层面的表决，统一了家族表决权；其次，家族持股平台的加入，为家族的税收筹划及投资提供了平台，可以承接上市公司分红及组织利用分红进行再投资。（3）信托持有，信托在离岸上市结构中是较为常见的股份持有方式，以典型的红筹VIE上市为例，为境外融资企业大股东搭建如图2-17的结构：

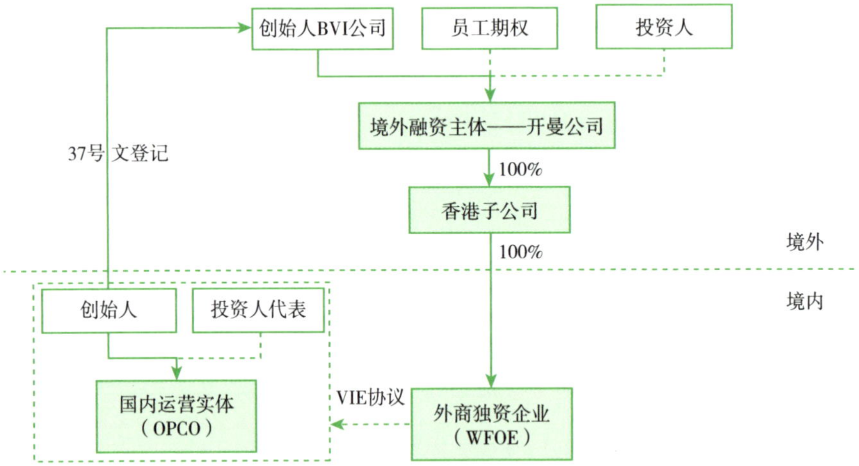

图2-17　信托为境外融资企业大股东搭建的结构

在上市前，基于节税、传承、隔离风险等需求，创始人设立家族信托持原属于自己的股份，上市结构变更为图2-18所示结构。

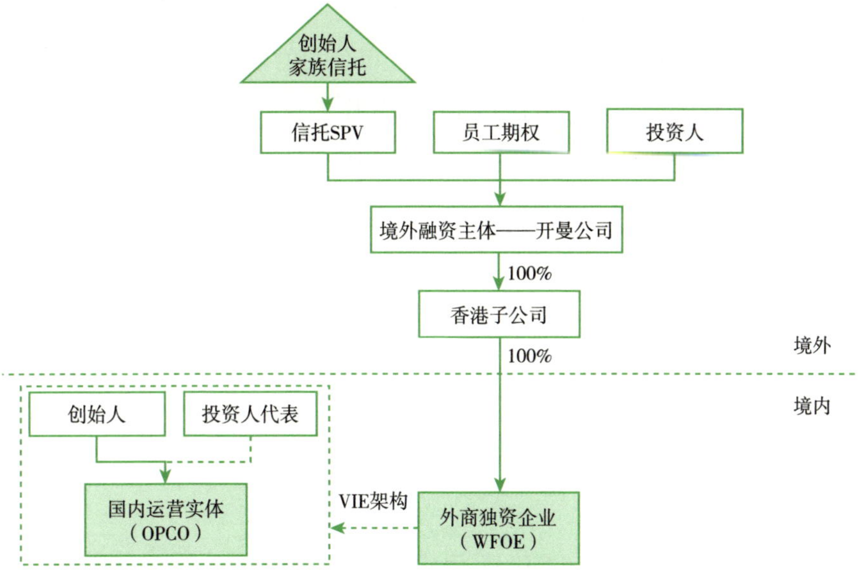

图2-18　变更后的上市结构

不仅可以在上市之前搭建家族信托，上市后也可作上述调整。在特步国际控股上市几年之后，将丁氏家族控股平台万兴控股的股东全部调整为家族信托，丁水波先生、丁美清女士、丁明忠先生三兄妹各自设立家族信托持有万兴控股全部股权，以家族信托代替家族成员个人直接持股，划分及锁定了家族各支系的利益。丁水波先生、丁美清女士、丁明忠先生各自在对应的家族信托内开展家族传承，家族各支系的传承规则可能各不相同，但家族整体利益汇集在家族控股平台万兴控股上，较为有效地解决了家族传承中的“合”与“分”。

2. 中国某家族企业持有结构

上述的特步家族企业及李锦记家族企业的持有结构利用了离岸公司、离岸信托的制度优势，中国内地的公司及信托制度并未提供同样的制度资源。我国目前虽然建立了以《信托法》为基础的信托法律体系并开展了初步的家族信托实践，但现实中家族信托一般不能直接或间接持有上市公司股份，家族信托也很少成为未上市公司的股东；我国的基金会作为开展公益慈善的载体，法律不允许将其作为家族财富管理的制度工具。故中国的家族企业持有结构不能照搬其他国家/地区的具体方案，只能参考其大体思路。

图2–19为中国某家族企业/家族财富的持有结构图，该家族充分利用我国法律目前能提供的制度工具，为解决所有权与管理权矛盾及传承中的“合—分”冲突。

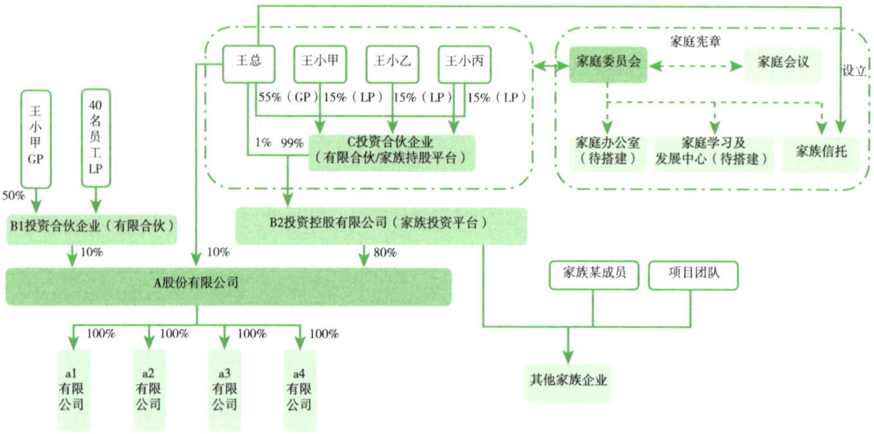

图2–19　中国某家族企业的持有结构图

（注：王总为家族第一代，王小甲、王小乙、王小丙为王总直系后代）

家族企业的经营主体是拟上市公司A股份有限公司（“A公司”），A公司目前的股东为：

- B1投资合伙企业，员工股权激励载体，王小甲是家族第二代、王总的孩子之一，在A公司中担任管理职务；
- 家族第一代王总，家族企业控制人，基于变现、分红等原因直接持有A公司部分股份；

- B2投资控股有限公司（B2公司），家族投资平台，家族利益的汇集体。
- 在A公司上市前会引入专业机构投资者，上市后会向公众股东增发股份。

王总以家族投资平台B2公司为枢纽，投资、控制A公司及其他家族企业；王小甲作为家族第二代支系，参与运营A公司，并通过股权激励，享有A公司上市资本收益；B2公司还投资运营其他产业，家族其他第二代参与运营其他家族企业，并享有作为管理者应有的激励。王总通过B2公司控制整个家族企业体系，统合了家族整个利益。第二代成员参与不同的家族企业，在家族统一控制下，发挥各自商业能力，既能协同其他家族企业，也能发挥各自独立优势。在B2公司层面，其股权结构可利用有限合伙的特点，分享管理权与收益权，以王总作为GP（以下简称“普通合伙人”），执行合伙事务，以家族各支系作为LP（以下简称“有限合伙人”），或分享家族企业整个发展利益，或为接班做好法律安排。引入有限合伙进一步锁定家族企业控制权，在第一代对第二代进行充分考察后，选定继任者，通过转让GP身份及权益，让继任者通过掌控有限合伙进而完成家族企业的整体交接。当然，B2公司也可以由自然人直接持有，如图2-20所示。

图2-20　家族持股平台公司

（王总为家族第一代，王小甲、王小乙、王小丙为王总直系后代，各自比例不同，以平衡企业控制、家族传承及公平。）

以自然人直接持股也能同样起到划定支系利益及为传承作法律安排的目的，家族第一代在其中持有大部分股权，家族第二代各支系平均持有剩余部分，平台公司利用《公司法》提供的基本治理制度，为家族治理提供基本规则。对比有限合伙持股模式，自然人持股的股权锁定作用稍差，家族第二代所持股权暴露在各自生老病死、离婚、债务的影响之下，家族第一代的控制权也不如有限合伙中的GP般直接。

与特步家族企业持股结构及李锦记家族企业持股结构相比较，本例中的家族持股平台公司无论是直接由自然人持有还是自然人通过有限合伙持有，最终还是与自然人关联，无法做到如特步家族企业或李锦记家族企业通过家族信托或家族基金会持有家族持股平台公司般，实现所有权虚化。家族持股平台公司与自然人关联就无法避免自然人的风险影响，会为家族企业传承带来不确定性。

二、家族企业传给谁

正如第一章第一节所述，家族宪章是对已有法律结构的补充，家族企业所有权结构只关注家族企业的控制、管理及权益享有，不能解决家族企业接班人的培养及选择问题。对于家族企业长远发展的接班人问题只能通过家族宪章设定相关机制得以解决。

（一）家族企业传承的两大问题

鉴于家族因素对企业所有权及管理权的影响，家族企业传承面临两大突出问题：传承的分散性与企业运营统一性之间的矛盾、布登勃洛克效应的影响。

1．传承的分散性与企业运营统一性之间的矛盾

假设A先生苦心经营一生，将家族企业发展壮大，他有三个孩子B、C、D，若A先生没有任何传承规划，按照法定继承规则，在不考虑夫妻共同财产制度及“向上传承”的影响时，A先生持有的股权应被三个孩子B、C、D平分。倘若A先生家族及家族企业全部适用中国法处理继承问题，首先要考虑夫妻共同财产制度的影响，即A先生所持股权中有一半属于配偶的财产，其子女按法定继承规则分配的也仅仅属于A先生的一半；再若A先生的父母仍健在，其父母也是第一顺位人，要与A先生的配偶及子女参与分配A先生的遗产。故考虑夫妻共同财产制度及“向上传承”的影响时，A先生持有的家族企业股权将被其父母、配偶、子女共同分配，这种法定传承将使家族企业股东复杂化。再若考虑到第二代往第三代的传承，上述复杂化便无以复加。

但在企业运营中，又天然地要求企业有且只能有一个话事人，这个话事人在家族企业中一般是基于股权比例而产生的大股东。家族企业的大股东不但是家族企业的话事人，也是家族成员的话事人。A先生创造并壮大了家族企业，也是家族企业的大股东，故在A先生在世时，家族企业的运营管理不存在话事争议，一旦A先生去世，其持有的股权被平均分配给B、C、D后，B、C、D既没有创建家族企业的权威，也不是基于持有多数股权而产生的大股东，他们之间很容易产生话事权争议，若B、C、D不能妥协解决，话事权争议将拖累、分裂家族企业。李锦记家族企业由第一代传至第二代及第二代传至第三代而导致的两次分裂就是传承的分散性与企业运营统一性之间的矛盾的最好例证。

2．布登勃洛克效应的影响

布登勃洛克效应（Buddenbrooks effect），是指在家族企业中存在的

一种效应，即家族的第三代传人丧失了动力、也流失了能力，导致一种对投资和创新的保守态度，最后将企业带往下坡路，就像德国作家托马斯·曼的小说中布登勃洛克家族的衰败一样。

A先生作为家族第一代，一手创立家族企业并将家族企业做强做大，家族企业的发展与A先生的个人禀赋息息相关，他身上鲜明的企业家精神是支撑企业发展的内在动力，正是因为A先生所具备商业经营的能力及意愿，才使得A先生及其家族企业在众多竞争者中脱颖而出。

A先生是否可以要求第二代的B、C、D拥有同样的能力及意愿去从事商业活动呢？显然是不可能的。企业家精神等个人禀赋的形成有其偶然性，B、C、D接受了更多更好的教育，其价值观念与人生事业取向可能与父辈发生严重分歧，其并不一定有强烈的接班意愿以及接班能力。而且这个现象会重复发生在每一代的家族成员身上，即无法保证第二代、第三代及后续的每一代都有接班意愿以及接班能力。布登勃洛克效应的存在导致家族及家族企业能在较长世代内传承、发展的可能性及现实案例很少，它在中国可以翻译成“富不过三代”，在其他文化中也有类似的表述，可见“第三代的诅咒”之强大。

为了让家族企业长久发展，A先生自然会按照自己对于接班人的要求培养、选任接班人。通常，第一代会要求第二代家族成员在学历教育、商业经验、进入家族企业时间等方面达到一定标准，如此才可分享企业股权、进入管理层或直至接班家族企业。树立标准、持续培养直至确定人选。

与布登勃洛克效应相对应的一个问题是，若第二代的B、C、D中某一位具备了接手家族企业的个人禀赋进而接班，那么落选者的利益该如何保障。在大家族的传承中，家族成员基于对于家族企业的参与程度，逐渐分化为参与型家族成员及非参与型家族成员。参与型家族成员实际在企业中担任一定管理职务，或是拥有或多或少的企业股权；非参与型家族成员不参与企业的运营管理，不拥有股权或股权比例相当小。参与型家族成员可以获取企业的管理利益以及股东利益，非参与型家族成员就没有这样的条件。非参与型家族成员的利益保障是大家族在传承时要面对的复杂而敏感的问题。

这个问题还可以进一步引申，当第二代的B、C、D商业才能都出众时，如何处理他们之间的传承关系。是由某位家族成员接班，还是由B、C、D共同接手？若由某位家族成员接班，是对其他家族成员进行直接经济补偿还是对他们进行创业支持？这些问题与是否必须由家族成员接班以及如何平衡不同家族成员间利益构成了家族第一代对于家族企业传承的总体观点。

（二）“血缘传承”与“体制传承”

对于家族企业两大问题的不同回答，构成了家族第一代对企业传承的总体观点，即家族企业应该传给谁及怎么传？

1. “血缘传承”

在很多第一代企业家眼里，企业是自己创立的，就应该像自己的其他私人物品一样由自己的后代继承。有规划意识的企业家会为子女提供良好的教育，送子女出国读书，回国后在公司任职，旁听董事会，参与公司经营管理，接触公司社会资源，在公司所有权结构上从小到大逐步持有公司股权。这样的培养接班人实际上是培养血缘接班人，这样的传承就是“血缘传承”。

根据2019德勤《全球家族企业调查》显示，30%的受访者打算将企业的管理权和所有权同时传承至下一代，20%打算将企业的所有权传承至下一代，15%在保留家族所有权的同时任命非家族成员担任领导。根据普华永道《2021年全球家族企业调研——中国报告》显示，中国家族企业的接班人往往是依其与生俱来的身份（如长子）来选择，而不是根据下一代同辈分中成员的能力和优点。在继任计划方面，调研数据显示，只有19%的中国内地家族企业受访者和20%的中国香港家族企业受访者拥有健全的、明文记载且清晰传达的继任计划书。

即便是“血缘传承”，我们也可将其再细分为“单子继承”与“诸子平分”两种类型。“诸子平分”简单说就是将家族资产平均分配给下一代几个子女（或男性后代），这种平均分配的做法符合“不患寡而患不均”及“一碗水端平”的传统思维。如华人首富李嘉诚的分家方案就有“诸子平分”的痕迹。

2012年李嘉诚公布了“分家”方案：（1）长子李泽钜获得“长和系”资产的继承权：他将市值逾8 500亿港元的40%长和系股份（长江及和黄股份和22家上市公司），以及名下上市资产逾2 900亿港元，全归予长子李泽钜，长和系日后由他负责打理；（2）次子李泽楷获得现金资助，投资自己的事业。而支持资金的数目，李嘉诚表示“会比你们知道的要多得多，是李泽楷所拥有的资产的数倍”。有人觉得李嘉诚偏心大儿子，毕竟现金和家族企业相比实在太少了，但情况真的是这样吗？李嘉诚的财产分配方案是十分简单的——股票给长子，现金给次子，并且他提到“李泽钜若不满意，可以和李泽楷交换”，这说明了这种看似简单不公的财产分配方式是公平的，在公布分家方案以后，两个儿子都没有异议，李氏集团旗下的各只股票均有不同程度的上涨。

“诸子平分”是上一代顾及家族感情、减少传承阻力的好选择，但从社会生产力角度出发，使得财富积累一直处于“积累—发展—拆分—消亡”的循环，不利于整个社会的发展。与之相对的方式是“单子继承”，即从下代子女中选择能力与意愿最强者，将家族主要资产（家族企业）传授于他，由其一人持有、运营、受益。“单子继承”一般是在儿子们中考察、选择，在没有儿子或儿子能力不济时，女儿也会是潜在备选人，甚至女婿也可以继承家族产业。“单子继承”能有效避免“积累—拆分”的循环，从社会生产力角度看是合理的，但是却建立在效率优于公平的残忍性之上。

日本一直有着“单子继承”的文化，自幕府时代，日本就推行“单子继承”（养子继承、女婿继承、番头继承），即从儿子们中选一人（没有儿子或儿子无能，会从女婿、养子甚至是公司的管理者中选取）继承家族产业，其他儿子则应另行创业。虽然现代日本法律规定下一代的继承权平等，但实践中，日本人依然信奉“要产业不要平等，要财富不要亲情”的继承文化。

松下幸之助于1918年创立松下电气器具制作所，松下电器开始由此走入千家万户。松下幸之助儿子夭折，只有一女，但当时日本女儿直接接班的情况较少。日本历来也有让女婿、养子接班的传统，女儿幸子的丈夫平田正治1940年进入松下电器公司工作，故松下幸之助把平田正治招为赘婿，随后平田正治更名为松下正治。1961年，松下幸之助退居二线后，松下正治担任社长。松下正治是松下幸之助的第一个接班人，开启了松下家族外姓人接班的历史。1940年，松下正治与松下幸之助的女儿松下幸子结婚后，生育了女儿墩子，儿子正幸、弘幸。长子正幸生于1946年，被松下幸之助视为松下公司的第三代“掌门人”而进行培养。也许正因为这种重视，让松下正幸备感压力。松下幸之助也感觉到了。1977年，松下幸之助放弃了松下正幸，而让山下俊彦担任了社长。山下俊彦原是一名普通雇员，但对公司内部因循守旧等弊端看得很准，又锐意改革。1983年，松下公司的利润总额比山下俊彦上任时的1977年几乎翻了番。从山下俊彦到津贺一宏等，松下社长历经更替，但他们都不姓松下，也没有照搬松下幸之助的经营理念。不过相同之处就是都掌握了松下幸之助的经营之道的精髓，始终坚持“脚踏实地、坚韧不拔、锐意改革、积极向上”的松下精神。

在“血缘传承”中，基于第一代对于第二代培养及家族企业交接过程的不同，又可分为子承父业式、父子共同创业式及先创业再接班等不同模式。

（1）渐进传承：子承父业

子承父业这一词来源于中国的传统文化，父辈愿意把自己打拼的事业传承给自己的儿女，子女也认为自己有义务接手父辈的事业，并有责任把这份事业打理得更好。一般来说，子承父业式的渐进传承路径是，在子女高中或大学时期就安排他们进入企业实习以了解企业。在大学毕业后，第二代通常会有两种选择：一是直接进入家族企业，二是先去其他公司工作再进入家族企业。进入家族企业之后，可能从基层岗位做起，经过多个部门的锻炼，最终接任公司领导层的职位，也有可能是直接获得高层职位，但仍然还会亲自加入基层的项目进行锻炼。

这种渐进式的传承，父辈一般都会有一个比较明确的传承规划，虽然大部分是非书面、非正式的规划，但子女确实不偏不离地在父母规划的路径上行走。通过基层的锻炼，第二代能够更多地了解公司业务；公司的原班人马，尤其是创业元老，也能够更加深入地了解并帮助第二代。

这种规划可谓一举两得，为第二代在将来担任重要高层职位奠定了良好的基础。

> 新希望集团的刘畅16岁远赴美国求学；2002年获得MBA学位后归国，在北京广泛接触企业界名流，拜师学艺；后毕业于北京大学国家发展研究院，并获得EMBA学位。刘畅18岁那年就担任新希望集团董事，24岁起担任四川南方希望的董事、副总经理。2013年，刘永好将新希望董事长之位传给刘畅。从财务数据上看，新希望的成绩单颇为亮眼：2013年至2019年，公司营收从694亿元增至821亿元；2013年至2021年，新希望集团营收从694亿元增长到超过2 400亿元，市值由270亿元左右一路冲破千亿元大关。

（2）无缝传承：父子共同创业

父子共同创业是家族企业接班的另一种模式，这种传承模式独树一帜，自成特色。共同创业通常意味着两代人对目标认识的统一。首先在统一认识的前提下，家族精神的传承、家风的形成与传承等过程可谓水到渠成。其次，在共同创业的家族，家族治理成效显著。父子在共同创业的过程中，尽管对具体事情有分歧，但总能在最后达成共识，这得益于良好的家族内部沟通机制和决策机制。第三，父子共同创业所形成的传承特征是无缝式的，是权力与股份自然而然的交接过渡。由于共同创业的价值默契和行动共识，父辈更容易在企业发展壮大之后全部放权，把企业交给子女去打理。方太集团、传化集团、步长制药集团都走的是父子共同创业式的无缝传承之路，尤其是方太的茅理翔先生还根据父子共同创业的经验总结出了传承的口袋理论和三三制模式。

> 方太集团的茅忠群在大学毕业后被要求回乡辅佐父亲茅理翔，而与其他继承人不同，尽管当时茅理翔创办的飞翔集团的

点火机产销量位居世界第一，但他没有选择父亲的点火机事业，反而提出另立旗号，以油烟机切入厨电市场。1996年，父子二人放弃老品牌飞翔，创立了方太集团，由55岁的老茅出任董事长，26岁的小茅出任总裁。对于茅忠群的接班，茅理翔总结说，他是“带三年、帮三年、看三年”。头三年，茅忠群潜心研发，茅理翔在外打点一切，两人内外结合让方太迅速崛起。1998年，创办两年的方太就跻身油烟机市场前三，与另外两个浙江品牌老板、帅康并称“方老帅”，构成第一阵营品牌。这一年也是茅理翔“帮三年”的开始。2010年，茅理翔“帮”儿子完成销售改革之后，将管理权及决策权悉数交给儿子，“看”茅忠群独立掌舵的能力。这一次，小茅总的改革力度更大。方太梳理了各种质量、管理等标准规范，通过建立“孔子堂”、员工背诵《弟子规》等方式强化企业内部文化。相比于双拳打江山的老一代，新生代企业家都相对“务虚”，但这种形而上的东西却往往是一个优秀企业向先进企业蜕变的关键。至此，方太深深打上了茅忠群的烙印，茅理翔退居二线，其夫人也从副总经理职位转任监事长，淡出实际经营管理。

在中国的商业史上，父子共同创业的很多，但创业成功、守业成功的却为数不多。父子创业，需要处理好三种关系：父子关系、合伙人关系、领导上下级关系。父子共同创业作为家族企业传承的一种特殊形式，无法在每一代身上复制，因此第三代的传承很可能会选择其他的方式。

（3）创新传承：先创业再接班

美国达特茅斯学院塔克商学院专家维杰·高文达拉简（Vijay Govindarajan）和克里斯·特林柏（Chris Trimble）曾经撰文指出，公司要永续经营，商业模式就不能一成不变；但要执行商业模式创新，必须平衡“守成”“除旧”“布新”这三股力量。因此，有远见的CEO，必须做到三件事：持续发展现有的事业、终止衰退的产品和部门、创造未来的新事业。②然而在大部分企业中，“守成”容易，“除旧”“布新”难。因为一个成功的企业家不会轻易改变自己的成功模式，但是谁也不知道，这一套成功模式是否时刻适应当下及未来瞬息万变的社会。执着于今天的成功，可能会导致明天的失败。因此，作为准接班人的第二代，就必须要了解自己所面临的挑战和责任，清楚自己的优势和劣势，找到正确的方向和做法。创业就是一种很好的发展路径。

在日新月异的社会中，“守业”已经是一个较为传统和保守的做法，只有通过创新变革的方式才有可能生存下来。并且，对于准接班人们来说，通过创业得到父辈认可，最终成为家族企业掌舵人，不仅彰显自己的才能，同时也为接班后对企业的管理做铺垫。这种接班模式受到很多专家学者的推荐，被称为“创业式接班”。创业式接班意味着“企二代”创业的最终目的是成为家族企业的合格接班人，因此新事业要与原有事业有一定的共同性，才更易于准接班人发挥协同优势，实现资源共享，提高创业式接班的成功率。因此，“企二代”需要运用战略思维处理新创事业和原有事业之间的关系。

创业式接班又分为几种情况，有的未进入家族企业，自己创业，传承了家族精神或想在以后并购自己父辈的企业；有的是先创业，将自己创业的组织作为家族企业转型升级的渠道；有的是先进入家族企业工作，发现不足，再跳出去创业；还有的是进入家族企业之后，在原有架构下新生一个组织进行新事业，进行变革。

② 程天纵.“创二代”接班的三把金钥匙［EB/OL］.（2017-04-25）.http：//www.ceconline.com/leadership/ma/8800086559/01/.

立白集团陈氏第二代陈丹霞在澳洲留学时就接触到化妆品界的老前辈，跟随学习，随后在回归家族企业任职的同时，成立了自己的广州澳希亚实业公司，专门经营澳洲的化妆品生意。不久，她通过接手上海高姿化妆品公司，累积经验，打造新高姿品牌。陈丹霞创业及家族化妆品事业的经历，使得立白集团在化妆品红海中获得一席之地。

整体而言，“血缘传承”的优点在于，顺应多数企业家的心理认知，成本小，时间较短，可弥补职业经理人的素质缺陷，但是“血缘传承”的问题在于无法克服布登勃洛克效应。

2.“体制传承”

所有权可以拆分成持有、管理、运营、受益等不同权能，传承并不一定意味这四项权能一定要交予一个主体。从企业管理上看，企业运营是建立在一套企业治理机制之上的。发达国家在企业治理上有很充分的社会认识及实践，各国有各具特色治理风格，如英美的股权社会化，公司运营以董事会为中心；德国的监事会强势，管理人职业化。与传统家族企业股东、董事、经理、监事、CEO/CFO均由家族成员担任，且企业股权所有权、企业管理权均由家族后代接手的情况不同，西方国家很多家族企业已经建立了一套完善的现代企业治理制度，家族成员在这个企业制度下参与企业治理（包括参与董事会、参与管理层或是作为非参与型股东履职）。非常多的欧美家族企业由家族创办，但几代之后，家族只持有少量股权，家族成员一般都担任董事（董事长）、少有的担任CEO（管理层），在企业中担任一般管理职务的则更少见。在企业传承角度，是管理层及董事会的正常更替；在家族看，是股份的流转、受益权的分配，是建立在完善体制之上的变更，并不一定囿于家族成员作为所有、管理、受益的传承对象。

家族企业贝塔斯曼集团创立于1835年，是《财富》全球500强企业，是在世界上居于领导地位的媒体和服务集团。企业传承至第五代时，随着企业扩大，业务激增，家族管理弊端显现。1971年，企业时任董事长莱恩哈德让家族成员全部离开家族企业，将贝塔斯曼集团按德国《公司法》要求进行公司治理改造；两年后其卸任董事长和监事长，任命职业经理人从事公司管理。1993年，莱恩哈德将所持贝塔斯曼集团大多数股份转移至贝塔斯曼基金会，将基金会变成最大股东，进一步实现所有权、管理权、受益权的分离。

体制传承一般适用于中大型企业，方案难度大，对参与者的认识要求高、时间长、成本高，一旦成功收益也最高。国内家族企业中也有体制传承成功的案例。

“美的坚决不做家族企业”

美的电器由何享健创建，1980年开始涉足家电制造，从生产电风扇开始，发展为以家电为主的大型综合性企业集团。何享健的分权之路始于1997年的美的重大危机，基于此，何享健推行了事业部改革，建立和完善分权制度。同时，何享健逐渐退出日常经营管理，引入职业经理人方洪波等。2001年，美的完成管理层收购，解决了体制问题，进一步促进了职业化管理。2009年，何享健辞去董事局主席及董事职务，将权力完全交给职业经理人。2012年，何享健完全“退位”。美的电器上市后，其股权结构也完成了社会改造，公司管理及战略投资者持股比例大，但何享健通过美的控股有限公司还持有美的集团（000333）30%股权，美的仍符合“家族企业”的定义。“美的坚决不做家族企业”与“去家族化管理”并不等于放松了对企

> 业的控制，美的的战略方向仍然由何氏家族掌控，虽然何氏家族成员并未进入企业管理层，但通过行使股东权利、选择及影响管理层的方式持续把控美的公司。2013年，何享健成立慈善基金会，不断投入慈善事业。2017年，他宣布了60多亿元的慈善捐助计划，包括现金及美的股权，并形成了由和的慈善基金会与和的慈善信托构建的双轨模式。真正做到了来自社会，回馈于社会。

相较于非上市的私有公司而言，上市公司从人和性的私有公司转化而来。作为公众公司，上市公司的内部治理更完善、外部监督更严密，投资者可以通过获取信息、行使股东权利等影响公司运营，故上市公司对于创始人的依存度下降。家族第一代将家族企业推入上市轨道后，也更有可能利用资本市场提升家族企业运营水平，甚至逐渐脱离公司的具体经营管理，逐步降低持股比例，不再担任董事、高管，只作为核心股东行使权力。如此，家族企业逐渐摆脱家族色彩，真正成为公众公司。家族后代对于上市公司的继承已经不涉及公司运营管理权的变动，只是部分股东的变更。此时的传承摆脱了血缘的强烈局限，不再高度依赖于继承人的个人能力，转而依赖于体制、体系的建立及运转。

（三）家族企业股权传承的法律因素

家族企业传承在法律上体现为企业股权的变更，家族企业股权的变更主要是基于法定继承、遗嘱继承或生前转让而发生的。除此之外，基于夫妻共同财产制度的影响，第一代企业家在进行传承规划时还要考虑配偶因素。本节将依据我国法律的规定分析企业股权传承的法律因素。

不同于一般的财产权利，有限责任公司股权是基于股东出资而对公司享有的权利，股东可以依据出资享有资产受益、重大决策和选择管理者等权利。因此，股权既具有财产属性，在一定程度上还具有人身属性。

我国《公司法》第七十五条规定：“自然人股东死亡后，其合法继承人可以继承股东资格；但是，公司章程另有规定的除外。”这一条款包含了两层含义：一是自然人股东死亡后，其合法继承人可以继承股东资格，而并非只对财产权继承；二是公司章程可以对股权继承作出特别规定，排除对股东资格的当然继承。简单说，就是股权可以继承，如果其他股东不允许继承，需要事先在公司章程中作出相应规定。

公司章程可以对股权继承作出特别规定，是对公司自治管理的充分尊重，允许通过公司章程作出个性化设置。公司章程一旦作出禁止股权继承或者限定股权继承的条件和程序（如继承股东资格必须获得其他股东的一致同意）等相关规定时，其法律效力则高于公司法的一般规定，应当优先适用，各股东均负有遵守执行的义务。

股权发生变更，就有可能产生个人所得税，针对亲属继承家族企业股东的所得税问题，《国家税务总局关于发布〈股权转让所得个人所得税管理办法（试行）〉的公告》（国家税务总局公告2014年第67号）第十三条规定，继承或将股权转让给其能提供具有法律效力身份关系证明的配偶、父母、子女、祖父母、外祖父母、孙子女、外孙子女、兄弟姐妹以及对转让人承担直接抚养或者赡养义务的抚养人或者赡养人，股权转让收入明显偏低可视为有正当理由，可不缴纳个人所得税。

遗嘱继承与法定继承最大的区别是以被继承人的分配方案取代了法律默认的分配方案，被继承人通过遗嘱将家族企业的股权传承给某个或某些继承人。就家族企业股权的可继承性，遗嘱继承与法定继承一样，受公司章程的限制。此外，遗嘱继承常见问题是对于遗嘱效力的争议，各国的法律对于遗嘱都设定了严格的形式要件，不符合形式要件的遗嘱很可能没有效力。除了形式要件，还有可能存在内容冲突的多份遗嘱效力处理的问题。

家族企业创始人或是持股家族成员可以通过遗嘱将家族企业的股权交接给某位选定的后代，但是家族企业的管理权有时与股权并不完全对应，即选定的接任者不一定能实际接管家族企业，因此家族企业创始人在考虑家族企业接班问题时，不能仅将企业传承简单等同于股权变更，还要尽早培养接班人的企业运营能力，并让其参与家族企业管理。

法定继承和遗嘱继承都是在被继承人去世后开始的遗产流转，虽然有法律默认的分配方案或是被继承人自主确定的分配方案，但在被继承人去世后，都并不能保证家族企业一定能"传如所愿"；故在被继承人生前对于传承有现实掌控力的时候，可以提前安排"身后事"，事先将家族企业的股权变更给选定的继承人。

家族企业股权所有人生前转让股权可通过股权转让或股权赠与的方式开展，一般的股权转让要考虑到其他股权优先购买权问题，即根据《公司法》第七十一条的规定，股权向非股东转让须过半数其他股东的同意；同时其他股东在同等条件下享有优先购买权。但是，股权赠与时是否存在其他股东的有限购买权，司法实践尚无定论。因此，为了克服优先购买权对外部赠与的影响，有必要安排接班人通过股权转让或是增资成为家族企业小股东，让股权赠与成为"内部赠与"。

即便很顺利地实现了股权的赠与，万一发现选中的受赠人在日后并不适合企业的传承，或者又出现其他情况导致其不成为家族传承的最佳人员怎么办？股权的再度变更无疑增加了传承的复杂性。

我国实行法定夫妻财产共同所有制度，从法律上说，股权是一项综合性权利，包括分红收益权、清算分配权、增资权、任命权、监督权等。从目前的法律规定及司法实践看，对于股权所代表的经济权益（分红收益、清算收益、转让收益等）符合条件的往往会被认定为夫妻共同财产，但是对于其他权利（监督权、选任权、转让权），一般不认定为夫妻共有。企业主在婚后创立家族企业或家族企业的增值主要发生在婚后，则企业主对于家族企业股权的处理要考虑配偶因素。即便是家族企业创立于婚前，其在婚后发生的增值也属于夫妻共同财产。

虽然企业主生前是基于正常的商业目的转让家族企业股权、份额的，只要不以侵害配偶为目的，其转让行为不需要经配偶一方同意。但若无任何规划，在企业主去世后，其持的所有财产（包括家族企业股权、份额等）的一半是夫妻共同财产，企业主的法定继承只涉及夫妻共同财产的一半。与存款、房产的分割不同，家族企业股权、份额的分割具有独特的复杂性，涉及确定估值及管理权的转移等，这种复杂性会给企业主所拥有的家族企业股权、份额的法定继承增加不确定性。同理，若无任何规划，企业主无权以遗嘱处置其拥有的全部家族企业股权、份额，企业主的遗嘱只能处置夫妻共同财产中属于自己的部分。

基于婚姻关系给家族企业传承带来的不确定性，企业主最好通过与配偶签订财产协议，确认家族企业股权、份额归属于企业主个人，为家族企业建立传承基础。对于未婚的家族第二代成员，为了避免离婚分割对家族财产的冲击，通常建议家族第二代成员在结婚前与对方签署婚前财产协议。在婚前双方未产生强烈经济绑定前签署婚前财产协议的难度远小于家族第一代的婚姻财产协议。家族宪章可以明确规定未婚家族成员结婚前要与对方签署婚前财产协议，并为配偶提供优厚的生活保障，制度要求生活保障能极大减轻未婚成员说服对方签署婚前财产协议的压力。

三、中国家族企业传承面临的问题

《中国企业家家族继承白皮书2018》显示，在全球范围内家族企业的平均寿命大约只有不到25年，中国的家族企业平均寿命只有2.9年。可见，家族企业的传承已经成了中国企业家的一块心病。海翔药业家业40年基业一朝易主，“焦炭大王”三佳集团家族内斗致使企业瓦解，新鸿基地产同室操戈等活生生的案例均表明中国的家族企业传承面临着特色的问题。

中国家族企业面对传承时，与发达国家/地区的家族一样要克服传承分散化与企业运营统一性的矛盾及布登勃洛克效应，但在中国市场经济发展时间短、法律制度还未充分发展的背景下，中国家族解决传承问题时有独特的障碍。

（一）规划意识不足

在中国从事家族及财富传承专业服务，典型的工作场景是，客户对传承话题感兴趣或是已经有了具体问题，找到我们进行专项咨询。我们回复客户问题，普及传承理念，客户进而产生第二次、第三次探讨，并要求我们出具方案。但很多客户到这一步就戛然而止、再无后续了。究其原因，可能有两点。

1. 对于传承风险的低估，认为自己及家族不需要进行传承规划，或者认为自身和后代的能力足够应对风险，现有的安排已经满足的传承的需要，家族企业传承结构、家族信托、家族宪章这些安排过分复杂，不适用于中国的现实等。

2. 不愿意接受现时规划成本。很多第一代基于现时的成本考虑，虽然认可传承规划，但未能落地实施。如家族企业所有权结构调整带来的税收成本巨大，而且是现时发生的，这一巨大成本会在短期内覆盖传承规划能带来的理论好处。除经济成本外，调整及适应所付出的时间成本、精力成本也十分昂贵。

总之，相对于平静的现状，规划并落地会带来立刻的“不舒适感”。

根据普华永道《2018全球家族企业调研——中国报告》显示，75%的中国内地家族企业被家族第一代持有或经营，只有21%被家族第二代持有或经营；58%的内地家族企业被一名主要企业主所有，还有17%与配偶共同所有，真正被兄弟（姐妹）、堂表兄弟（姐妹）、大家族所有的比例很少。这些数据表明，中国内地的家族企业正在大规模面临从第一代向第二代的传承过程。但仅有10%的内地家族企业和11%的香港家族企业已制订完善、正式和经过沟通的继任计划（全球平均值15%）；11%的内地家族企业和11%的香港家族企业有计划但不够正式；在没有继任计划的家族企业中，26%的内地受访者和38%的香港受访者打算制订继任计划。这些数据意味着内地及香港地区家族企业在创始人离任后的持续经营方面还需要提早规划。

李总是一家医疗器械公司的创始股东，持有公司45%的股权。公司第二股东张总占股20%。李总任公司董事长，张总任总经理，两人配合默契，公司今年业绩爆发式增长，拟引入投资并进行上市准备。李总68岁，与前妻育有一子小李（大儿子），小李研究生毕业不久，对公司运营不感兴趣，热衷于金融投资，有盈有亏。李总现任妻子（二任太太）较为年轻，双方育有一女（小女），正在上小学。张总作为公司二股东及总经理，从公司稳定及管理层利益出发，希望李总能对公司股权的传承有所安排，毕竟公司目前业绩增长很快，很有希望在未来二到三年内公开发股上市。

李总觉得将股权传给大儿子是最佳选择，在生前提前变更股东或一纸股权传承的遗嘱就能解决，但问题是：（1）大儿子毫无经营经验，无法与现有管理层一同工作；而且，大儿子志不在此，有可能挪用公司资产进行金融投资。（2）45%股权的增值部分涉及第二任太太的婚姻共同财产，用遗嘱的方式处理不合法。（3）大儿子自身的婚姻变化也会影响家族企业股权的稳定性。李总的第二任太太对此也有自己的利益关切，她无意染指公司经营权，希望公司蒸蒸日上，但必须保障母女的经济利益。

如何协调家族与公司（其他股权）的利益、如何妥善处理家族内部不同家族成员的利益是李总需要认真思考、提前规划的问题。45%的股权的所有权、管理权、收益权都传承给李总大儿子可能不是个好选择。从公司发展及管理层态度考虑，小李不适合在没有准备、没有接受培训的前提下参与企业经营管理；从李总第二任太太的需求看，股权的传承还要考虑李总第二任太太的经济需求。

家族控股结构、家族信托、大儿子的婚前协议、管理层收购、接班人培训等综合运用辅之家族成员关系巩固在解决李总顾虑方面比一纸遗嘱要有效且稳固得多。

我们接触的需要落地执行的案例中，大多数是特殊事件引发的。如第一代健康原因，导致继承事件在短时间内发生；第二代婚姻问题导致家族企业所有权发生变更；家族各支系对家族上市公司的所有权政策理解不同，有的想长期持有，有的希望变现他用等。应对突发事件的“应急”解决方案与提前规划有很多区别：（1）很多制度工具、法律工具无法使用。在应急事件中，家族企业传承结构、家族信托、家族宪章、保险、遗嘱没有应用背景，更多的是现实的协议（谈判妥协结果）及无奈的诉讼仲裁；（2）成本大，效果有限。提前规划给了工具选择、成本筹划的空间；事件应对以问题解决为导向，成本不再是主要考虑因素，且不能主动控制。

（二）治理意识不足

公司发展到一定阶段后就不能再是CEO或是大股东一人说了算，必须建立股东大会、董事会、管理层、监事会等管理机构，并且各机构应按照公司章程及各项管理制度运作，做到决策科学民主、监督制衡，以更好地应对市场变化，兼顾股东、管理层及社区利益。随着家族企业的发展，家族本身的管理、运作也应该发生变化——从建立在家族首领个人权威基础上的非正式实践，如餐桌谈话、家族聚会、密室商议，到脱离个人影响，依靠组织机构按规则运作，如制定家族宪章，建立家族大会、家族委员会等机构，定期召开会议等。

> 李锦记经历两次家族风波后选择建立以家族委员会为核心的家族治理体系，该家族治理体系兼顾了家族发展和家族企业的发展。业务的需求在业务板块内运作，并分别与各自公司的董事会、经理层衔接；金融投资在家族投资板块内操作，负责投资策略及操作；公益事业依赖于家族基金；家族价值观教育、家族成员个人成长依赖于家族学习及发展中心；家族办公室负责家族委员会日常行政支持工作，配备人员承担成本。

可惜的是，绝大多数内地企业家对家族治理的意识还仅停留在子女听话孝顺、家族和谐这一层次上，对于深层次的治理规则的构建、遵循规则的治理实践关注较少。家族第一代首领在世时，依靠他们的个人权威，家族是可以维持“欣欣向荣”的。但当第一代去世后，个人权威从家族心理上的消失、传承事件的发生，会导致不安定因素浮出水面；加之第二代兴趣多元化，利益诉求多元化，会让第二代对家族企业产生不同的态度，如主营业务方向的调整，所有权结构的调整，是否转让家族企业股权。

治理意识欠缺的原因包括：（1）传统文化、传统习惯的影响，很多人会把儒家的孝道、服从看成家族成功的最高评价，长辈会依此评价下代，下代也在道德压力下佯装无异议服从；（2）家族首领为便宜行事而有意回避治理话题。治理意味着规则，是对个人恣意行为的约束。开展公司治理实践意味着，公司不再是大股东个人意志的工具，股东、董事、高管、监事各行其是。开展家族治理也直接意味着家族首领个人权力受约束，是其自我革命的过程。（3）家族治理是有成本的。成本包括家族成员的感情投入、行为习惯改变带来的效率短期丧失、家族企业所有权结构调整的交易成本。在未推行家族治理时，上述成本非显性且给人以非必要性感觉，家族的惰性使得面对成本支出时偏向短视化。

面对上述现实，中国的家族可从几个方面进行改进：（1）加强家族治理意识的教育。所有的显性改变都是从隐性的治理意识启发开始，无论家族第一代的自我觉醒，还是家族第二代、第三代的治理意识引领，家族治理意识的确认是家族治理实践的开端。教育形式是多样的，从分享该主题的文章、书籍，到非正式的餐桌讨论、参与论坛、访问有成功经验的家族。（2）尽早实践。家族宪章的制定、家族委员会及下属机构的建立、家族企业所有权结构的调整，都需要有长线思维，时间最起码要以十年为周期。家族第一代有个人权威的优势，能自然避免由第二代开启家族治理实践的弊端，理应主动承担推动职责，会有事半功倍之效。家族第一代若丧失开启家族治理的良机，第二代将面临事倍功半的艰难局面，除非其中的某位脱颖而出（往往是争斗获胜），重新掌握了家族及其企业的话语权，才有可能重新得到家族治理的机会。（3）全员参与。家族治理不是家族领袖的个人之事，不是家族企业所有者们的少数人之事，而是需要全部家族成员共同参与的事业。代际之间、股东型家族成员与非股东型家族成员之间、嫡亲与姻亲之间的角色不同，但都是从自身利益、从家族利益出发关注、参与家族治理。对于股东型家族成员、参与家族企业的家族成员及其配偶，参与家族治理的动机及利益是明显的，即能持久从家族、家族企业取得巨大的经济及情感利益；对于家族第二代、第三代家族成员中不再参与家族企业运营的成员，也有必要关注自身可从家族获得的支持及可为家族作出的贡献，他们也是家族重要的人力资源，重回家族企业或是另辟新天地对家族来说都有相应的价值。

沃尔顿家族——“美国迄今为止最富有的家族”

沃尔玛百货有限公司，是一家美国的世界性连锁企业，总部位于美国阿肯色州的本顿维尔（Bentonville，小石城西北方向），主要涉足零售业，是世界上雇员最多的企业，连续7年在美国《财富》杂志世界500强企业中居首位。沃尔玛公司有8 500家门店，分布于全球15个国家，主要有沃尔玛购物广场、山姆会员店、沃尔玛商店、沃尔玛社区店等四种营业方式。沃尔玛的控股人为沃尔顿家族。

1918年，山姆·沃尔顿出生在俄克拉荷马州的一个小镇上。二战后结束服役的山姆回到故乡和妻子海伦租了几间房子开了一家小店，专卖5—10美分的商品。1950年，山姆夫妇以投资额两倍的价钱卖掉了小店，迁居到阿肯色州的本顿维尔，并在那里开办了一家新店：沃尔顿家庭商店。到了1962年，他们的名下已经有15家百货店。同年，山姆和他的弟弟詹姆斯终于在阿肯色州的罗杰斯城开设了第一家完全属于他们自己的家族商店——沃尔玛。

沃尔玛一开始就获得很大的成功。到1964年，沃尔玛已经拥有5家连锁店，1969年增至18家店。此后沃尔玛不断壮大，在短短几年内，就超过了凯马特公司和西尔斯公司。到1992年山姆·沃尔顿去世的时候，沃尔玛的分店网络扩大到1 735家，年营业额达438亿美元，山姆·沃尔顿积聚起了美国最大的一份家产。

1992年，山姆·沃尔顿去世后，沃尔玛由山姆·沃尔顿的长子罗布森·沃尔顿（S.Robson Walton）接管，其担任沃尔玛董事会主席20多年来，公司净销售增长超过4 000亿美元，营业总利润增长超过220亿美元，员工总数从37万人增加到138万人，商店从1 700家增到4 400家，年销售收入增加了5倍。

第二代传承成功后，人们又开始关注第三代传承。2015年6月5日，在沃尔玛股东大会上，70岁的罗布森·沃尔顿宣布，公司董事会选举45岁的山姆·沃尔顿的孙女婿Greg Penner为公司新任董事会主席，该决定从宣布当日起生效。Penner在电商、财务、零售等方面经验丰富，尤其重视电商业务，而这正是处于转型期的沃尔玛所需要的。

此外，作为沃尔玛的继承人，艾丽斯·沃尔顿（Alice Walton）是全球身家最高的女性。艾丽斯·沃尔顿今年68岁，是山姆·沃尔顿（Sam Walton）最小的孩子。根据公布的数据，艾丽斯·沃尔顿的身家达到了405亿美元。艾丽斯·沃尔顿在艺术品收藏方面至少花了5亿美元，2016年，她捐出了价值2.25亿美元的沃尔玛公司股票来支持沃尔顿家族基金会的创建。《星期日时报》报道称，这个家族的财富在股票和艺术品增值的推动下大幅增加。

沃尔顿家族的财富增长还受惠于沃尔玛控制的其他公司，如仓储供应链公司Sams Club、英国的超市连锁店Asda。沃尔玛作为全球500强排名第一的公司，现如今已经远比山姆·沃尔顿起初想象的还要庞大。

沃尔顿家族的传承启示：

第一，提前规划。山姆夫妇在沃尔玛还远算不上大公司的时候，通过设立股权信托提前将4个子女的利益（各自对应沃尔玛公司20%的股权）赋予他们，避免了巨额的遗产税。这不能不称得上是高瞻远瞩。同样，儿子约翰·沃尔顿因为很早进行了遗嘱等安排，在其2005年因意外身故的时候，提前安排的规划避免了直接继承而产生的巨额遗产税。

第二，搭建合理的治理结构。沃尔顿家族在创办与传承企业的过程中，成功的首要因素是按现代企业结构运行。山姆·沃尔顿是智慧与务实之人，他有效地把美国家族企业传承的两大特征融合在一起，即把子承父业与引入职业经理人有效地融合在一起。据称，山姆·沃尔顿花了12年时间说服戴维·格拉斯加盟沃尔玛，而格拉斯于1984年出任沃尔玛总裁后，山姆·沃尔顿一直担任董事长。1992年，山姆·沃尔顿去世，罗布森·沃尔顿接手，但他只能任沃尔玛的董事长职位，家族其他成员也没有一人担任企业经理人。在沃尔玛服务20年的李·斯科特被委任为格拉斯的接班人，继续辅助沃尔顿家族管理沃尔玛。沃尔顿家族并未将子女后代“捆绑”于家族与家族企业之上，由第三代的孙女婿来接班，而不是强行将家族直系成员安排在沃尔玛中，体现了家族企业治理的价值观。

沃尔顿家族特别重视法人结构的治理，沃尔玛从创办之初就构建现代家族企业法人治理结构。借助完善的资本市场，规定家族成员持股不能超越40%，严禁家族擅权干政，使家族企业公众化和非人格化。家族企业传承与可持续发展的必由途径应该是产权的社会化，而所有权的让渡，则是产权社会化的主要措施。而家族股份的主动稀释，是家族企业传承的必然选择。要么主动选择而成功传承，要么被动选择而在传承中死去。为什么很多欧美家族企业传承能保持旺盛的生命力，而且还能做大、做强？主要源于稀释股权与产权结构的优化，建立起家族企业与非家族企业员工的利益共同体。正是这些原因，不仅使得沃尔玛成功地从一个家族经营型企业转变为充满活力的现代企业，同时也令其成功传承三代，家族财富也在传承中增值、超值。

第三，注重家族价值观的传承。沃尔顿家族之所以打破“富不过三代”的诅咒，离不开他们“与人为善”的企业文化和“低调不奢华”的家族生活信仰。山姆一直到去世，都穿着朴素、生活节俭、乐做善事。企业创始人“富一代”的示范效应，成就了沃尔顿“富二代”低调的生活风格。这些生活信仰，反过来滋润了生生不息的企业文化。沃尔玛之所以能够延续辉煌，完全得益于其公司创办人制定的“尊重个人，服务顾客，追求卓越”的企业文化与经营理念，并在历届领导者中成功传承。其实，家族企业传承成功多半奠基于信仰、想法与看不见的理念这类无形资产之上。

此外，沃尔顿家族一向是集体思考、一致行动。家族成员以及家族顾问之间经常进行沟通，而且每年举办3次聚会，共商理财之道。沃尔顿家族每年都会在家族大房子里共度两个周末。这座房子位于幽静偏僻的本顿维尔镇北部，是一座建在小溪上的弗兰克·罗伊德·莱特（Frank Lloyd Wright，被誉为“美国建筑之父”）式建筑。即便是现在，家族成员也会每年进行一次集体短途旅行。聚会的话题都是事先确定的，沃尔玛公司的管理人员、沃尔顿企业或家族基金会的顾问也会应邀在聚会中作一些展示，主题可能涉及公司的慈善事业、商业运作或是海外扩张。

（三）制度工具不完备

张总的公司是某地乳品行业知名企业，经过几十年的发展，公司成为上市公司。公司借助资本市场取得长足发展，张总的个人财富也增长几十倍。张总已经五十多岁，三十年辛苦工作，换得家族企业蓬勃发展，他很希望家族企业能传到第二代、第三代，也希望家族能一直紧密团结经营企业。张总有两个儿子，老大刚从国外读书归来，老二刚进入大学，张总希望两个孩子都能进入家族企业，勠力同心、共同奋斗，他找到律师，谈及自己对家族企业未来的规划，希望设立家族信托，将自己持有的上市公司股份置入家族信托，以此避免股份分割稀释，后代们只能拥有家族企业的运营权、管理权及受益权。

借鉴国外成熟的家族治理及家族企业传承经验，张总对以家族信托持有家族上市公司的筹划是正确的，但目前境内法律法规还不支持将大股东的上市公司股份“装入”家族信托。

中国的证券监管机关一直关注上市公司的“三类股东”问题，“三类股东”指资管计划、契约型基金或信托产品。“三类股东”身份之所以敏感，主要因为第一可能会因为存续期到期而造成股权变动，影响发行人股权稳定性；第二产品结构复杂，为代持提供便利；第三容易突破200名股东人数限制。在此背景下，监管层基本上要求IPO企业在申报前对“三类股东”进行清理。2021年6月，沪深交易所发布了《关于进一步规范股东穿透核查的通知》，明确对于持股数量少于10万股或持股比例少于0.01%的股东，在合规原则下可不进行穿透披露。故业界认为“间接、少量、合规”是监管层目前对“三类股东”予以接受的前提和必要条件。“三类股东”的出现不能影响发行人股权清晰、稳定，具体数量或比例的“少量”，目前还未有明确的量化标准。虽然目前有关于上市前或上市后企业家将股份置入家族信托的报道，但这些案例与企业家设立家族信托后置入持有的全部上市公司股份的境外通行操作相去甚远，故目前在我国A股市场内，家族信托并不是家族企业传承的制度工具。

虽然将非上市公司股权、房地产等实物资产等置入家族信托没有法律障碍，但现实中，借助家族信托传承非上市公司股权、房地产等实物资产的案例也比较少见，原因是：（1）所有权变更税务成本高。依据我国的税收法规，向家族信托置入公司股权、房地产的过程在税务处理上视同交易。在非上市公司股权、房地产增值巨大时，置入环节会产生大额的增值税、个人所得税；（2）非上市公司股权、房地产等的管理权落实有争议。在境外信托中，为了支持设立人对信托资产管理权的诉求，境外法律有相应的制度安排及操作套路，如VISTA、STAR信托制度，或是双层SPV（设立人通过担任第二层SPV董事来掌握信托资产的管理权）的操作安排。我国信托虽然未禁止设立人持续管理信托资产，信托公司也通过设立SPV担任LP与设立人担任GP组成有限合伙企业的方式分享管理权，但信托公司基于审慎的合规要求，对于家族企业业务及运营方式仍然有较高的监督义务，信托公司分享的管理权对比未设立家族信托之前企业家拥有的管理权仍有很多限制。

在股权“信托化”下，家族企业话事人的培养、遴选及家族受益方法与自然人作为家族企业股权所有权人进行传承时的安排要素不同。鉴于目前我国信托很少被用于持有家族企业股权，所以我们进行家族企业传承时不能照搬国外方法将家族企业股权“信托化”，也不能照搬“信托化”下的传承安排。

此外，在域外经常被用以持有家族资产、税务筹划、传承安排的制度工具——“家族基金会”在我国也不存在。我国法律只将基金会设定为公益慈善工具，没有财富管理功能，所以以基金会来持有资产的方式在我国也不能实现。

> 张总经营家族上市公司取得了大量分红及股票变现收益，身边很多朋友告诉张总，国外富豪都有自己的家族办公室打理金融资产，张总觉得家族办公室特别契合自己的需要，于是想成立的自己家族办公室。

家族办公室是为超级富豪服务的产物，协助富豪打造定制化的财富管理策略，包括投资管理、信托、税务筹划、法律服务、传承管理等，但是家族办公室在我国还不具有一个严格的法律概念，不存在某类企业或机构被登记为家族办公室，也不存在某种家族办公室的资格或牌照。目前，家族办公室更多是对服务富豪的各种机构的通称，在我国自称是家族办公室或是在某地区登记中含有“家族办公室”的机构都是一般的公司法人。

相比之下，新加坡政府为增强金融服务业的竞争力，于2019年推出的13R、13X税务豁免架构，实质上降低了家族办公室的门槛。在这个架构中，投资人需要设立一个基金实体，用于承载资产，包括银行账户存款、保险、债券、股票、其他金融产品等；再设立一个家族办公室作为基金实体的管理者。该架构的竞争力在于：（1）新加坡金管局特批免税，得到基金豁免牌照，管理自己的资产，并且得到税务豁免；（2）投资人通过家族办公室申请工作签证（EP），并在满足一定条件后申请永居身份（PR）的方式移民新加坡。新加坡通过法律及政策构建了新加坡家族办公室体系，通过新加坡家族办公室及其管理的基金实体，客户实现了资产管理、税务筹划、身份规划等多重目标，借此新加坡吸引了很多富豪落户成立家族办公室，管理了大量的金融资产。

信托及家族办公室的例子表明，除了考虑不同的文化传承、发展阶段外，我国的家族企业传承还要考虑到不同法域间的制度工具差异，参考而不照搬，既要发挥现有制度功能，也要关注法律法规更新动态，及时反馈调整。

03

第三章

量体裁衣：如何制定家族宪章

第一节
影响家族宪章的变量

经常会有人向我们索取家族宪章的模板，他们认为在模板的基础上稍加改动就可以得出一份家族宪章，我们不得不向他们解释，家族宪章太特殊，参考加改动的做法很可能会适得其反。

家族宪章的表现形式是一些书面文件，在信息化时代，任何具体的书面内容都不太可能成为商业秘密，家族宪章也确实因其特殊性使得模板的参考价值极低。由于每个家族企业所有权模式、业务性质、法律环境、待解决问题都不一样，每个家族的家族文化对家族宪章的影响也不相同，故每份家族宪章都应该是独特的。了解这些“特殊性”有助于我们分析家族宪章的一般性内容，在此基础上再审视“模板”才能不被“模板”束缚。

一、所有权模式、业务性质及法律环境影响

国家的法律和习俗会影响家族宪章的内容，因为家族企业所有者协议条款必须符合法律规定。例如，一些国家/地区的法律允许公司使用不同类别的股份（如有投票权股和无投票权股，投票权不同的AB股），或允许公司的股份被有丰富的实践经验的基金会或信托控制。我们在学习国外家族宪章时，经常看到基金会、AB股等安排，但是，这些在我国并不一定能得到认可。

此外，不同国家/地区的法律实践会影响家族宪章是以宣言、合同、协议方式呈现还是以类似于公司章程的方式呈现，从而会影响家族宪章的理解适用性。我们会在本书提供一些国内、国外的范本，你会发现，不同

的呈现方式可能会对内容的表述及当事人的接受程度产生不同的影响。

家族企业的业务及战略背景也会影响家族宪章。行业差异会影响家族协议的内容，如果该行业迅速发展且资本密集，那么家族的受益策略可能会受到影响。在一些国家，发行公司债很便宜，而在其他国家，发行公司债并不是一个好选择。如果家族业务需要娴熟技能的专业服务公司，则其家族成员的雇用策略可能会更加严格，这样的企业可能会对开放企业所有权给受雇的家族成员有所限制，而更可能对非家族的管理人员开放所有权。当家族企业所有权结构包含了非家族权益时（比例不一），治理规则可能会大不相同。在所有权一元制与所有权社会化的企业中，家族的作用及心态也会大不相同，这会直接影响到家族宪章里对家族成员参与所有权、管理、受益方式的表达。当然，公司的规模及其可能产生的流动性仍然是家企关系的基础。

由于法律和战略背景在家族宪章制定过程中十分重要，因此家族有必要邀请专业顾问和公司高管或董事加入这一过程。律师和会计师向家族解释可行的制度选项和限制，董事会成员在早期阶段进入制定程序，就家族选择如何影响企业方向等问题，建设性地与家族进行沟通。后面会有专门的篇章讲述制定过程中的参与者。

家族成员会把家族宪章作为家族观念、理念（价值观、家族使命、愿景等）的重要体现载体，家族观念、理念又是文化传统的具体表现，故文化传统对家族协议也有直接影响。从西方基督教文化到东方儒释道文化，家族协议深受地域文化传统的影响。

二、“业务至上”还是“家族至上”

家族规模与业务规模将从根本上影响家族宪章的内容。大的家族企业里会有更多的家族成员工作，家族企业的社会影响力和关注度会更高。在这种情况下，公司的意义、使命和价值显得至关重要。家族越大，家族宪章就越有可能强调家族本身的目的和理念，而家族业务越大，家族协议的规则就越灵活。实际上，如果家族企业拥有足够的资源，则可以容纳、支持大多数家族成员的发展。

读过一些家族宪章后，我们会发现：有的家族宪章很简短，有的很详细；有些家族宪章是通过道德权威执行的，有些是通过法律权威执行的；有些家族宪章规定了持续的家族互动过程（即教育、价值观灌输、与董事会的对话），以维持家族的使命感和凝聚力，有些则依靠家族宪章里确立的规则来限制、减少冲突。这些不同似乎最主要都来自家族的特定文化心态，即家族将什么放在首位：是企业优先，还是家族优先？家族的这种差异——“业务至上”还是“家族至上”，决定了家族宪章的内容及起草过程。

“家族至上”倾向于制定弹性规则，条文简明，以道德义务为基础保证执行；“业务至上”倾向于制定刚性规则，条文详细，逻辑性强，技术性强，依靠法律约束来执行。

家族至上的家族会缓慢推进家族协议，会举行更多的家族会议，也可能聘请顾问来统筹此事。业务至上的家族会像执行一个项目一样较为迅速地推进，会更多地依靠律师、会计律师提供专业意见，辅助制定。

在制定家族宪章时，家族成员会对其类型和内容有很多假设。家族成员会思考是什么让家族企业成功且持续成功，有的认为应重视创新及企业家精神而不是看重稳定与持续，有的会考虑所有权和管理是不是应该单一化，或是管理权和所有权分离可不可行；有的考虑家族企业领导者是否必须来自家族内部，非家族成员可否担任企业领导者；有的还会考虑一个组织（家族、家族企业）是需要一个明确公认的领导者，还是让兄弟姐妹或堂兄弟姐妹共同领导。家族成员也会对成员行为准则有基本的考虑，有些人会认为家族成员间的冲突、分裂是不可避免的，其他人则认为拥有家族企业可以使家人更加亲密；有些人认为，亲密的家族成员关系会压抑个体的个性发展；有人则认为，亲属关系紧密的家族则有助于个人创造力和个人冒险精神的培养。家族成员也对人性有基本的看法和假设：一些人认为财富会破坏人类前进的动力和幸福；另一些人则认为，无偿工作（即慈善事业、个人成长和成就）与有偿工作一样具有价值应被奖励。

对于家族，业务和人性的假设反映在两个总体观点中。

1．家族企业对家族有益还是不利于家族和睦?

那些认为家族生意对家族有益的人觉得，如果不是家族企业，家族成员就不会如此亲密，也许会关系破裂、甚至不再相见。家族企业创造了家族共同利益，提供了一个使家人团结在一起的理由，提供一个所有人都可以努力强化家族关系的环境。那些认为家族企业会给家族带来风险的人觉得，企业的要求和企业能提供的有限资源不可避免地会导致家族冲突，使得家族成员变得自私和好斗。他们认为，如果没有家族企业，那整个家族将会更加幸福。

2．家族对企业有利还是会阻碍企业的成功发展?

那些坚信家族有利于企业的人认为，稳定且互相关照的所有权形式能带来好处。在他们看来，家族会让人自发地从长远角度思考，并让人产生“做正确的事”的兴趣和责任，因此，认同家族价值观能为企业文化带来特殊的优势；但也有人担心家族管理能力不可避免地被稀释，家族规模和对金钱的需求将削弱公司的经营能力，而家族内部的冲突将削弱或瓦解公司的业务。建立世代传承的家族企业只是家族创立人的一种梦想，它有时会损害员工及其他人的利益。

也有家族成员会认为家族和企业相互威胁，因此，他们更关注保护企业所有权安全或个人财务安全。那些体会过家企之间相互促进的家族，更认可积极、互惠、相互依存的家企关系，并试图寻求这两种观点的平衡点，即寻找家族与企业之间的协同作用。实际上，不用过于担心所有权的问题，对所有权问题的关注不高，家族宪章可以更灵活和更具适应性。

表3–1总结了这些不同的观点，每种观点的结合都表明了家族协议的基本目标，以及家族所有权优先还是业务优先的愿景。

表3–1　　　家族对家族企业的利与弊

	拥有家族企业是对家族发展的威胁	拥有家族企业是家族的发展机会
家族所有是对企业发展的威胁	确保财务流动性（所有权优先）	保护业务（家族企业优先）
家族所有是企业发展的机会	保护家族（家族优先）	促进家族与企业的协同

经验表明，家族历史决定了家族企业的所有权观念。有的家族企业创造了共同的利益；有的相反，因前几代人的争执、矛盾导致家族企业的落败。通常，家族企业创始人表达出想把企业作为个人的社会遗产保留下来，如对企业进行股权社会化改造、引入非家族董事、外聘管理层，即便这样做有可能丧失控制权或疏远自己的家人。无论起源如何，对于家族和企业互相关系的看法都是家族宪章的类型、内容和风格的主要决定因素，也是制定家族宪章过程的主要驱动力。这将在下一部分中进行

讨论。

家族宪章的形式和内容会随着家族发展和企业发展而演变，随着时代和业务的变化，家族企业需要更多的商业规范，也需要更多家族精神力量的支持。在这一过程中，正式的家族冲突解决程序和所有权管理系统强化了家族宣言，为家族利益而奋斗和牺牲的动力也强化了家企准则，家族的经营理念、原则和政策则完善了所有者协议，使其不仅能解决法律问题，还能解决许多不能用法律解决的问题，并让协议变得越来越具有适应性——在不断发展的时代中，适应能力就是成功家族最重要的特征。

并且，制定家族宪章意味着对家族和企业的不同观点进行综合。家族对业务、家族和人性的假设，加上家族对家族和谐与企业所有权关系的历史观点，有力地决定着家族宪章的内容以及其制定流程。业务优先的观点通常会导致家族宪章业务主导、高层主导，并以管理为导向的起草或审核流程，从而形成以规范为基础的协议。家族优先的观点很可能形成一个以家族为主导，包容、民主的流程，最终产生一个主要内容为价值观和原则的家族宪章。

第二节 家族宪章的制定过程

不同家族宪章的形式不同、内容不同，家族的信仰、原则或政策与家族宪章成功与否并不直接关联。实践中，家族宪章的讨论、制定过程比宪章本身的内容更为重要。

制定家族宪章的过程可以分为五个阶段——启动、起草、批准、实施、回顾评议。每个阶段的任务、参与者、困难及结果都不尽相同，我们有必要对其逐一讨论。

一、启动阶段

制定家族宪章一般是由于家族中的一个或几个关键家族成员感到有必要增进家族凝聚力或共识、促进家族成员们相互理解而提议制定的。有时，由专业顾问或非家族企业高管、董事提起，他们提出的动机一般是从企业所有权稳定或是企业管理高效的角度出发提出建议。

为了取得对制定家族宪章提议的广泛支持，发起人通常会在家族中开展相关主题的教育，常见的方式是：分享与这个主题相关报纸或杂志的文章、书籍，参与研讨会或到其他家族企业的访学或交流，与部分家族成员开展与此相关的非正式的“炉边谈话”。这些行为都有助于建立家族成员对于制定家族宪章的认识。

如果发起者是家族/家族企业掌权者，从提议到着手的过程便十分轻松，但如果希望启动该流程的人并不是拥有家族企业或家族事务决定权力的人，他们必须向其他家族成员解释制定家族协议的各种好处以取得他们的支持，他们还需要与家族/家族企业掌门人沟通，告诉掌权者制定家族宪章的好处，消除他们的顾虑。总之，如何引入这一话题是启动制定程序的一个重要环节。

在这一阶段，决定谁可以参与制定家族协议通常是件困难的事情。对于小规模的家族来说，让所有人参与讨论是最好的方法。然而，“所有人”是否包括姻亲，以及下一代在多大年龄有资格参与，仍是需要解决的问题。在较大规模的家族中，一个委员会或是专项委员会将可能是适格的参与主体，以委员会为发起者来努力推进该项目。此时，就需要确定委员会的组成人员，并最好具有广泛的包容性，应该囊括志愿参与的家族成员。

谁可志愿参与或谁是被选中参与这一过程？主要与家族宪章的功能有关。如果需要家族宪章解决一个问题，则参与者应代表与之有利益关切的各种观点；如果家族宪章是为下一代做准备，则应由各世代的成员参与。如果家族宪章要以所有者协议（股东协议）为基础，则应让（大多数）股东参与其中，可以以代表不同家族分支的方式进行。如果家族宪章要拟定家企准则，则参与者可能包括非家族的执行和/或独立董事；如果不让他们参与，则至少应该告知他们正在制定的家企准则的影响范围和效力。如果家族企业的董事会/独立董事较为重要，则无论协议的类型如何，都应该让制定委员会定期与董事会沟通，这有助于保持制定家族宪章的推进动力并确保客观性。

家族需要从内部选择项目的协调人或主席，基于上文“家族优先”还是“业务优先”的讨论，可知家族企业的首席执行官不一定非要成为该项目的领导者。越以家族成员为中心，就越能增强家族成员的认同感与责任感。协调人在此过程中尤其重要，如果协议的重点是所有者协议（股东协议），协调人可以是律师；如果该协议含有家企协议，则家族企业顾问可以提供宝贵的专业知识来促进项目进展。

通常，家族成员很难自己完全掌握制定家族宪章所需的必要知识、技能。外界的声音，特别是专业意见，可以为家族提供必要的专业指导。例如，管理家族会议就是一种后天习得的技巧。管理会议需要考虑以下问题：从哪里开始？如何安排议程？谁参与会议？在整个过程中要交流什么？这些通常是专业主持人或外部顾问回答的问题。此外，专业意见还可为家族提供公允而平衡的思路，有助于项目推进。

在起草家族协议时，最大的挑战就是在家族从未经历过这些流程、没有相关经验的情况下如何推进这个流程。每个决定，从家族财富的持有结构到会议开始时间或休息规则等，都必须在大家认可的决策机制下作出，所以决策程序应在制定过程中确立，越早越好，最好是在启动阶段确立。大多数小规模家族（最多十个人）可以以共识为基础来作出决定。使用这种方法，如果一个以上的人不同意决议，则应重新制定议案。而对于大家族来说，为了更有效地做决策，许多采用了多数决策（如66%或75%）机制。议题的性质要求采用不同的投票程序，这些将在后面讨论。决策程序是个非常重要的家族政治事件，与所有权结构、家族支系对家族贡献等因素相关。对于大多数家族来说，最重要的初始任务是如何就决策程序本身达成一致。对于决策程序本身的讨论及决定，也为未来家族领袖的涌现提供机会。

二、起草阶段

这一阶段需要明确到底将制定家族宪章作为一个过程还是一个项目。过程意味着缓慢，需要在持续培养及取得支持的过程中不断推进。每个主题或议题都在家族会议和/或股东会议上进行全面讨论，这样能促进成员间的相互理解和支持；每个主题可能需要进行多次讨论才能被接受。家族中的一些人喜欢表达，并十分看重参与的机会，但有人会因进展效率低下而丧失兴趣，那些说话最多的人通常是过去参与最少的人。采用这种过程很可能需要两到三年才能完成宪章的制定。有的家族将制定家族宪章视为一个项目，一个工作小组做准备工作，并向委员会提出建议，这样可以在更短的时间内完成。实际上，顾问可以准备完整的初稿以供参考，委员会在此基础上进行相应工作。将过程与项目融合起来是个很难的任务，项目协调人可以融合不同的工作方法，基于参与者不同的个人风格与意向让他们担任不同角色。还可以采用不同的方式，包括小组讨论、专家演讲或其他增加乐趣及提高效率的办法；每次会议的目的都是确保完成某些工作，讨论一些工作并引入新的主题，记录进度并保留每份草稿可以为家族档案提供有价值的资料。

起草阶段从确定家族宪章包含的议题开始，一份“标准”的家族宪章要明确家族的价值感，家族成员的权利义务，家族财富的所有权、管理权及受益权。每个家族对于这些议题的解读都不相同，尤其是家族企业所有权政策、传承政策与财产利益有关的议题尤为敏感。起草的过程就是家族代系、支系不断相互明确利益诉求、互相妥协、广泛平衡的过程。专业顾问可以为家族成员提出讨论的议题，但是利益的平衡及妥协是需要各家族成员亲力亲为的事项。此时的起草过程很大程度上变成了尝试不同解决方案并最终达成一致的过程。家族关键成员不能就家族财产利益问题达成一致是很多家族宪章停滞甚至无法完成制定的重要原因。

起草阶段在涉及家族企业的议题时，家族还应向董事会通报进度。实际上，流程协调者应该同时对董事会负责，尽管该协议由家族负责制定，但董事会可以帮助评估其对公司的适用性。在制定初期，可以邀请协调人或是企业顾问参加董事会会议，访谈董事，介绍流程和议题并回答相关问题，董事会也可以提出一些家族和协调人都没有考虑到的问题。

无论起草速度是快还是慢，重要的是始终将其视为正在进行的工作。家族成员参与其中要投入时间成本、感情成本，产生矛盾和争议也不是坏事。在家族文化熏陶下，以家族共同目标为导向，家族成员对矛盾和争议的讨论以及解决的过程本身就是积极成果。

三、批准阶段

在对家族宪章文本进行表决之前，通过规则达成一致是个重要的家族政治事件，家族/家族企业掌权者以通过规则来重构家族企业所有权结构、调整家族支系成员的复杂利益关系等家族要素，很大程度上是一种相互妥协、广泛平衡的过程。

以投票方式批准已草拟完成的家族协议可以采取几种形式：一致、共识、多数或绝大多数。根据家族的不同，绝大多数可以定义为60%，67%，75%或80%。通过协商一致（但不一定完全一致）作出决策是一项技能，有些家族实际上是通过协商同意的方式开始家族意识教育，进而开始整个家族协议的制定过程。达成共识不需要100%同意，但确实需要100%接受，通过尊重每个家族成员的观点来赢得认可。但是，如果90%的人支持接受，而其余人的意见也得以表达，则建议少数派搁置异议，尊重大多数家族成员的观点。通常来说，大家族使用哪种批准方式通常取决于所制定的家族宪章的特点。

关于投票过程的讨论提出了另一个基本问题：投票是基于股权数量还是基于人数？家族宣言通常按人（每人）进行投票，通常包括那些可能尚未拥有股份的人，以达成一致或形成共识为通过标准；家族企业所有者协议（股东协议）则应以有表决权的股权份额为基础，以形成共识或绝对多数为通过标准；家企准则最好是按人数进行投票，因为姻亲和下一代对于实施已建立的政策尤为重要，以绝对多数或相对多数为通过标准。但是，某些家族在批准家企准则时更希望像所有者协议（股东协议）一样按持有的股权数量进行表决。

另一个需要考虑因素是进行公开投票还是无记名投票。鼓励公开投票，但在某些情况下，某些家族希望进行秘密投票。这些问题，连同谁可以投票、如何计票以及投票如何进行，应在制定程序的早期就予以确定。

通常，批准并不是一个复杂的过程，事实上，这可以办成一次庆典。

在签字时，甚至是每个阶段完成时，附加一些庆祝活动，大大地增强这些阶段的庄重感。对于家族中的青年人来说，参加这样的庆祝活动就像是一场仪式，应将协议文本提供给每个家族成员以共同持有，以仪式感来增加家族协议实施的执行力。同时，将批准通过的家族宪章和家族典礼告知家族企业董事、主要管理人员和顾问，当然告知其他对家族和企业重要的人士也是很有价值的，这会极大增加他们对于家族及家族企业持续发展的信心。

四、实施阶段

没有付诸执行的家族宪章只是一张废纸。在制定家族宪章的过程中，情感努力和精力消耗是巨大的，它是应对家族脆弱性和建设家族开放性的巨大投资，但是如果家族宪章被束之高阁，没有带来任何改变，那么家族很难在此事项上再有尝试，家族成员也会对未来发展充满怀疑。

家族宪章的执行有多个维度：

- 家族宪章后续步骤的执行：按照公司章程的要求修订，起草法律协议，增加新的董事会成员，成立家族委员会、家族办公室等；
- 继续制定其他文件完善家族宪章：制定其他政策、规则或完善不完美政策，如《家族委员会组织与运作办法》《家族股份出售与转让办法》《家族投资与创业管理办法》《家族公益慈善基金运作办法》《家族委员会对家族企业监督互动办法》等；
- 执行家族企业继任程序：年青一代继任者教育，继任者持续考核，家族企业所有权结构调整等。

通过执行环节以落实家族宪章确定的关键步骤是最好的评测执行阶段的方法，随着执行节点（家族大会召开、家族受益计划的年度支付、继任者考核公布等）的到来，家族（尤其是那些依赖企业的家族成员）会受到鼓舞并乐于承担推动责任；如果这些节点都略过，所有与之相关的家族成员、家族企业关键人员都会疑惑不安。履行承诺是建立对家族的信任以及家族对公司负责人的信任的基础，不履行承诺会被视为缺乏责任感、不尊重规则。

实施也是检验家族宪章合理性、有效性的最佳方法。人类理性及经验都是有限的，即便是有专业顾问的参与，也可能无法预测所有事项；家族成员对于家族宪章的接受是个逐步深入且具体化的过程；外部环境的变化通过实施环节反馈方案的合理性及可行性。例如，家族宪章原定的家族成员受益标准，在执行几年后，根据家族财富数量、社会消费水平、家族成员个性化需要进行调整。

五、回顾评议阶段

制定家族宪章是一个过程，不是一个动作，不会真正结束。家族宪章一旦达成，随着家族定期审查协议以及世代过渡的进行，将会不断修订。一些家族每年都要复核其文本，还有一些家族则每隔三到五年进行一次。

随着家族会议不断提供有关家族价值观的新见解，家族可以动态调整协议中家族宣言部分。在每次发生危机及应对危机之后，都应对家企准则进行审查、修订，将从中获取的家族宝贵经验输入家企准则。但是，家企准则如果修订得太频繁，将失去威严性、可信度。所有者协议（股东协议）是一个特例，它是有法律强制执行力的，修改程序已确定在协议条款中。所有者协议的关键部分是协议的终止情形和到期日期，如合同的有效期为十年，那么家族可以选择在五年后对其进行审查，以期将合同延长十年。随着规定的终止日期临近，这样做可以缓解不确定性给各方带来的压力。

家族宪章通常会对修订规定特殊的程序，如经家族委员会提议、经家族大会表决、表决比例应达到多数票等，通过特殊的程序保证家族宪章的稳定性、严肃性。对于所有者协议（股东协议）及类似条款，其修订过程应符合合同修订的一般法定程序，除非原协议中有特殊约定，修订过程应等同重新达成协议的过程。

起始阶段可以酝酿很久，有时可能由意外事件触发；制定阶段通常需要不少于六到八个月的时间；完成协议的实施活动则主要集中在签署后的一两年内。但是这些时间的预估并不能作为标准，因为每个家族的制定过程都是独特的，每个阶段所应对的问题也不尽相同。

制定家族宪章的过程是家族宪章的关键。精心设计的流程可以提高家族成员信任感，增强沟通和决策技巧，为冲突管理提供实践，加深家族成员关系，并建立家族对业务连续性的责任感、使命感。制定过程本身也是催化剂，它激发了对家族传承计划的关注，将家族团结在一起，并且来审视治理结构以面对所有问题。

顾问可在起草、实施家族协议的过程起到协助作用。顾问可以是个人或具有互补能力的专业团队（例如，家族企业顾问、律师和会计师，其选择取决于家族和企业的规模和复杂性）；可以用家族现有的顾问或专门雇用新的顾问来制定协议；在某些情况下，外部董事或其他拥有企业的家族也可充当非正式家族顾问。

顾问在制定家族协议的过程中扮演多重角色，他们经常担任相关主题（家族企业治理、法律、税务、战略管理）的项目推动者和专家。顾问处于独特的位置，他们是局外人，能够从独立的角度审视家族企业的问题并采取客观行动。这使他们能够充当过程促进者或协调人的角色，帮助家族成员表达问题，彼此倾听并冷静地和建设性地讨论问题。一些顾问还可能是矛盾调解人，能够发挥纠纷化解作用。

外部专业人员经常是家族协议的起草者，他们可从多方面进行解读。有时，顾问会像执笔者那样行事，将家族讨论确定的共同价值观、原则和政策用语言写下来，在此过程中，他们提出自己的意见和提议，但主要是家族成员发挥积极的作用。在其他时间，他们充当作者，采访所有家族成员，自行起草宪章，然后提交给家族，而家族成员在此过程的参与则较少。通常，这种情况发生在家族不怎么熟悉家族宪章并且需要迅速达成协议时。在这种情况下，顾问也可能扮演项目负责人的角色。但随着家族的成熟及经验的增长，专业人员的角色慢慢会转变为对公司或家族领导者的辅助者。

最后，顾问可以充当教育者，阐明家族协议的目的、可能的内容、相应规则以及任何其他相关问题。这个角色不仅在开始时重要，而且在之后的阶段更加重要，尤其是当计划的制定过程是一个持续的执行、修订过程时。并且，教育者的解释作用和辅导作用会随着家族的成长而显现。

自主成长与依赖顾问是家族需要平衡的议题。过于依赖顾问会减少家族共同成长的机会，过少参考又不能充分吸收其他家族协议的制定经验，导致产生过多家族内部争议，因此需要家族根据自身情况加以权衡。

第三节
家族宪章的成败评价

一、如何衡量家族协议的成功

很多人认为家族宪章制定完成就是成功，但是失败的家族宪章也同样是制定完成的家族宪章，衡量家族宪章成败的标准是什么呢？

制定完成只是家族宪章成功的一个指标，家族宪章必须由有关各方签署，或者至少要由绝大多数人签署，实际上很多家族宪章在签署之前就因为种种原因被放弃了。但是，签署并不能代表家族宪章就已经成功了。一份已经被通过的家族宪章里可能包含不适当的内容，甚至会给家族或公司带来危险。因此，成功的第二个指标是家族宪章的内容质量，成功的家族宪章包含了尊重家族及家族企业最佳实践的“良好”价值陈述、原则和/或政策，这些内容是内在一致的，并且忠实于宪章的目的。

如前所述，家族宪章包含了各种不同的价值观、原则和政策，它们或专注于特定问题或是涵盖各种问题，文本内容必须在内部保持一致。乍一听，内部一致性应该是显而易见的，如前面的示例所示，一方面，家族价值观和信念自然应该驱动家族企业的原则，而家族原则又驱动了家族企业的准则、政策。另一方面，内在一致性不是自动获取的，必须不断强调与检查。经验表明，当政策开始被制定或随后修改时，不一致的风险特别高。如果未对政策背后的原则进行全面讨论，则很容易产生不一致性。

当原则明确时，可以容易地检查原则和准则、政策之间的一致性。

如果出现不一致，家族可能会在潜在问题上采取权宜之计，而家族成员也有可能不会就这个原则达成一致。例如，某家族要求下一代成员起草家族企业原则，然后他们提出了诸如“绩效补偿制度吸引最优秀的专业人员并维护公司效益”，但在起草政策时，他们又建议为管理层中的所有家族成员提供高额报酬，这样的建议是基于家族成员的生活方式，而不是他们的工作职责和绩效。这一讨论突显了现实中可能会遇到的关于解释原则具体含义的问题。

有时，一个家族很难明确地陈述其原则。在某些情况下，家族发现他们无法制定共同的准则、政策，或者所提出的准则、政策与他们的原则不一致，因为人们假定家族成员的原则彼此一致，但实际上却不一致。如果一家人没有真正寻求共同的原则，就不可能达成一致。家族企业的创始人可能会加速或者阻碍共同原则的确定，因为他们往往倾向于原则和政策的灵活，所以很难设定某种具体的原则。

对家族宪章的修订也是对宪章与家族企业状况是否一致的检验。家族可能会发现某些政策不再是其价值观和原则的最佳体现和实践，例如，他们也许会发现家族成员进入家族企业的规则过于严格，以至于许多大有可为的青年人无法进入，导致企业没有继任者。另外，一些原则可能已经过时，例如，企业对债务的消极应对，并不利于企业的发展和进步。还有一些其他问题，例如，家族成员为解决个人问题而试图否定协议（的某些部分）。

即使家族宪章的文档内容质量很高，也不能保证成功，因此第三个也是最具决定性的成功指标——家族宪章是否会影响家族行为，发挥作用并促进变革。当价值观、原则和政策真正实现时，家族宪章才是成功的。

家族宪章的目标是否被践行？家族宪章在被质疑挑战时或需要修改时还有效吗？如前所述，家族宪章不仅仅是纸上的文件，它们应该成为“行动中的文件”，是家族企业系统性创新的催化剂，仅阅读协议本身不可能有上述作用，更重要的是通过文本本身看家族、家族企业所有权或家族企业是否发生了重大变化。

家族宪章引发的变化可能是显性的（具体的或结构性的），例如，签署了新的家族企业股东协议；建立了新的家族结构，如家族委员会、基金会或家族办公室；形成了新的所有权结构和治理结构，如控股公司的股东大会或独立董事会。所有权可能通过将股份转移给下一代，由某些所有者退出或其他方法来进行变更。公司的变更可能包括执行高管的更替，新的组织结构架构、管理系统或人力资源开发计划；可能会有新的公司策略，可能会促进企业管理的继承；也可能是制定了有关家族企业所有者培训、股权流动性、股东团结、慈善或其他许多主题的新家族政策。

上述都是可见且明显的变化，家族宪章带来的隐性影响是指导致家族态度和技能的改变，这些也能反映家族宪章的成功。家族宪章的三个最终目标：帮助家族企业发展；促进所有权的统一和责任感；增强家族凝聚力，提升家族能力。在家族企业层面，改变的表现可能包括对业务角色的新了解，技能的增强或对领导团队更强的团结和信任。在家族企业所有权层面，可能表现为提升包括对所有者权利和义务的意识，对公司更多的了解，对其他家族的经历的认可，所有者之间更牢固的信任和更好的沟通，作为股东集团更好的问题解决能力，或解决冲突的能力。在家族层面，表现为包括彼此更好地了解，学习建设性地面对各种意见，增进沟通，对家族和公司角色的更深刻理解，对公司责任感的增强以及作为家族更强烈的自信。显然，显性的结构变化与隐性的态度或技能变化会相互补充，以实现家族宪章的三个最终目标：它们有助于家族企业发展，促进所有权的统一和责任感，并能巩固家族建设。

二、失败及原因

家族宪章的失败可以表现为没有制定完成或签署，或内容考虑不周，在整个家族中实施不畅。失败的家族宪章还可能会造成很多负面影响，例如，家族企业未能在家族宪章下确立新的结构以应对未来发展的挑战，故家族企业发展能力被削弱。更为严重的是，家族宪章的失败会破坏家族成员个人与家族企业之间的关系。如果家族成员为制定宪章花了很大力气，但协议并没有得到执行，则家族成员对于担负着实施重任的家族领导者的信任就会消失，那些在家族企业中负责执行宪章的非家族成员高管也会因此丧失威信。最糟糕的影响是，家族会对自己的成长、改变和执行能力充满怀疑且变得麻木，很难再次凝聚家族的乐观情绪和为实现共同目标而共同努力的意愿。

通常，以下三种原因会导致家族宪章的失败：

（1）在家族关系太脆弱、无法进行坦率沟通和管理冲突时制定家族宪章。

（2）制定家族宪章时有冲突或隐藏的动机。

（3）达成家族宪章的程序不完善。

（一）家族关系太脆弱

如前所述，当家族发生问题时，我们不建议用家族宪章代替家族咨询或法律纠纷解决问题，不能寄希望于家族宪章来掩盖深层的家族问题和矛盾。家族必须具有良好的信誉，家族成员相互尊重，家族对企业尊重，并尊重具体利益相关者。参与制定家族宪章的家族成员必须能和平相处，并具备建设性地处理分歧的能力，他们必须能够坦诚相待、表达自己的个人兴趣和想法。缺乏这些基础时，虽然经过一些重要的基础工作，仍然可能制定家族协议，但这样的家族宪章会因缺乏坚实的家族基础在日后的执行过程中“飘摇不定”。

要理解家族各成员的不同动机并予以回应，要包容不想参与制定过程的家族成员，不对他们作出评判或非议（很多时候，一旦制定过程开始，那些不感兴趣的人就会主动加入）。最重要的是，在家族能力及家族成员个人能力未完全发育起来之前，应该花时间培养这些能力，以增进家族成员之间的关系。对于某些家族来说，虽然这些工作将花费一些时间，但这些是家族的最佳投资。家族成员不必是人际交往方面的专家，但是他们必须了解这些技能的基础知识，以便他们可以在家族会议过程中改变。要充分理解家族议题的复杂性及家族成员理性的有限性，对家族协议的不适应及缺陷有充分的预估，当不适应及缺陷出现时，如何应对、如何修正都是建立在和谐有效的家族关系基础之上的。

（二）不相一致、隐藏的动机

有时，家族宪章是出于某些家族成员非常现实且隐秘的动机而被发起的，如有人想寻求建立机制以控制企业或创造出售家族企业所有权的机会，也有人希望快速制定有法律效力的规则以保护企业免受所有者的影响或干预。这样的动机可能会导致以虚假理由达成宪章，但这样的宪章是注定要失败的。

如果对家族成员的意图有任何疑问，则制定家族宪章的过程应从聘请家族中每个人都信任的顾问或家族企业顾问开始，以明确每个家族成员的个人利益。如果对家族凝聚和企业所有权连续性已有坚定的认同感、使命感，也可以直接开始制定。但是，如果某些家族成员希望出售家族企业所有权或对所有权作出一些限制性的承诺，这些想法就应在制定家族宪章的过程中拿到桌面上讨论并融入制定过程，退出家族企业与巩固家族和睦是可以兼得的。

（三）流程不佳

多数家族宪章之所以失败并不是因为缺乏技能或上述动机，而是因为流程不佳。我们对于开始制定家族协议的家族有一个最重要的建议，那就是对制定过程给予真诚的关注，因为过程与内容同等重要。

常见流程错误有：过分业务驱动、缺乏反思、时间消耗过多、家族或家族企业负责人的支持不足、已退位家族领导者的阻力。

当家族企业的领导以一种完全自上而下的方式推动流程发展时，流程通常会偏离正常轨道，家族成员会觉得家族宪章是为了保护家族企业、为了强化对家族企业的控制，而不是加强家族建设。此外，一些家族成员会觉得强硬的领导风格让人不适，即使所有直系后代都在家族企业工作，这种推动方式也会增加部分配偶的焦虑。

有时候，制定过程缺乏反馈、消化和适应的时间。当流程推进过快时，家族成员几乎没有机会感受到作为家族主人应有的主体感，有时甚至觉得这种仓促是违背公平的。他们可能会问："为什么进展这么快？是不是有人在考虑做一些我们不了解的事情？"当然，流程也不应拖延太长时间，否则家族成员会耗尽推动流程的积极感情因素，丧失完成该过程的信心。

如果一个以业务为导向的强力型的流程领导者来主导制定程序有缺点的话，那么由在家族中或家族企业中不是那么强力的领导者来领导程序制定也有缺点。在家族中，从来没有表现出过任何领导才能或主动性的人，也会被制定家族宪章的想法所吸引，如果该人在家族中未曾表现出领导才能，最好建议他与家族中的其他人一起发起制定家族宪章的提议。制定过程中对于参与者的管理与约束、对于家族企业要求的满足、对于决策的推动都不是一个"软弱"的领导者可以轻松完成的。

有时，制定、批准家族宪章会得到家族成员广泛的支持，但是出于效率或是经验等因素，家族在制定过程中完全依靠外部顾问。家族成员会觉得，这些专业顾问经常做这样的工作，知道怎么推进，让他们起草这份文件，自己来审核就可以了。有这样想法的家族其制定的家族宪章很少成功，因为每个家族都应该用其家族宪章来阐述本家族独特的价值，强化决策和沟通技巧，并培养未来的家族领导。在依靠外部顾问基础上，发展家族自身技能，才是持续保证家族协议成功的经验。

大多数运营企业的家族面临的最复杂的挑战之一是来明确在决策机制之前就如何决策本身达成一致。在制定过程中，家族越早确定其决策机制（如达成共识或遵循多数意见）越好。如果在确定决策机制之前出现了非常有争议的问题，则制定程序会严重受阻。有时，在受家族政治支配、以家族支系为导向的家族中，确定决策机制本身成为一个微妙而且压倒一切的话题。这时，明智的做法通常是着眼于无争议的议题，以此先汇集部分共识，从无争议的地方下手，同时明确回应那些开放而困难的议题。

另一个会出现的问题是，制定过程尽管看似进展顺利，但参加会议的人数慢慢减少。由于参加者都是自愿的，并非所有人都有义务参加。这时仍可能会制定完成并签署协议，但有的家族成员可能会说："呃，我们不认为应该那样理解……"更麻烦的是，那些努力工作的人可能感到自己对家族的努力和贡献没有受到重视。因此，流程的推动者对于家族成员参与度变化和不满足都要有充分的心理准备。

综上所述，一份成功的家族宪章应该在家族成员广泛而积极地参与下产生，制定流程得当，尊重家族、企业和所有权内在运作逻辑，反映家族的特性、目标和价值观。

04

第四章

深历浅揭：中式家族宪章内容详解

第一节
家族宪章在中国

可以看到，欧美的家族宣言、日本的家族协议书等，与中国传统上的家训、家规等无任何的差异。只不过由于近代中国历史特定原因，使得家族这一概念淡出了视野。民族英雄林则徐就书写过：“子孙若如我，留钱做什么，贤而多财，则损其志；子孙不如我，留钱做什么，愚而多财，益增其过。”用浅显的语言表明了对后代子孙的教育观，林公还为家族留下了“十无益”的家训：

> 一、存心不善，风水无益。二、父母不孝，奉神无益。
>
> 三、兄弟不和，交友无益。四、行止不端，读书无益。
>
> 五、做事乖张，聪明无益。六、心高气傲，博学无益。
>
> 七、时运不济，妄求无益。八、妄取人财，布施无益。
>
> 九、不惜元气，医药无益。十、淫恶肆欲，阴骘无益。

什么是家族？在中国传统意义上，一个男人成家后，生了几个儿子，这几个儿子又各生了几个儿子，这些孙子也先后成家有了孩子。后来，这位男人和他的夫人去世了，他们的长子便理所当然地担当起领袖的角色。这个由血缘关系凝结成的社会团体，便是家族。家族的存在，来源于亲情。共同的血缘关系，使人们尊老爱幼、长幼有序、相互扶持，实乃最大的人性。

家族在中国的历史上也扮演着重要的角色，朝代的更迭也是皇朝家族的兴亡史。家族的概念在当朝皇族中也是举足轻重的，如唐太宗命大臣编写《大唐氏族志》，顺带将天下家族排个座次。没想到，在初稿中，任朝廷黄门侍郎的山东崔干竟然位居第一等。在唐太宗明确“深表遗憾”并提出“严正抗议”之后，皇族才被列居第一等，外戚也跃居第二等，崔干列第三。家族势力之强，由此可见一斑。人类天然的亲情是无法割舍的，忠于家族、回报家族依然是每一个有良知的人的自然举动。范仲淹幼年多受家族成员欺负，但是，他成年后，无时不思念着苏州的家族。他省吃俭用捐献巨资，为家族购置田产兴办义庄，专门资助家族贫困成员。他在《告诸子书》中说：“吾吴中宗族甚众，于吾固有亲疏，然吾祖宗视之，则均是子孙，固无亲疏也。苟祖宗之意无亲疏，则饥寒者吾安得不恤也？自祖宗来，积德百余年，而始发于吾，得至大官。吾独享富贵而不恤宗族，异日何以见祖宗于地下，今何颜入家庙乎？”

直到今天，在中国广大的农村，一个村子甚至附近几个村子同属一个家族，这样的现象还很普遍。不同的是，以前的四世同堂、五世同堂，也就是一大家子几代人共居，共同劳动创造财富，共同生活分享财富，如今被一个个小家族或家庭取代。

家族兴盛，需要多代人拥有着共同的愿望和目标，进而付出自身的努力。如何建立相同的愿望和目标，就要求家族有着相同的价值观和行为准则。纵观中国历史，范仲淹家族、曾国藩家族等无一不是如此。而作为家族传承的典范，浦江郑义门似乎更加出色。郑义门成为古今家族治理的典范，郑义门家族信仰、家仪、家训等数百年来不断完善，并得到了历代儒学大家的肯定和指导。有句俗话称“习惯成自然”，郑氏族人习惯的养成就是《郑氏规范》起到的作用。《郑氏规范》不仅仅是郑氏族人的行为准则，更是郑氏价值观、荣辱观、家族精神的集合体，保得郑氏一门兴旺不衰。

郑氏孝义同居，朝廷旌表“孝义之门”——这就是浦江郑义门名称的来历。从春秋始祖郑桓公第六十六代孙郑绮开始，以朱熹家礼为蓝本，在祖宗祭祀、婚姻嫁娶礼仪、家族管理、家长职权、人员分工、财产分配、妇规、社交和睦邻关系方面，都做了详细规定。不仅增加了家族和邻里之间的团结，也使人伦风俗面貌一新，成为绵延十五代的大家族，明太祖朱元璋闻听当时郑义门已九世同堂，特赐匾“江南第一家”。《郑氏规范》是保存最完整的家族治理著作，是郑氏家族的家规。家规即家族宪法，在家族中有法的功能，因此，《郑氏规范》与现代的家族宪章有着异曲同工之妙，它基于中国儒学文化基础，但更多反映出来的是中国人对于家族的认识和理解。《郑氏规范》始做于元代，初为五十八则，后经多次增编，明初为一百六十八则，有着自己鲜明的三大特色。

其一，训辞与法规的兼容性。北齐的《颜氏家训》是最早此类家族著作，全书说教、铺陈喻譬，促子孙警策自立，但是不如《郑氏规范》条则所具备的法规效应，《郑氏规范》既是训辞又是法规；

其二，可操作性。《郑氏规范》是思想训教的条例，可以执行，并不是过耳即忘的虚文，当初范仲淹创办义庄并制定了《义庄规范》，但是，相对条文管理并没有《郑氏规范》这般全面和严谨；

其三，被国家立法机构多次借鉴。郑义门《圣恩录》记载，洪武二十六年，明太祖朱元璋授郑氏子第郑济以左春坊左庶子，说：“朕今不命尔掌刑名钱谷，惟欲以尔家庭孝义雍睦之道，日夜讲说于太孙之前。”意思是说，我让你做官，其他事情都不用做，就将你们郑氏孝义礼法告诉我的后代就行了。可见，明代帝王对于《郑氏规范》给予高度评价，可以训教皇室一族，可以直接用于国家治理之道，可以直接用于掌天下礼仪。朱元璋命宋濂制定《大明律》时，就是参考了《郑氏规范》中的诸多规定。古往今来，能够做到这一点的，就只有郑氏一门了。

其实,《郑氏规范》可以分为神主：保本明宗，敬所自来；家长：共财同食，总治一家；掌事：各恭其位，分掌诸务；仪礼：冠婚丧仪，礼备而顺；仕规：仕当报国，一遵家范；睦邻：宗人里党，皆吾兄弟；长幼：尊长以礼，抚幼以道；修身：修身养性，端正品行；俭谨：居家俭谨，无乖无灾；妇规：妇德安贞，家道和畅等十个层面。更多使用平实的语言表述，具有很强的理解性和可执行性。规范里将一个个反映郑氏家族价值观和传统的理念具化成一个个可量化的规定，涉及郑氏族人生存、生活的方方面面，例如，尊老爱幼细化为家族下一代教育的问题、妇女的问题、生育的问题、家族内福利的问题等。财产所有制的问题具化为财产占有、分配的问题等，此外还有家族宗法制和民主管理的问题等，这些规范总结了郑氏一族数百年的实践经验，并不断总结和吸收儒家先贤的优秀思想成果。

郑氏一族将郑绮作为同居始祖。事实上，郑绮的祖父就已经迁至浦江县。《郑氏宗谱》记载郑绮祖父郑淮学识深厚，尤其是通《春秋》之学。在宋朝“靖康之变”后，郑淮三兄弟逃难到了浦江县，之后苦心经营二十多年，就已经置办下千亩良田的家业，但是为了救活乡人，郑淮卖掉家产。再传到郑淮的儿子郑照后，郑淮遇上一件冤枉官司，郑照想代父受过都不被允许，这对郑照的儿子郑绮打击很大。郑绮临终提出“我子孙有不孝不悌，不同釜爨者，天实殛之”的誓言，郑绮子孙也确实按照这个誓言繁衍生息，达到了“孝悌”的愿望，事实上也不断壮大了郑氏家族的实力。郑氏同居十五世，经历过两次改朝换代的的变革，一次是宋元之交，另一次是元明之交，在这两次社会动荡之际，郑氏一门不仅没有走向衰败而且还不断扩产，得益于人口兴盛带来的家族自我保护能力。

明朝前期，郑氏已有122名男性子孙，比元末时增加了三倍，而同时期的浦江人口数则骤减三分之一。郑氏一门能在战乱中繁衍，显然与同居生存的保证有关，但是人口激增也带来了物质保障、婚嫁、教育等一系列问题，于是“有序”和“师俭”就成为郑义门建立理想家族的准则，《郑氏规范》也是基于这两个基本行为准则而不断完善起来的。“有序”和“师俭”是郑氏一门齐家的两大支柱，也可以看作《郑氏规范》主体精髓——有序则不乱，不乱则安；师俭则无欲，无欲则廉。

序，解决人与人之间的问题；俭，解决人与物欲的问题，二者解决了，世间事也就和谐了。郑义门根据这一理论观点，在家族中建立了“有序”“师俭”二堂，有序堂是用来教育子孙的场所，这个家族的秩序便能从这两个字中体现出来。元代天台应奎翁描述过郑义门一个雍睦的场景“入其家，长幼有序，内外雍肃，食指二千余，不闻人声。”郑氏一族所有人的行动都听指挥，有序堂外设“膳食钟”，族人均根据钟声而行，每日族人洗漱完毕，均须到有序堂垂听家长训诫。对于居室，各房各室有序排列，各室门楣上悬有匾额，署有名和字，这个传统直到现在，郑宅镇的居民还将自己家的名字以及家族格言写在铭牌上，置于门边。

而关于“师俭”，郑义门的俭德观重在人品的修养上，提倡制欲以养性。郑义门设有“羞服长”一职，专管家族服装之事，在《郑氏规范》第五十一条规定：“男子衣资，一年一给；十岁以上者半其给，给以布；十六岁以上全其给，兼以帛；四十岁以上者尤其给，给以帛。仍皆给裁制之费。若年至二十者，当给礼衣一袭（巾履则一年一更）。”意思是说，男子的衣服一年一给，按照年龄配以不同的材质布料，十六岁以下的郑氏子孙只能穿棉布衣服。郑义门对于妇女的衣资则是两年一给，对于饰品也都做了详细的规范，对于婚丧嫁娶等均由明确的节俭规定。俭中最重要的钱财，在郑义门中财产绝对属于族有，也即族众共有，《郑氏规范》中有对私置田产有着明确的处罚措施。以上就是郑氏一族日常中的节俭描述。

郑义门十分重视家族教育，在郑氏宗祠正堂处供奉的并不是郑氏祖先而是宋濂的铜像，宋濂是明代大儒，早年曾住过郑义门，后主理郑义门的教育场地东明书院，虽然《郑氏规范》的学习是家族教育中重要的一部分，郑义门的家族教育不以仕途功名为目的，而更在意培养通儒典、行孝义、学有所专、修身齐家、能继承祖上遗志的谦谦君子。设立宋濂铜像也是郑义门对于家族教育重视的一个缩影。数百年来，历朝历代都有儒学大家在郑义门东明书院讲学授课，明代后期郑义门贤能者少，是因为没有了大儒出现在郑氏一门，郑氏家族教育走入低谷。但是数百年来，《郑氏规范》依然在世界各地的郑氏族人中影响深刻，宗族礼法依旧维系着这个家族的生存，这也值得更多的家族借鉴学习。

第二节

中式家族宪章的典型条款分析

前文我们对家族宪章的一般性原则进行了讨论，简述了各家族协议类型，分析了影响家族协议类型及文本的原因、家族协议的参与者，并知道了制定程序比文本内容重要。在此基础上，我们分析一份家族宪章具体条文的能力，“解剖麻雀”以深刻理解家族宪章的一般规律。

大多数家族限于所应对的问题及时间、成本、经验等，选择从家族宣言、家企准则或所有者协议开始。随着家族治理实践，有些家族不再满足这种协议功能的单一性，要求推动向一份综合性协议——家族协议——转变，或是有些大家族从一开始就面临家族及企业发展的复杂问题，它就会投入巨大努力，制定、落实一份家族协议。家族宪章建立在对家族、家族企业、所有者利益的重视与平衡之上，它将家族宣言、家企准则、所有者协议整合，是家族协议的“终极”形式。

家族宪章也并不是对家族宣言、家企准则、所有者协议的简单堆砌，作为一份全面治家的纲领文件，肩负着建立家族治理结构（家族大会、家族委员会及下属机构）、确定家族投资原则、确定家族财富管理原则等特有使命。

一份典型的家族宪章包括如下元素：

- 序言，叙述家族历史、文化、宪章目的、宪章签署方式及执行方式；
- 家族成员，对接受约束的家族成员进行定义，赋予不同的权利、义务，要求遵守的行为准则；
- 治理结构，家族大会、家族委员会、各专门委员会的职能及组成；
- 家族财产的配置管理，家族成员的受益权；
- 家族企业的参与政策，所有权政策、家族成员雇佣政策；
- 家族生活及家族成员；
- 冲突解决及退出机制，修订机制。

家族宪章作为一份家族治理的纲领性文件，所涵盖的事项广泛，应融合原则性与规则性，对于部分规则的细则规定，宜以专项文件的方式附于正文之后，这样做有助于：（1）家族应将能量投入主要问题的解决，对于其他细节，可待日后慢慢规划；（2）细则的变动往往要及时回应现实的需要，家族宪章主文所确立的原则、政策应具有稳定性，两者的实施及修订逻辑不同，可技术性分隔。经常作为操作细则附于正文之后的文件有《家族委员会组织与运作办法》《家族股份出售与转让办法》《家族投资与创业管理办法》《家族公益慈善基金运作办法》《家族委员会对家族企业监督互动办法》等。

在本章中，我们以一份中式家族宪章为例进行解读，原文摘录在前，分析讨论在后。中西方由于文化传承、法律技术不同，家族宪章的具体体例也不尽相同，我们在附件一中收录了一份西式家族宪章，通过阅读，读者可以体会到同一事物的中西不同表达方式。

序　言

19世纪晚期，林氏家族先辈自山东历尽艰辛移居关外。初期，国运不济，民生凋敝，林氏先辈以贩运布匹服装为生，所得仅可果腹，加之战事连年，家族几近湮灭。新中国成立后，家族得以生息；承改革开放之时运，林××毅然重拾家族商贾之道，涉及餐饮、商贸、地产、矿业。林氏家族企业合法经营、体恤职工，所获财资用于回馈社会、资助家人。多年来，以林××为代表的家族成员奉行“正和勤变”的家训。

“正”是正气，无论顺逆走正道，不害人；

“和”是和谐，对内谦和忍让，对外睦邻友好；

“勤”是勤劳，以勤立业，以勤立家，踏实进取，不投机；

“变”是创新，不固守旧有经验，不畏变化挑战，适应时事。

［分析］

家族宪章的序言部分是记载家族历史、展示家族荣光的绝佳载体。以家族的关键人物事迹、家族赖以繁盛的价值观作为开头，是再好不过的家族教育。传承不仅是物质上的给予，也是精神上的传递。家族前辈在此庄重地传递出家族价值观，后代对此表现认同，代际之间完成传接。若干世代之后，血缘可能稀薄，家族财产的支撑可能弱小，唯一不变的是家族故事里流淌的价值观，基于此才能建立共识的软性基础，配以家族治理机制，方可使家族及家族基业长青。

有的家族成员（特别是家族第一代）虽然能够清楚认知到财产混同的风险、缺少传承规划的风险，但是对家族精神（家族感情）软性基础的制约和协调作用过度高估，认为孩子们在家族（家庭）的感召下能找到方法妥善解决问题；也有的家族有纷争历史或是见证了其他家族因内部矛盾导致的衰落，故对于家族感情的调和作用持负面态度，这些家族会花大力气进行结构规划，但忽视了对于共同家族精神的建设，治理结构的良性运作是建立在家族成员的情感沟通基础之上的，家族聚餐、炉边谈话、家族祭祀等能为成员提供良好的沟通与理解基础，让治理结构的运作更为顺畅，故家族精神的软性基础与家族治理结构不可偏废。

限于篇幅，家族宪章只会对家族故事作出抽象提炼，但很多家族不满足于此，还会单独聘请顾问纂修家族传记。家族传记保留了家族历史细节，是后代回味家族初始艰辛及后续发展荣光的鲜活资料。撰写家族传记和起草家族宪章可以同时进行，在完成家族成员访谈之后，提炼家族传记的精华部分，作为家族宪章序言的开篇。家族传记主要记载家族主要人物（家族领袖）的事迹，可稍加文学创作，对于家族领袖更具意义，他们在读到传记后自然会想到如何延续家族（家族企业），这也是制定家族宪章的认知起点。

为保证家族兴旺昌盛，家族财产传承有序，并激励家族成员积极有为、贡献社会，经林氏家族全体成员讨论后制定本家族宪章，现家族大会表决通过。

［分析］

在讲述家族历史后，通常会讨论制定家族宪章的目的，这些目的通常包括：（1）正向激励类。如促进家族发展，回馈社会。（2）负向排除类。不得败家，不得从事某些违背价值观念的行为。（3）具体行为指向。长久持有、运营家族企业，从事慈善公益等。

讨论家族宪章的目的是第一个能让家族成员全体参与的环节，年青一代、姻亲也可以发表意见。家族宪章的目的也是最容易达成一致的部分，家族成员可以获得参与感、被关注感、成就感，由此获得的正向体验，是克服后续具体问题的情感积累，故讨论家族宪章目的有汇集共识、进行家族意识教育的显著效果。

此外，由于家族宪章的性质，使得其有很强的稳定性，它指导、约束家族某项政策、方案，在家族内部发生冲突时，也是解决纠纷的“法律原则”。如初衷是持有、运营家族企业，则家族企业所有权政策就不得以企业股权社会化为目的；如目的是促进某项事业（通常是文化、宗教），就应有相应的落实手段，就不应该投资于有悖于此的业务。家族和谐发展是弥和家族冲突的重要情感约束。

序言还会记录家族成员的参与形式、参与者和参与方式等，对参与者及参与方式的记载是家族宪章效力来源的证明。无论是法律约束力还是道德约束力都需要某种形式的参与，如主导起草、阅读讨论、表决等。家族成员的参与形式不同，对家族宪章效力的内心认可程度也不同，但是最低的参与形式是“表决”，符合家族章程通过标准的“表决”赋予其效力。

初始版本的家族宪章是在家族成员关注下经家族大会表决诞生的，

家族大会保留讨论的会议记录及表决记录，家族成员的参与是清晰可见的。当家族世代更替、成员增减时，如何确保后来者的参与？家族应该定期向后来者（有表决权的家族新成员）宣讲家族宪章、告知权利和义务，解答他们的问题。有的家族会让后来者在年度家族大会召开时单独对家族宪章进行表决；有的则在向后来者分配时，要求后来者进行表决。表决有“同意”及“否决”两种结果，在沟通充分的情况下，后来者多数情况会“同意”；但当后来者“否决”票累积到一定程度后，家族就有必要启动家族宪章修订程序。家族宪章修订及维护是个动态的过程，初始通过是过程的开启，后续管理家族成员的参与、表决、修订是个长期工作。

家族宪章记载事项多样，包括家族企业所有权、家族财产管理、家族治理、家族教育、家族受益权等，不同的家族成员对不同事项有不同的权利义务。特别是当家族企业所有权结构、家族财产管理方式发生重大变化时，有必要进行家族宪章修订，以及时回应家族变化。

第一章　家族成员的权利和义务

第一条　本宪章约束林氏家族成员，家族成员包括家族直系成员及姻亲。

家族直系成员指：（1）林×及×××；（2）林×及×××的子女；（3）姓氏为林的孙子女和姓氏为林的外孙子女及其他姓氏为林的直系血亲后代。

家族姻亲指与家族直系成员结婚二年以上且生育子女的配偶。

［分析］

划分家族宪章对人的效力范围是后续权利义务展开的基础。从血缘上，家族成员可以分为直系成员及姻亲两种；从行为能力上，有成年、未成年之分；从与家族企业关系上，有股东型和非股东型。不同成员在家族中的话事权、义务及受益权不同，故对家族成员进行定义是家族宪章要面对的第一个重要问题。

通常直系成员拥有较为全面的权利，问题会经常出在直系成员是否包括下述三类的问题上：（1）直系女性成员及其后代；（2）被收养者；（3）非婚生子。这是三个很敏感的问题，与家族、社会的文化心理有关。

现代法律上男女法律权利平等、两性平权意识也已推行已久，但仍有部分地区的家族会在心理上觉得男性成员才是“家里人”，女儿迟早是“外姓人”。虽然听从客户意愿是我们的工作宗旨，但促进性别平等、认可女性力量也是我们的追求。很多时候我们建议家族给予女性平等的待遇，对于女性成员的后代只要其跟随家族姓氏，也可以给予同等待遇，我们努力在客户心理与普世价值观之间寻求一种平衡。

中国家族对于被收养者的接受程度更低，毕竟血脉繁衍是家族凝聚及发展的保证及宗旨。虽然有法律赋予养子女与血亲子女同样的权利，但与女性家族成员平权问题不同，甚少有中国客户能主动接受养子女平权，除非在没血亲子女或是血亲子女能力明显不足时，才有探讨养子女平权的空间。

非婚生子也是敏感话题，他们当然是家族血脉，在法律上当然拥有同等权利，但这个问题涉及的某些家族成员的道德瑕疵，其与整个家族品格不相适应，处理起来很是棘手。在婚恋观剧烈变化的时代，高净值家族成员经常有此困扰。按照示例中“直系血亲后代”的表述，理应包括非婚生子，排除被收养者。定义家族直系成员重要而敏感，我们的经验是对于女性地位问题一般是可以讨论，对于非婚生子、被收养者除非客户主动提出，一般会被排除在讨论范围之外。

定义家族姻亲也同样敏感，有的家族认为姻亲（特别是妻子们）不得参与家族企业的管理，理由是：（1）由外人掌握企业可能带来家族掌控力的流失，特别是传统文化中对于“外戚干政”的不良心理印象；（2）家族生活可能与家族经营过分混同，不利于家族整体幸福感提高。也有的家族认为姻亲（特别是女婿们）是家族重要的人力资源，只要能力适当就应该参与家族的核心业务中。对于无下一代男丁或能力不强的家族，女婿是一种好的选择。

即便是家族姻亲不能享有血亲同等权利，但姻亲也是参与家族建设的重要力量，也拥有家族受益权，故需要对姻亲范围进行限制。存有婚姻的法律关系只是姻亲的最低要求，婚姻存续年限及是否生育也是经常用到的补强标准，以鼓励家庭生活稳定，避免滥用姻亲规则。

> 第二条　家族直系成员依据本宪章对家族事务享有知情权、建议权、参与权、决策权、受益权，基于个人能力及意愿在家族企业、产业中享有任职权和管理权、家族财产所有权、监察权；家族姻亲享有受益权、建议权、基于个人能力及意愿在家族企业、产业中享有任职权和管理权及林氏家族大会相关的权利。

［分析］

定义家族成员及区分直系与姻亲的主要目的是将家族治理中的不同

权利与义务分配给不同角色。直系成员应享有全方位的实质话事权、受益权，包括知情权、建议权、参与权、决策权、受益权、家族财产所有权。给予直系成员最全面的权利也是家族宪章的目的之一，是构建家族力量，促进家族成员个人成长的重要手段。这些权利的落地实施又与如下因素有关：（1）年龄及能力。青少年成员以形式参与为主，成年成员基于个人能力可以在家族企业中担任管理职务，在家族治理机构中担任职务，或从事更专业的投资管理，监察权可由其他不担任职务的家族成员行使；（2）个人意愿。直系家族成员是家族主要人力资源，他们在家族支持下接受更好的教育，家族也会给他们更多机会熟悉家族事业，从而为接班、参与运营管理打下基础。现实中很多家族后辈基于个人兴趣的选择，不愿从事家族事业，另择新路或是从事文化艺术，家族也应给予支持与理解。家族宪章应该是给家族成员提供选择的支持助力，而不应该成为强行传递前辈期望的捆绑枷锁。

相较于直系，姻亲的权利范围则要狭窄得多，一般是非实质的话事权及有区别的受益权。当然，那些有能力的姻亲可以通过在企业的实质影响力或是为配偶行使实质话事权提供建议来间接分享话事权，这种分享方法也是家庭和睦的表现。姻亲与配偶共同分享受益权也是对家庭和睦的奖赏与激励，如果有姻亲为家族发展作出重要贡献，家族宪章也可以直接给予其平等的权利。

> 第三条　家族成员应遵守国家法律及社会善良风俗，接受高等文化知识教育，具备良好的道德素养；应传承并发扬家族精神，努力实现个人价值，并为社会作出贡献。
>
> 家族成员应积极参与家族事务，履行家族义务；家族成员之间应真诚相待、照顾彼此利益关切。

［分析］

权利的另一面是义务及行为准则。国家法律是公民的基本行为准则，善良风俗是家族美德的基本标尺。家族成员行为违反法律及公序良俗可能被家族宪章列入剥夺家族企业所有权、参与权、剥夺受益权的情形之一。典型的行为如家族成员有故意犯罪、赌博、吸毒等行为的；但对于过失犯罪、对于为了家族利益的不当行为是否给予豁免，对于婚姻不忠等个人私生活是否要列入考虑因素，都需要审慎考虑。如果对国家法律及社会善良风俗作过宽泛的解释，则可能打击范围过广，限制关键或大部分第二代、第三代的参与权及受益权。

接受教育及道德高尚是家族对于后代的良好愿望，也是所有家族都愿意提供物质资助的项目之一，很多家族还会细化资助标准，根据家族后代就读学校的种类给予不同的奖励。在家族完成初步的物质积累之后，对于家族成员的期许不仅包括了个人物质成就，还包括个人为社会做贡献，如文化、艺术等方面，实现个人价值与社会价值的统一，增加家族价值感、荣誉感，这也是社会对于高净值家族的期望。

除对家族成员个人品行的要求外，还会要求家族成员关注家族事务。在享受家族物质资助及精神荣耀时，当然应以自身力量促进家族发展，参与家族事务，履行家族义务。需要注意的是，基于个人能力及意愿的区别，个人的参与程度会不同。家族宪章也不应强迫所有成员以同一尺度参与家族事务，应为家族成员不同的参与程度留有空间。例如，很多家族企业的所有权允许非参与型家族成员股东的存在，这类股东有的只参与股东会，有的甚至连股东会的表决权都委托别人行使。

家族成员拥有共同的血缘及物质、文化基础，共同的家族事务为成员提供了更多的交流机会，家族成员在参与家族事务时不能只从自身利益出发，应兼顾其他成员利益，应注重家族团结。

第四条　家族成员在决策及执行家族事务时应专业尽责、善意公允，以家族整体利益为出发点。

［分析］

家族事务由有能力的积极参与成员主导是个必然的规律，对于他们的决策及执行行为应有区别于参与一般家族事务的更高要求（类似于对公司董事、监事、高管的行为要求），主要集中在：（1）履行职务时应具备相应能力及关注度，即专业尽责。对于能力的要求也要区分家族事务的不同种类。一般来说，家族企业经营及家族投资是对专业能力要求较高的事务，主导的家族成员要么自身具备专业的经营/投资能力，要么聘用专业人士并监督行事。家族其他事务，如教育、慈善，会对主导者能力要求降低。（2）信义义务。履行职务时，不能损公肥私，不能有利益冲突；行为的出发点应是善意的，遵从客观实际，平衡各方利益。信义义务是家族成员的天然道德义务，也是法律预设的义务。本条所述能力及信义也只是对于部分履职家族成员的概括性要求，针对家族事务的不同特点，在细化的操作准则中可能会有更具体的要求，包括选任标准、资质、执行程序等。

第二章　家族治理

第五条　林氏家族大会是全体家族成员的沟通、交流平台，主要行使决策职能及非决策职能；林氏家族大会由年满十六周岁的家族成员组成，鼓励家族其他成员积极参与。林氏家族大会成员名单见附件。

林氏家族大会的决策职能主要包括：选举、更换家族委员会委员；审阅和通过家族委员会的工作报告；审阅和通过家族宪章及其他涉及家族的重大事务。决策职能由年满二十二周岁的家族成员行使，其他家族成员可以列席旁听，无表决权。

林氏家族大会的非决策职能主要包括：决定家族凝聚力建设方案；制订家族成员教育与成长计划；家族祭祀、荣典和惩戒等其他职权。非决策职能由年满十六周岁的家族成员行使，其他家族成员可以列席旁听，发表相关意见。

［分析］

家族治理机构设计与公司或国家的组织机构类似，讲求民主与集中、效率与公平。家族大会是家族成员全员参与家族事务的组织形式，追求广泛参与性，一般只要满足年龄条件即可参与，年龄条件的设定可以是十八岁，也可以比十八岁大些，也有的家族为了鼓励家族年青后代参与家族事务，将年龄设定为十六岁。

需要注意的是，家族大会一般不具备股东大会所拥有的终极决策权，家族大会的最主要职能在于向家族成员提供广泛的参与机会，培养家族意识，培养年青一代的家族责任感。

家族大会职能分为决策型和非决策型。决策型职权主要为：（1）家族委员会、监事会的人员任免。通过对人事安排的控制最终影响家族事务、家族企业的决策，但又为家族事务、家族企业的具体决策保留自主空间；家族大会的人员任免又应与家族企业的所有权结构对应以平衡大家族中不同支系的利益。（2）审阅/通过家族委员会的工作报告。通过对家族委员会的工作报告审阅来监督家族委员会履行职务，督促其认真履职。（3）修订家族宪章。家族宪章本身要不断适应家族发展、家族企业变化，这不是一劳永逸的，家族宪章的修订与制定一样，需要全体家族成员的广泛参与及贡献。为保证决策质量，可将决策职能只赋予部分家族成员，如一定年龄以上，或以支系为基础，或区别直系及姻亲。

家族大会的决策职能是有限的，家族中存有大量需要家族成员广泛参与、不需要“刚性”决策的事务，这些事务归类为非决策职能，主要有：（1）决定家族凝聚力建设方案。如家族成员的一同出游、出访计划，为每名年青成员配备非父母的家族导师等。召开家族大会本身就是家族团结凝聚的重要形式，在会议上应该允许年青家族成员为家族建设作出贡献，他们也许会提议一同拜访外国著名家族，探寻家族绵延的秘密；也有可能提议一项环保或助学的慈善公益活动。家族长辈应为他们的提议提供支持，以积极回应家族青年一代的需求。（2）制订家族成员教育与成长计划。教育分学校教育与社会教育，高净值家族对后代教育是不遗余力的，家族会专门聘请专业教育咨询人士，为家族儿童、青年制订教育计划并执行；母亲们也可以一起交流各自的“育儿经”；甚至要求家族企业或关联企业为家族后辈提供更多的实习机会；家族也有可能设立一个“家族小委员会”，邀请小理事们参与家族委员会会议，指导他们开展讨论、决策。（3）家族祭祀、荣典/惩戒。祭祀是家族中大事，通过祭祀一起缅怀祖先、家族长辈，产生同样的精神激荡，这些精神才是将后代族人紧紧连接的无形粘合剂。有些家族有自己的祭祀礼仪或习俗，一般要求全员参与。祭祀也是一个家族成员在一起非正式交流的机会，在先辈面前是个绝好的弥合裂痕与修补关系的场合。家族大会还是一个表彰鼓励、评价教育的机会，有的家族成员为社会作出贡献或是取得很好的成绩，这值得让全体家人肯定与学习；有的家族成员犯错，也应该让其他人引以为戒。（4）其他。要求家族成员广泛参与的事务还有很多，例如有的家族会举行家族女性论坛/圆桌讨论，激发女性参与家族建设的独特力量；再如家族成员可以一起讨论慈善公益活动。

非决策职能的参与者多多益善，一般不会区分直系或姻亲、男性或女性，但对正式参与讨论的家族成员进行年龄限制往往是保证讨论有序进行的方式，对于非正式的发言、讨论，则鼓励所有家族成员分享自己的看法。

> 第六条　家族大会每年定期召开一次，由家族委员会主席召集并组织，家族成员应当出席。家族委员会主席、两名及以上家族委员会委员或家族监事会监事、四分之一以上的家族直系成员可召集并组织临时家族大会。

［分析］

家族大会是家族治理的重要一环，一般是每年固定召开一次。家族大会可能分不同的环节，在行使决策职能时，需要严肃认真，严格遵守会议秩序；而非决策环节可能形式多样，坐谈、聚餐都可以，让气氛轻松愉悦。

家族大会的召集人、组织者一般是家族委员会主席，由其确定、统筹会务安排，有些家族甚至以出席与否作为评判家族成员行为的标准之一。在特殊时刻也有必要召开临时家族大会，如重大商业环境变化、发生重大家族事件，临时家族大会由符合条件的人员召集、组织，以讨论应急事务。

有的家族会专门制定家族大会的会议规则及家族委员会的会议规则。具体如何组织、召开家族会议详见第五章。

> 第七条　召开履行决策职能的家族大会时，至少应当于会议召开十五日前通知有表决权的家族成员，并提供相关决策资料。

［分析］

对于履行决策职能的家族大会，应提前确认议题，提供资料，以便有效讨论、有效决策。很多时候家族大会讨论问题所需资料、信息是关于家族企业的，家族企业的信息披露应该遵守相应的披露规则；如果家族企业是上市公司，则披露的时间、内容都应特别关注。家族成员应该提前了解并开展私下讨论决策事项，达成非正式意向，尽量避免把正式的家族大会变成公开对立的场合。

第八条　家族大会履行决策职能的，决议必须经出席家族大会的有表决权的家族成员的三分之二以上通过，但对于家族宪章的修订应当经出席家族大会的有表决权的家族成员的四分之三以上表决通过。因身体原因或履行法定义务不能亲自出席的有表决权的家族成员，可以委托其他有表决权的家族成员代为表决。

履行决策职能的，家族大会必须制作会议记录或决议，出席者应当在会议记录或决议上签字。

［分析］

决议通过比例是个较为敏感的事项，与支系利益、家族企业所有权结构等事宜复杂关联，就决议通过比例达成一致本身是个家族政治事件，是需要在家族宪章里事先沟通确认的。对于一般的决策事项，简单多数即可通过，也可以设定优势多数（2/3以上或3/4以上）的通过比例，但一般不推荐协商一致的通过方式。家族宪章的修订是较为特殊的决策事项，涉及家族利益的重新分配，是特殊表决事项，应该以优势多数才能通过。

有表决就有代理，虽然家族大会要求以亲自参与为主，对身体原因或履行法定义务不能出席者，应该允许委托其他成员代为表决。会议记录是家族大会履职的重要记录，清晰明确的会议记录能起到定纷止争的作用，若干年后也会成为家族建设、家族成长的重要史料，家族后辈翻阅这些会议记录也会看到前辈们治家履职的努力。

> 第九条　家族大会履行非决策职能的应以发言、讨论等形式进行，鼓励尽多家族成员参与讨论。家族大会应记录经广泛讨论且经最终确认的事项，并协调家族委员会及其他机构执行。

［分析］

对于讨论非决策事项的家族会议，没必要特意规定具体的会议规则，形式应该多样，正式一点的如会议发言，轻松一点的如餐桌聊天；鼓励参与、有序进行，对于重大的讨论事项可以保留会议记录，涉及落实的环节可以向其他机构反馈，要求其提供资金、资源支持。

这些会议一般是在分会场，或是“正式”的家族大会结束之后开始，家族及家族企业的“掌权者”不再是会议的主角，除了必要的指导和提供支持外，他们应坐在后排，把发言和展示的机会留给那些年青人和不在家族企业中的“非活跃者”。女性的地位应得到充分的认识，“妈妈论坛”“贤内助论坛”是最自然的话题，家族中的女性直系后代也可以集体发声，为家族发展作出贡献。

家族大会作为非常设机构，每年一次会议之后相关事项的落实需要家族委员会及其他机构的支持，一般是家族委员会派遣专门人员（如家族委员会秘书）负责追踪、反馈，或是家族中设立家族办公室为家族大会、家族委员会的议题落地提供综合服务。

第十条　家族大会设立委员会，由委员三至七人组成。主席、副主席由全体委员过半数选举产生。

［分析］

家族大会不是家族中的“实权”机构，只是一个具有广泛参与性的组织，真正的“实权”多归属于一个常设的、人员精干的机构。在代议政治制度中，通过代表大会来汇集民意，通过常任委员会来决策及执行。在家族中，这个常任委员会就是家族委员会，或称为家族理事会。在一般的代议制中，常任委员会的产生及职权都来自代表大会的授权，是“源”与“流”的关系。但是，家族委员会的职权并不（完全）来自家族大会的授权，理由如下：（1）家族企业所有权结构中的重要所有人对企业有法律上的当然话事权，基于共同物质基础对于家族发展的重要作用，对家族企业的话事权“实质”地确定了其在家族事务中的地位，故家族大会只是程序性“选举”；（2）从“家族至上”还是“业务至上”的讨论可以看出，家族发展与业务发展是两个完全不同的话题。家族大会成员资格是基于身份自然取得的，他们性格、能力、意愿各异，非经常性的家族大会实际上很难有效组织及实施家族发展目标，更不用讨论在没有物质资源支持下家族发展的可能性。基于家族业务的常发性、家族企业的稳固性，在家族企业组织基础上形成的家族委员会更具有实现家族发展及业务发展的可行性。当然，这就要求家族委员会要克服事事以家族企业为出发点的冲动。通过家族大会的选举可为家族委员会提供家族企业所有者之外的人选，以及让家族委员会听到并重视家族自身的声音。

家族委员会委员的人数应根据家族规模、家族企业所有权结构及家族支系结构来确定，一般为奇数，可避免表决困境。委员会应设主席，负责委员会的日常运作，主席应由全体委员过半数选择产生，也可以设副主席辅助主席工作。

第十一条　委员由 × 支系、× 支系、× 支系家庭从本家庭中推荐，经家族大会选举确认。家族直系成员中年满二十五周岁且不超过七十五周岁，身体健康，品行端正，具有家族事务或家族企业经营、管理经验的可以被推荐为委员。

第一届委员会委员为 ××、××、××、××、××。

家族企业所有权结构变动的，应对上述委员名额分配进行重新调整。

第十二条　委员会成员任期每届任期为三年。委员任期届满，可以连选连任。

［分析］

委员的人选关系到家族支系的利益，一般按支系来划分，对于名额的分配需要统筹家族整体利益及各支系利益，其中难免充满各支系及支系内部的斗争与协调，与决策通过比例一样，是个重大的家族政治事件。名额分配一般与所有权结构一致，在所有权结构比例基础上也可以吸收其他成员，以平衡“业务至上”与“家族至上”的矛盾。委员还可以根据各自所有权结构由家族支系直接确定，无须再经家族大会选举，这种做法更能保证家族利益的实现。

随着家族企业经营情况的变化，有的支系可能会基于很多理由出售股权变现或增持股权，造成家族企业所有权结构的变化，因此家族委员会的人员构成也应该具有灵活性，确保可调整性。

由于委员负担了家族事务的日常决策、管理职责，故对其任职资格应有限定，一般集中在：是否必须是直系，年龄限制，身体及品行，事务经验。委员的单次任期可以是三年或更长，鉴于委员人选的有限性，任期届满后可以连选连任，以保证家族事务管理的稳定性。第一届委员可经家族协商后在家族宪章中直接指定。

第十三条　家族委员会为家族事务日常管理及决策机构，行使下列职权：

（1）组织家族会议，并向家族会议报告工作；

（2）执行家族会议的决议及非决策事项；

（3）确定及调整家族资产的持有方式、经营计划和投资方案；

（4）代表家族，就家族资产管理、投资、分配向第三方机构作出指示；

（5）决定聘任或者解聘直接参与家族资产运营的家族成员及其报酬事项；

（6）决定家族受益人的例行分配方案及额外分配方案；

（7）决定对家族成员的奖惩机制；

（8）制定家族宪章修订方案；

（9）制定、修订家族基本制度；

（10）任命专门委员会成员；

（11）其他必要职权。

［分析］

在第二章中，我们分析过家族企业所有权与家族治理结构的交集问题。理论上，家族控股公司可以成为上市公司的控股股东，可以成为有限合伙的普通合伙人，可以成为家族信托的保护人，也可以成为家族运营实体、投资实体、家族信托的重要影响者。家族委员会通过影响家族控股公司，进而操控整个家族财产。具体的影响方法无外乎以下几点：（1）家族委员会成员与家族控股公司股东完全对应，即“一套班子两块牌子”，这种方式具有法律上的直接约束力，但随着第二代、第三代传承的进行，家族控股公司的股东会多元化，要么无法保证所有股东都进入委员会，要么各支系内部无法协调并推荐出共同认可的委员会成员；（2）将家族控股公司的受益权与管理权通过公司章程、协议的方式分离开，家族委员会只控制公司的董事会，进而控制管理权，受益权仍按控股公司的股权结构或是特定的协议来分配。对照第一种的“直接控制”，这种方式算是“间接控制”。这种方式的好处是控股公司后续因传承等原因发生的股权变动不再影响公司的管理权，做到了管理权的归一、受益权的分散。但是因为控股公司的管理权是通过控制董事方式实现的，若法律发生变更，或是股东联合要求修改公司章程、协议，都会对董事会及其控制权产生影响。

控制方式是“直接控制”还是“间接控制”，控制结构是家族控股公司还是家族信托，这些问题都是家族自身需要探讨与回答的问题，非常考验整个家族的传承智慧。

家族治理结构与家族企业治理的接合是家族与家族企业发展的重要议题，不同的家族有不同的解决方案。除上述提到的“家族委员会—家族控股公司”这种方式外，还有两种：（1）将家族企业股权置入信托的，家族通过信托协议的约定，将家族企业的管理权通过由家族控制信托项目公司董事会或是家族担任保护人的方式，交由家族行使；（2）家族企业发行不同权能的股票，有受益但无表决的股票可以在家族内自由转让、被继承；有表决权的股票只能授予少数股东，这些股东通常是经过某种形式的家族考核，有表决权股票的转让权、被继承权受到公司章程的限制。

家族委员会的职权一般有如下六种。

1. 对家族大会负责，包括向其报告工作、执行家族大会确定的事项（非涉及家族企业的其他家族事务）；

2. 管理家族资产，包括制定策略、方案，作出指示等；

3. 人事任免，包括任免管理家族资产的家族成员、专门家族委员会成员；

4. 制定家族宪章修订方案及家族事务管理规定；

5. 制定家族受益分配方案，决定家族成员奖惩事宜；

6. 其他的兜底职权。

综上可知，家族委员会一方面要与家族大会衔接，确保家族治理结果的完善与顺畅，另一方面要直接管理家族资产，确保家族资产的安全与充分利用。为完成两者，必须同时行使必要的人事任免及规章制定权。受益权分配是平衡家族利益的重要手段，受益分配政策及具体分配方案的确定是家族委员会的重要职权。一个理想的家族委员会可以通过上述职权，以家族资产所有权、管理权、受益权相分离的方式，达到“家族至上”与“业务至上”的平衡。可见，家族委员会是家族治理结构的核心。

第十四条　家族委员会会议由主席召集和主持；主席不能履行职务或者不履行职务的，由副主席召集和主持；副主席不能履行职务或者不履行职务的由半数以上委员共同推举一名委员召集和主持。委员会不定期举行，但至少每年召开一次现场会议。

第十五条　主席应主持家族大会，主持委员会。副主席应协助主席组织家族大会工作、组织委员会工作，承担其他主席分配、交办的工作。委员会附设秘书处，负责家族大会、家族委员会会议安排、资料整理、文件保存等事务性服务。

第十六条　家族委员会决议的表决，实行一人一票，由半数以上的委员通过；当表决事项的赞成或反对票数持平时，主席有额外一票的投票权。

第十七条　家族委员会应制作并保留会议记录，出席的委员应当在会议记录或决议上签字。委员会举行非现场会议的，应以录音录像或是其他方式记录会议及决议情况。

［分析］

家族委员会的组成及运作与公司董事会类似，由主席统管全局，副主席协助工作，日常工作由秘书处具体负责。值得探讨的是委员会的表决机制，在委员会中，推荐按人数的“一人一票”，而不是按股数的一股一票。在前期的委员会名额分配过程中已经考虑到所有权结构的影响，并且可能也吸收了非股东的家族成员加入，故在表决中，再次以“一股一票”方式意义不大；但也不排除，在个别情况下，委员会的表决结果与家族企业大股东的意向相反，这其实非常考验重要家族成员们的治理结构运用能力。

半数以上通过是一般原则，可以对特定事项设定更高甚至全部同意的通过标准。委员会会议及表决应留有记录，是委员们履职行为的记录，也是家族发展历史的重要实物见证。

> 第十八条　家族委员会对外代表林氏家族作出意思表示时，应由参与决议委员共同签署。

［分析］

家族委员会的对外代表（意思表示）行为是指委员会在对外决策、指示、发声时应该由谁作出，这与委员会的存在方式有关。有的家族将委员会注册为法人形式，主要为公司制，其对外意思表示就遵循《公司法》的规定，由公司盖章和/或法人签字。公司形式的意思表示的优点是确定性高、被接受程度高。公司受公司法管辖，各方面的法理依据清晰明确，免除了为委员会运作再单独制定一系列规则的麻烦。但是，公司的盈利属性与委员会的家族属性终归不同，当委员会成员发生变动，而公司股东或董事会不能顺利变更时，也会出现麻烦。

有的家族采用了更为自主的形式，家族委员会就是几个人的集合，自行约定内部的运作以及表示规则，在委员会需要向外发指示时，由全体委员或符合表决规则数量的委员签字确认。这种方式对于接受指示的相对方（如被聘用的投资管理人或信托公司）来说合规压力较大，毕竟在国内，公章的接受程度大于签名；但好处是因为没有了公司法股东及董事的治理约束，减少了委员会的管理障碍。两种方式各有千秋，各家族可以根据不同情况决定采用哪种方式。

为方便起见，很多家族委员会直接对外以家办名义或是以家族控股公司名义活动，进行意思表示，即在委员会内部决策后，依靠家族治理结构的制约，将决策传递给家办，或是以家族控股公司的名义，由其对外进行意思表示。

> 第十九条　家族委员会可以根据实际情况建立投资委员会、慈善委员会、成员教育成长委员会、家谱修缮委员会等专门委员会。各专门委员会负责人由委员会委员或委员会确定的人员担任负责人，并为其履职提供资金及人员支持。

[分析]

委员会的职能主要集中于决策、制定规则及宏观执行三个方面，根据家族事务的不同性质可下设不同职能部门，负责专项工作，整体工作由委员会决策、安排、支持，具体工作由专门委员会执行。除了家族企业的运营外，家族事务可以大体分为：投资、慈善、教育、家谱修缮等，委员会可据此设立不同的专门委员会，专事某一事项。对于投资、慈善这些已经专业化的事务，有必要组建专业团队，雇佣专业人员开展运营。各专门委员会的人员和经费支出，由委员会保证。有的家族会把相关人员和经费列在家族企业下，不过若家族企业是上市公司（或股东多元化的公司），这样操作可能会违反《公司法》的规定；还有的家族会单独设立法人性质的家办，来解决人员及经费保障问题。

> 第二十条　家族委员会不直接干预家族企业经营，不具体运营家族企业，但家族委员会委员可以在家族企业中任职；家族委员会对于家族企业的影响以宏观性、战略性为主，家族委员会的决策应通过股东会、董事会等正当程序作用于公司，以保证家族企业的治理合法、合规。

虽然家族委员会有“确定及调整家族资产的持有方式、经营计划和投资方案”的职权，但该职权不意味着家族委员会可以越俎代庖，家族企业的运营、管理还应通过正常的公司治理渠道实施。

在家族委员会成员与家族企业股东完全重合时，两者运作并不矛盾，家族委员会成员的宏观决策由企业进行细节落实。但是，当两者的决策机制（投票权重、通过比例等）不同时，或是当家族企业（或家族企业下属企业）有其他非家族股东时，并不能保证两者决策会完全一致。两者产生冲突时，也不应该以家族委员会决议代替家族企业股东会、董事会的决议，如此行事，有公私不分、侵害其他股东利益之嫌，应通过家族治理及公司法理解决两者矛盾。

> 第二十一条　家族大会设立监事会，其成员为三人，由品行端正、声望服众的家族成员担任。家族委员会委员及家族重要公司或实体的股东、董事、高管不得兼任监事。监事会的组成结构应与委员会形成制衡。
>
> 监事的任期每届为三年，连选可以连任。

［分析］

根据权力制衡的一般原则，参照公司治理设置，家族治理中还可设立监事会，专门行使监督职权。当然也有的家族认为，有家族大会及家族委员会的内部监督，加之家族成员的道德监督，无须独立设置专门监督机构。

监事会成员的要求可以不像委员会或公司高管那样必须有管理或专业能力，但品行可靠是必须的条件。此外，家族委员会委员及家族重要公司/实体的股东、董事、高管也应被排除在外，否则会出现自己监督自己的情况。对于部分家族来说，全员参与委员会或家族企业管理，会导致无人符合聘任监事条件的情况，因此应注意监事资质的设定，防止排除范围过大，没有合适的人选。

第二十二条　监事会的监事行使下列职权：

（1）监督家族大会决议及事项的落实情况；

（2）检查家族财务；

（3）监察家族委员会的履职，监察家族专门委员会的履职；

（4）对委员及家族重要公司/实体股东、董事、高管执行职务的行为进行监督、提出罢免的建议；

（5）其他的其他职权。

［分析］

监事会的监督体现在以下三点：（1）对家族大会、家族委员会履职的监督；（2）对重要成员的监督，包括家族委员、家族股东、董事、高管；（3）对家族财务的监督。

第二十三条　监事会设监事长一人，由全体监事过半数选举产生。监事长召集和主持监事会会议；监事长不能履行职务或者不履行职务的，由半数以上监事共同推举一名监事召集和主持监事会会议。监事会、行使职权所必需的费用，由家族资金承担。

第二十四条　监事可以列席家族委员会会议，并对委员会决议事项提出质询或者建议。监事会履职时，可以进行调查，费用由家族承担。

第二十五条　监事会每年度至少召开一次会议，监事可以提议召开临时监事会会议。监事会决议应当经半数以上监事通过。监事会应当对所议事项的决定作成会议记录，出席会议的监事应当在会议记录上签名。

［分析］

监事会设监事长主持工作，履职所需资金由家族资金承担；监事会履职的常规方式有列席委员会，进行调查，要求汇报，提出建议等。在对于专业事项进行核查时，监事会可以聘请专业人员（如会计师）进行调查，费用由家族（家族委员会或家族办公室）承担。监事会一般一年至少召开一次会议，如遇突发情况，可由监事召集临时会议。

第二十六条　家族委员会委员及家族重要公司的董事、高管履职时，对家族及家族财产负有信义义务，应善意、诚实、勤勉、尽责地履行职责，以家族利益最大化为出发点，不得有下列行为：

（1）挪用家族资金、资产；

（2）未经披露及正当决策，与本家族持有的企业或实体订立合同或者进行交易；

（3）利用职务便利为自己或者他人谋取属于家族的商业机会；

（4）擅自披露家族秘密；

（5）利用关联关系获取不当利益；

（6）其他违反对信义义务的行为。

［分析］

家族成员在家族委员会担任委员的，承担家族事务的决策、管理之责，与公司的董事、高管一样，有条件利用自身职位优势谋取私利、损害家族利益，故委员应负有相应特殊义务，归纳起来有：（1）信义义务，指委员应该善意履职，以家族利益为重，目的正当诚信。其中包括避免自我交易与利益冲突，非为个人利益使用公司资产，不与公司同业竞争，不接受第三方非法利益；（2）勤勉、尽责，指家族委员应该具有与其职位相匹配的工作能力，履职时应尽职努力。除了积极义务外，还应履行消极义务，如不得挪用资金、进行关联交易、侵占商业机会、获取不当回扣等。

这些义务不仅仅是道德义务，也具有兜底的法律约束力。家族成员履职时有重大过失或过错的，家族或家族支系可以先从其所在家族企业或具体交易中承担的法律义务出发追究责任，若其未在家族企业或具体交易承担任何角色，就可以援引此条追究其责任。

第二十七条　设立法人形式的家族办公室，以承担家族事务性服务。

［分析］

家族事务多样而繁杂，从家族大会的召开，到会议事项的落地，再到委员会、监事会的日常服务，这些行政工作需要有一个主体来执行。

很多家族在家族企业中设立董事会秘书办公室，将其作为家族事务服务中心。办公室中有专职或兼职工作人员为家族大会、委员会、监事会提供事务服务，也负责落实部分下设机构职能，如提供投资管理建议、组织家族慈善活动，对接家族教育资源等。在股权结构单一化的家族企业，这种方式是可行的，但是在股权多元化或上市公司中进行这样的设置并不妥当。大的家族一般会设立独立的家族办公室，作为家族事务的服务中心。家族办公室以法人主体出现，方便为家族事务设立不同的职能部门，配备独立的专业人员，承担费用支出，单独进行财务核算。从起源看，家族办公室也是从满足家族的内部需求自然发展而来的。

> 1882年，约翰·D·洛克菲勒建立了世界上第一个家族办公室。家族办公室为家族提供各种专业的管理咨询和事务性服务，其中包括：律师、注册会计师、投资管理、股票经纪人、保险代理、银行、还有独立信托实体等方面的专业服务。同时，家族办公室还承担了“家族助理”的职责，包括但不限于为家族规划后代教育、考虑家族安全、慈善安排、遗产规划等。

近年来，家族办公室（以下简称“家办”）的概念在国内非常流行，作为舶来品，家办在国内很多时候变成了提供投资服务、出售金融产品的新形式，但从其本源来说，家办应该是为家族提供综合服务的机构，投资管理服务只是其中一项，剩下的家族教育、健康、法律、税务、文化服务也是家族必需的。家办行业的发展已经催生了单一家办（服务单一家族）、联合家办（服务多家族）等种类，同时，家办服务商（如媒体）也应运而生。

以投资管理职能为例，家族委员会可以下设投资委员会，投资委员会的成员可以是家族成员，也可以是外部专业人员，具体人员聘用、活动组织由家办负责，投资委员会的意见或决策向投资机构（如专事投资的合伙企业）传达，向信托受托人（以保护人或是投资管理人角色）传达，由其执行。从运行的效率及成本考虑，投资委员会可以与部分委员会成员、合伙企业普通合伙人（自然人或机构的控制人）、信托保护人/受益人/委托人重合，即一人在不同组织中担任不同的角色，但从事投资管理的实质工作。

第三章　家族财产及其管理、受益

第二十八条　家族财产是家族生存发展的物质基础，以家族名义、家族成员名义或他人名义持有、管理，以家族及家族成员受益为主要目的的财产。家族成员个人所有，且以个人受益为目的的财产为家族成员个人财产。

［分析］

所有的家族治理行为必须落脚在家族财产的持有、管理、分配上，家族财产是家族发展的见证及重要物质基础，是家族凝聚的现实粘合剂，是家族宪章中不可或缺的内容。

鉴于财产形式多样化的特点，以及不同财产所有权、管理权、受益权分离的不同特点，家族宪章对于家族财产约定的处理方式可能有很大差异。有的家族只约定了纯粹家族共同财产（如家族信托财产）的管理及受益分配，有的家族则对已经归家族成员个人所有但涉及家族或家族企业利益的财产权利（如家族企业股权）的行使也有约定。从约定的文本形式上看，有的家族将家族财产约定放置于家族宪章中；有的家族则以独立成文的方式约定，如家族企业所有权协议；有的在家族企业的章程里对股东权利的行使、转让进行了限制。

谈及家族财产，首先需要定义何为家族财产、划定家族财产与个人财产的界限。从持有/所有环节看，由于不存在“家族”这个法律实体，故严格来说并没有“家族持有”或“家族所有”这一财产类别。但是所有权又是一切财产权能的来源，在没有“家族持有”或“家族所有”的前提下，只能借助持有者/所有者之间的约定来达到被家族管理、为家族受益的目的。

举个简单的例子，家族企业股权被第一代持有，第一代去世后，发生继承，股权被第二代分享（后续还会再发生传承事件）。由于第二代持有股权比例不同，对于企业经营理念以及对于回报的要求都不同，故如无约定，各家族支系可能会根据《公司法》自主行使股权权利，或出售股权或经营公司，或亲自经营或引入管理层。若在股权从第一代向第二代传承时，股东及潜在股东之间进行约定（以接受家族宪章或是单独签署协议的方式进行约定，或是在家族公司章程中体现），则第二代股东行使权利时就应遵守约定，对于出售或是持有、如何经营等问题，可以家族名义统一决策。这样的家族企业股权就可以被认定为“家族持有”的财产。

回到家族财产的定义问题，在不能单纯从所有/持有角度定义时，从持有、管理、受益多角度描述是可选之策，“以家族名义、家族成员名义或他人名义持有、管理，以家族及家族成员受益为主要目的”的这种定义逻辑，是以最终受益目的为重要判断标准，以持有及管理作为辅助判断；也有的家族抛弃这种“形而上”的定义方式，直接列举家族财产；或理论定义与直接列举同时使用。

与家族财产相对的是个人财产，即个人所有、个人受益的财物。不能为了家族利益侵犯家族成员个人利益也是一项重要原则。

第二十九条　截止家族宪章制定日，林氏家族财产主要为：

（1）×××信托，该信托设立人为×××，受托人为×，信托资产为×。

（2）×××公司股权，该股权持有人为×，公司账面价值为×。

（3）房产，该房产登记所有人为×，面积×，性质×。

（4）金融资产，该资产登记所有人为×……

（5）××遗嘱中确认的古董、字画。

（6）其他。

［分析］

家族信托是家族财产的重要呈现形式，家族第一代作为家族财产的原始创造者、最初所有者，有条件将个人财富（或夫妻共同财富）——包括现金、证券、股权、不动产、动产置入信托，受托人（一般是信托公司）依据与委托人签订的信托协议管理、分配信托财产。从所有权上讲，信托财产是归信托公司所有，但是信托财产的管理权、受益权又可以通过巧妙的信托协议安排，回到家族手上。理论上，现金、证券、股权、不动产、动产都可以成为信托财产。从现实操作的可行性看，目前境内信托公司最欢迎现金类资产。对于其他类资产，或由于管理难度，或因为税务负担，操作难度较大。

因为家族信托财产所有权的信托化，让家族成员无法通过所有权的方式直接改变财产的管理及受益，反而使得其符合家族财产的本义，使得整个家族不再关注所有权，只关注管理权及受益权。

反之，家族信托财产之外的财物都有直接所有权人，虽然各所有权人可以基于服务于家族的目的，接受所有权行使的限制性约定，但基于“债权不破物权”的一般法律原理，所有权人或其后代继承人也可能依据法律的规定，直接行使所有权，改变相关财产的管理、使用、受益状态。虽然这样做会违反之前的家族约定，但这只是违约责任或是处罚的问题。故如何将各种书面约定相结合并在管理中落地、打造财产的家族“物权属性”，是个复杂而精细的技术问题。

对于家族企业的股权/股票，在前述“单子继承”与“诸子平分”部分中，我们探讨过家族企业的不同传承原则。如果是“单子继承”，则所有权、管理权、受益权三权矛盾不会突出；如果是“诸子平分”，则三权之间的协调会是家族的长期任务。在所有权分散于各家族成员的前提下，通过约定（家族宪章中的约定或是单独约定）将管理权统一行使，再配合使用家族企业所有权结构（家族控股公司或有限合伙），可以平衡“所有权分散”与“管理统一”的不同需求。即便是没有这样的约定，在有家族控股公司或有限合伙介入的情况下，家族的运营实体也可能最大程度摆脱家族自然人股东的冲击，即自然人股东本身的继承事件、离婚分割或是出售不能直接影响到运营实体的股权稳定性，新进入股东要在控股公司层面与其他家族股东协作或是博弈。

房产的特点有两点：（1）以登记确定法定所有权，当事人的约定不能对抗登记的所有人；（2）所有权变更登记交易费用大。故作为家族财产的房产，一般不宜登记在家族成员名下，而登记在家族控股公司或合伙企业下设的项目公司下，以项目公司持有，出租、出售时也有税务筹划空间。对于家族成员自用的房产，建议直接登记在其名下。

金融资产，很多家族在实业运营获取财富后会进入金融投资领域，持有及运营金融资产的结构一般为有限合伙，通过普通合伙人（由家族专业投资成员担任或家族控股公司担任）进行投资管理，有限合伙人进行出资和融资。

贵重动产，包括古董、字画、珠宝等，这些物品实物分割难，估价易产生争议，部分物品有感情价值，保管条件要求高。对于被确定为家族财产的古董、字画、珠宝先要造册登记，有条件的家族设立展览馆进行持有、保管和展示，或是置入家族信托将所有权信托化，由信托公司按约管理、展示。若不能进行上述操作，只能由某家族成员持有，要做好所有权的特别约定，并辅之公证或公开说明等方法，以期产生更大的公示对抗效力。

除此之外，家族财产还可能包括著作权、专利、商标、商业秘密等无形财产，可以将它们置入家族企业、项目公司或是家族信托内进行管理、运营。

一般而言，家族财产多为家族第一代持有，但家族第一代持有的财产并不一定都是家族财产，为了家族第一代的个人生活或是特殊的利益考虑，有必要对家族第一代的部分财产做“个人化”处理，即某些财产是家族第一代的个人财产，不受宪章中家族财产管理的设定。本条载明的信托或公司股权本身也是个开放性的安排，信托内资产多少、公司下资产多少都取决于家族第一代将原来属于自己个人的哪些财产置入信托或公司。

> 第三十条　为解决家族财产归属问题，建立适宜传承家族财产的所有权结构，应力争建立以家族持股平台公司持有为主的家族财产持有形式，家族委员会应掌握家族财产运作中的核

心权力，即管理权、投资权、分配权等。

只有家族直系成员才有权持有林氏家族财产，家族委员会主席有权要求持有家族企业股权或是其他家族财产的家族直系成员签订协议，以明确关于家族企业股权或是其他家族财产的管理政策、雇佣政策、退出机制等。

［分析］

家族财产的持有、管理、受益几乎是每一份家族宪章的关注重点，其中又以家族企业的持有、管理与家族传承最为紧密相关，家族成员基于各自的利益诉求也会关注此条，特别是那些在家族企业中表现活跃、有机会继承家业的家族成员。

如第二章第二节家族企业所有权结构所述，家族企业的股权以个人持有及机构持有两种为主，从控制权统一、资产风险隔离、税收筹划及投资便利性角度出发，家族持股平台公司成为很多家族进行家族企业管理的首选持有方式。以家族持股平台公司为家族利益的起始点，往下投资设立从事不同业务的子公司，不同的家族成员可以投资、管理家族的子公司，子公司还可引入社会股东，甚至各自单独上市。子公司的不同发展既能激励家族成员个人利益也能促进家族整体利益，在一定程度上缓和了家族的“和”“分”矛盾。家族也可以将房地产、金融资产等家族资产置入家族企业，以管理企业资产的方式管理房地产、金融资产。

但是正如第二章所述，如果没有家族信托或家族基金会的参与，家族持股平台公司及置入家族企业的家族资产最终持有人仍旧是某个或某些家族成员，以自然人为最终持有人便无法摆脱“生、老、病、死、债、离婚”的影响，为了应对传承分散化与企业运营统一性的矛盾及解决

“布登勃洛克效应”问题，家族成员必须补充或签署其他文件，有如下五种：

代持协议——家族企业部分股权或其他家族财产基于某些原因被一些家族成员直接持有时，为了明确这些财产的归属，需要名义持有人与实际受益人签署代持协议，以明确财产权益归属。

婚姻财产协议——企业主为了避免离婚财产分割风险及为了加强家族企业传承时企业主的控制权，企业主往往要求与配偶签署婚姻财产协议，以明确家族企业利益只归属于企业主；有些家族将签署婚前财产协议作为对家族青年成员的要求。

投票权委托协议——当家族企业股权存在外部分散化（有非家族股东）及内部分散化（不同家族支系成员持股）时，为了保证家族企业控制权统一（如满足上市公司对实际控制人的认定要求），家族内部各股东之间就投票权的行使达到一致，通过协议将投票权统一委托给某一个家族成员行使。

股东协议——家族企业股东可以约定建立家族企业股权的内部转让市场，家族成员具有有限购买权或是不得向非家族成员转让等。除了家族成员达成协议外，还可以在家族持股平台公司/合伙企业的章程或合伙协议中明确只允许在家族成员内部进行股权/合伙份额流转，以章程或合伙协议的公示取得更大的公信效果。

传承安排——为了应对家族成员股东去世及失能时的股权继承问题，家族成员（尤其是老年家族成员）要以遗嘱等方式公布传承安排，家族宪章可以设定继承人选择标准，传承安排依据已设定标准公布考核结果并确定继承人最终人选，以此增加传承的透明性、说服力，传承安排也不是一成不变的，可以定期根据考核结果进行修订，以激励各继承人，保证选出最优秀者。

> 第三十一条　若部分家族财产暂时只能由某些家族成员持有的，该家族成员应作出声明，或各方应签订协议，明确该财产的所有、管理、受益等权利义务。待时机合适时，配合将财产转移至家族信托、家族公司。

［分析］

家族传承的规划及实施不是个短时间即可完成的行为，意向确立、架构搭设、利益协调、财产转入、反馈调整是个时间跨度较长的过程，从我们的经验看，3—5年是正常时间。财产转入也不是短时间、一次性就能完成的，考虑法律限制、税务成本、管理等原因，要分步进行。有些财产可能短期内不能放入家族架构，如上市公司股票禁售期未满，就需要某些家族成员“代持”。代持方要以声明或协议的方式，明确这些财产的家族属性，以免被个人侵吞，或因法律事件导致家族财产流失。以个人作为受托人的民事信托也是个可供选择的工具，即某一个家族成员，作为受托人，为全体受益人利益，占有管理分配家族财产。虽然个人不能永续，财产隔离也有些瑕疵，但毕竟是“代持”之外的一种解决方案。无论是代持还是私人信托，建议对此安排进行公开公示，以强化其“家族财产”的属性。

> 第三十二条　家族财产的管理及投资基本原则是平衡稳健性与收益性，考虑不同世代的利益。

［分析］

在家族宪章中，关于家族财产的规定一般以原则性为主，主要包括家族财富的边界、谁来管理、管理的方式等，具体的投资方式一般体现在细则或者制定专门的规范性文件中。家族财富的边界在于区分哪些财产属于整体家族所有，哪些财产属于单个家庭或者某个家庭成员所有。家族财富既要有共同凝聚力的体现，又要满足个性化的需求。

我国古代往往很少区分个人的财富，家族财富常以整个家族所有的资产来体现，特别是有些大家族还保留着特定的家族财产。例如，在《郑氏规范》第五条关于祭祀财产部分就规定："拨常稔之田一百五十亩，世远逐增，别蓄其租，专充祭祀之费。其田券印'义门郑氏祭田'六字，字号步亩亦当勒石祠堂之左，俾子孙永远保守。有言质鬻者以不孝论。"即拨常熟良田一百五十亩，而且今后逐步增加，将其租谷另行蓄藏，专用于祭祀所需的费用。其祭田券契印上"义门郑氏祭田"六字，并将祭田座落、亩分刻于石碑，立于祠堂的门首左面，使子孙永远保卫坚守；如有人提议将祭田抵押、出卖的，作不孝论。这便是家族的共同资产，任何一个单独的族人是无法支配这部分资产的。《郑氏规范》第十六条规定："家中产业文券，既印'义门公堂产业子孙永守'等字，仍书字号。置立《砧基簿》，书告官印押，续置当如此法。家长会众封藏，不可擅开。不论长幼，有敢言质鬻者，以不孝论。"即家中产业券契，都要印上"义门公堂产业子孙永守"等字样，还需编字号。公堂设立《砧基簿》记录券契，并将券契的印样花押书面禀告官府，以后置办的产业亦如此办理。家长会集家众将其封藏，不得擅自开启。族人不论长幼，有人敢提议抵押出卖的，以不孝论处。第十七条规定："子孙倘有私置田业、私积货泉，事迹显然彰著，众得言之家长，家长率众告于祠堂，击鼓声罪而榜于壁。更邀其所与亲朋，告语之。所私即便拘纳公堂。有不服者，告官以不孝论。其有立心无私、积劳于家者，优礼遇之，更于《劝惩簿》上明记其绩，以示于后。"子孙如果私置田业、私积钱财，事实非常明显的，众人应禀告家长，家长率众告于祠堂，击鼓明示其罪，并将劣迹书于纸上贴于墙壁。更邀其亲朋好友规劝将私置的田业、钱财交纳公堂。有不服者，告官以不孝论处。对立心无私、积极劳动有利于家的人，公堂给予优厚的礼物，并于《劝惩簿》上写明其事迹，以示后人。

对于家族资产的管理，大家族亦有严格的规定，如《郑氏规范》第五十七条规定："择廉谨子弟二人，收掌钱货。所出所入，皆明白附簿。或有折陷者，勒其本房衣资首饰补还公堂。"选择廉洁奉公、工作小心谨慎子弟二人，掌管财务。钱财支出和收入必须准确无误地记入账册，若发现亏损和漏账的，则强制其以本房的衣资和首饰补还公堂。第五十八条规定："择廉干子弟二人，以掌营运之事。岁终会算，统计其数，呈于家长。监视严加关防，察其私滥。"选择廉洁不贪、做事能干的子弟二人，掌管商业经营事务。年终会算时，将汇总数据呈报家长。平时监视严加审核，明察其有无私入腰包和浪费钱财等不规之行为。第五十九条规定："子孙以理财为务者，若沉迷酒色、妄肆费用以致亏陷，家长覆实罪之，与私置私积者同。"担任治理财务工作的子孙，如果有沉迷于酒色胡乱开支、任意妄为，致使经营亏损和漏账的，经家长核实后，其责罚与私置产业私积钱财之罪相同。

诚然，《郑氏规范》中关于家族资产管理的做法在当今中国家庭的理财观念中或多或少都还有些许体现，但面对更加复杂的经济环境以及更加兼容并蓄的文化变迁，尤其是财富家族观念、家族传承概念在中断数年之后再次被提及，家族财富管理应当需要注意哪些方面呢？

第一，对于家族财富管理应当要考虑长期性。与个人的资产管理不同，家族需要考虑自身的延续性和发展性，更加强调超越代际的战略目光和战术策略。这往往考验着家族第一代，也就是创富第一代，需要他们具备高瞻远瞩的能力。与对自己的准确把握还不相同，第一代不仅需要为自己筹谋划策，还需要为第二代、第三代甚至更久的子孙作出考量，当然这是一种原则性的考量，不需要事无巨细地进行假设。放眼全球，这都是一个相当棘手的难题。基业长青、百年传承的过程太过于漫长，中间存在的变数实在太多，能够勾勒出一个大致的框架就已经很了不起了。当然，第一代也不会独木难支，在家族财富管理市场，大量的专业机构正在蓬勃发展，他们运用自身的专业优势和平台，能够帮助第一代分析家情、梳理家风、搭建架构、谋划策略、防范风险，为财富家族的代际传承提供便利和有效的支撑。

第二，家族财富管理不仅仅是对资产的管理，其内涵和外延至少包括创富、守富和传富三个层面。创富主要是第一代首先通过创业获得财富自由，是从零到一的过程，是财富累积的过程，这考验的是第一代的技能。守富就是要让已经拥有的财富不受损耗和丢失，甚至在保值的基础之上能够增值，这考验的是投资技巧和投资智慧。传富就是要把家族的财富向后代进行传递，也就是狭义上的家族传承，不仅考验对财富的把握，更考验的是前一代对后一代人性的衡量。创富、守富和传富是家族财富流动的过程，哪一个都不是孤立存在的，需要前一代人综合性思考。

第三，家族财富管理还要考虑人和财两个方面。“人”需要考虑不同角色的家族成员与家族财富之间的匹配程度，如家族创始人、家族核心成员、家族分支机构代表、其他成员、婚姻存续期间的姻亲、已经离婚的配偶、继/养子女等各种情形，他们对于家族财富的所有权应处于何种地位。所对应的“财”也至少需要考虑两种类型，一种是指具有金融投资属性的财产，即可以通过金融投资和管理进行保值增值的财产，如股票、债券、期权、期货、金融衍生品等；另一种是指除金融资产以外的实物形态的财产，如房产、汽车、游艇、私人飞机等。

第四，要综合考量企业财产、家族财产和个人财产。家族财富的起点往往是企业的成功与扩展，在这个阶段中国企业家往往会把公司的财产与个人和家庭的财产相混同，很多企业家在这个时候就已经在考虑财富的管理问题了，而实际上对企业资产的管理，并不是家族或者个人资产的管理。对于大部分企业家而言，需要做的是把企业资产与个人财富相分离，或者说相互隔离开，才谈得上个人的财富管理。按照前面说的创富、守富和传富的逻辑，个人财富才会逐渐演变为家族的财富。当然，个人、家族、企业之间存在相互依存、相互转化、相互影响、相互冲突的关系，家族财富要统筹考虑这三者之间的关系，做好平衡协调。

第五，对于家族财富的管理与投资需要综合考虑短期、中期和长期的策略。家族财富管理与个人财富管理不同，既要着眼家族基业长青，又要着眼当前应对，投资中长期需要多种搭配，品种要动态组合，风险要分散对冲，进攻与防守兼备。

第六，对于家族财富管理的具体执行，需要决定是全权委托、自我操盘，还是介于两者之间。全权委托是指家族财富所有人将投资交易全权委托给服务机构（如私人银行、家族办公室等），受托人根据与所有人签订的投资管理协议，不需要在每次交易前事先征得所有人的同意，即可对资产进行投资的行为。自我操盘主要指的是财富所有人在专业机构的投资平台和交易通道，自行判断作出投资决策和操作，并为自己的行为承担全部责任。

第七，要分清家族财富管理的权利、责任与利益分配。一方面，在家族内部，围绕财富管理要对管理机制、投资决策、投资责任、利益分配等问题达成共识，各司其职，分工协作。另一方面，要明确外部服务机构与家族之间的职责权利。权利是家族财富能够保值增值的保障，利益分配是家族财富向后延续的动力源泉，而责任则是对于权利和利益分配的约束。

对于财富家族而言，到底是选择短期的金融产品投资产生收益，还是放长线钓大鱼，获得超期利润呢？我们来看一个小案例：

> 中国香港陈氏家族第一代陈曾熙，去世后没有将资产留给后代，而是成立了陈曾熙家族基金会。家族企业则由弟弟陈曾焘打理，陈曾焘后来将企业传给陈曾熙的儿子陈启宗（家族第二代）。陈启宗与陈乐宗成立家族投资公司晨兴资本，晨兴资本在雷军萌生创办小米公司想法时投资了500万美元，这也是小米最早期的一笔投资。按照雷军所说的866倍回报计算，晨兴资本最早的这笔投资目前价值43.3亿元，约占目前小米股份的8%左右。
>
> 此后，晨兴资本又作为核心机构参与了小米的早期两轮融资。招股书显示，小米A—C轮融资共获得1.3亿美元，其中晨兴资本可能投入了最多数千万美元。以小米550亿美元市值计算，晨兴资本2021年时持股价值近100亿美元，其最终回报可能达到数百倍，成为中国创投史上的神话之一。

虽然这样的案例存在一定的机会主义，但也体现了家族对于资产投资的选择哲学。这里我们引入了家族财富管理的一个重要的工具——家族财富管理声明书。家族财富管理声明书是一个战略性的指导，用于规划和实施家族的投资计划。它提供了用于管理所投资资产的框架，并规定了管理投资组合的结构、内容和执行方式，以实现家族投资者的长远目标。家族财富管理声明为家族及家族的理财顾问树立了家族财富管理的目标，是每个家族都需要深思熟虑的一份文件。因为制定家族财富管理声明需要遵循一定的步骤和规律，并且在制定文件的过程中，家族的领袖人物乃至家族整体，将会从长远利益来思考家族财富的管理与传承问题。

首先，可以与家族的财富顾问沟通咨询。财富家族以及高净值人群的财富顾问一般有私人银行的顾问、税务师，或者是家族企业的财务负责人等，他们对于资产的管理都会有比较深刻的理解和实践经验，能够帮助家族作出财富管理政策并协助家族实现目标。通常，专业人士一般会有标准的资产管理声明模板，财富家族可以以这些标准模板为抓手，把自己的独特需求与财富顾问进行充分交流，产生客制化的管理声明。

其次，要考虑自身的财富管理目标与能够承受的风险水平。家族需要思考“财富积累与管理的目的是什么”“为什么要进行财富投资”等问题，并不断地扪心自问才能弄清楚真正的财富管理目标。同时，还需要考虑对于家族资产的投资能够承担多大程度的风险损失，从而决定投资方式。毕竟长期投资和短期投机所面临的风险和收益有所不同，其中短期投机的投资政策可能为家族带来巨额的收益，但也意味着必须要承担巨额损失的潜在风险，即所谓高风险高收益。

再次，需要考虑不同资产配置的限度。对于不同类型资产的配置，一般从流动性、稳健性和成长性几个方面进行考量。在流动性方面，可以将净资产的10%左右以货币资产的形式持有，如存款、货币基金、票据等，一方面是作为日常的开销，另一方面在不时之需时能够快速缓解资金压力。在稳健性方面，除了购买一些债券类资产，还可以考虑直接投资一些可以租售的不动产。不动产一方面可以为家族带来比较稳定的现金流，另一方面还能够在需要的时候为家族提供额外的住所。在成长性方面，可以将净资产的20%到40%部分用于购买高质量的蓝筹股。发行蓝筹股的公司一般都是拥有国内外业务的商业巨头，他们是世界经济的重要组成部分。尽管他们的增长并非是最快的，但从长期的角度来看，他们兼具成长性和稳健性，而且还能带来持续的分红。同时，还可以考虑将净资产的10%到20%投入高收益的项目中，如创投基金、期权、期货等。

最后，还要考虑整个投资管理的机制。家族需要决定检查投资管理的频率，以确保所有资产的管理都在可控的范围内，并且符合之前所设定的管理目标。在检查之后，还需要考虑是否对资产进行重新配置，如何进行重新配置等。

家族投资声明（范例）

目标

本声明的目标是协助【家族】有效地监管、评估家族资产的管理投资状况。这些投资资产由【家族/家族信托/家族基金】作为管理者持有，以履行其使命和宗旨。本投资声明符合【家族】的【家族宪章/家族信托协议/家族基金会章程】，并对如下事项作出了明确的规定：

• 所有相关方的责任；

• 为所有参与方建立了明确的投资目标，包括各种资产的类别、投资管理的风格、资产配置、可接受的风险和长期投资总回报；

• 评估财富管理投资效果的基准；

• 确保财富管理顾问符合法律、行业规范所要求的审慎、尽职等要求；

• 定期评估和衡量投资业绩的程序和标准，并向【家族/家族信托受托人/家族基金委员会】作出报告。

授权

【家族】已将其家族财富管理与投资事务授权给【家族投资委员会/家族财富顾问/家族信托受托人/家族基金会委员会】(以下简称“顾问”)，并进一步授权该顾问将某些职责委托给各领域的行业专家(以下统称“投资经理”)，包括但不限于：

投资经理：有权购买、出售或持有顾问授权的特定投资工具，以满足投资目标；

托管人：实际持有上述资产，收取银行利息、股息，赎回到期证券，并在购买和出售后进行收货和交割。托管人还可以对所有拥有、购买或出售的资产进行定期的财务核算；

其他专家：如律师、审计师及其他受雇于家族顾问的专业人事，以协助履行审慎管理投资资产的责任和义务。

资产配置

为了实现【家族】的投资目标，根据【家族】的风险承受能力、业绩预期和资产类别偏好，【家族】确定了一个最佳投资组合。顾问有权使用具有如表4-1所示战略资产配置的投资组合。

表4-1　战略资产配置的投资组合

资产类别	下限	战略配置	上限
股票	45%	65%	75%
大盘股	25%	30%	45%
小型股	15%	20%	25%
国际股	10%	15%	20%
固定收益	20%	30%	40%
现金及等价物	0	5%	10%

禁止投资的类别包括但不限于大宗商品和期货合约、私募基金、期权、非上市证券。

资产质量

权益证券——可投资于在主要交易所或场外交易上市的任何不受限制的公开交易的股票，只要该股票符合投资组合的目标、资产类别或投资风格；

固定收益证券——债券或票据的质量评级必须为标准普尔或者穆迪评级评价为A级或者更高。投资组合包括到期日为7年或7年以下的传统本金和利息债务（无衍生工具）；

现金及等价物——商业票据的质量评级必须为A-1，即标准普尔评级或穆迪评级为P-1或者更高。任何货币市场共同基金的投资资产必须符合本声明中关于固定收益证券的资产质量规定。

资产多元化

顾问应当始终保持资产投资管理的合理多元化，不得允许对任何一家公司的权益性证券投资超过投资组合的5%，也不得允许对任何一家公司的总证券头寸（债务加权益）超过投资组合的10%。同时，还要保持行业配置的多样性和合理性，投资于某一行业的有价证券不得超过投资组合的25%。

重新调整战略配置

应当把重新调整战略配置作为一种风险管理策略。一旦开始实施与投资组合的风险承受能力相匹配的资产配置，应当每半年进行一次重新配置，以将风险敞口维持在适当的水平上。顾问在重新调整战略配置之前必须咨询【家族/家族委员会】。

投资报告

月报——投资经理将每月向家族顾问提供一份书面报告，写明包含上个月每个单独管理的投资组合的所有相关交易细节，包括：

（1）购买或出售的每种证券的名称、数量以及价格和交易日期；

（2）对每种证券描述、占总投资组合的百分比、购买日期、数量、平均成本基础、当前市场价值、为实现损益以及市场上显示的年收入和收益的分析；

（3）按投资类别（股票、固定收益、现金）对当前资产配置的整体投资组合进行分析。

季报——投资经理向家族顾问提供有关资产配置、投资业绩、未来投资策略以及顾问感兴趣的其他事项的详细信息。

年报——投资经理向家族顾问提供每个财政年度所有交易的年度总结，以及按投资组合划分的年度投资业绩报告。顾问将对投资目标进行审查，已确定是否实现了这些目标。

［延伸］投资协议

投资协议不是家族宪章中的组成部分，而是家族、家族信托受托人、家族基金会委员会或者家族财富顾问等（以下简称“家族”）为了履行投资职能与投资经理签署的业务性协议，其主要包括如下内容：

（1）授权。一般协议将会授予投资经理自由裁量权（全权委托）或者明示非自由裁量权（半委托）。在全权委托的情况下，投资经理不需要事先与家族协商就可以用家族的账户进行投资。在半委托的情况下，投资经理在每一笔交易前都需要获得家族的同意或认可。无论是哪种类型的授权，都需要在协议中明确指出管理资产的范围。

（2）投资指引。在协议正文或者附件中应当对管理账户的投资指引作出规定。该指引不仅应规定账户的投资目标（如财富的保值增值），还应规定投资配置（如60%的股权投资和40%的债权投资）和投资限制（如外国证券不超过20%/仅限投资级债务/禁止投资衍生品）。家族需要与投资经理沟通讨论家族的财富现状以及风险承受能力，并在之后的投资服务期内定期作出审查。投资指引是家族监督投资经理活动的主要手段，所以家族应当确保指引是明确清楚的。

（3）费用。投资协议会规定向投资经理付费的方式，一般费用按照管理资产规模的百分比计算（如1%），付费方式可以是季付、半年付、年付等。尽管一般的投资经理都有标准的收费标准，但还是可以根据情况进行协商调整。例如，对于规模较大的资产管理或者对于投资要求比较低的账户管理，投资经理可以降低收费标准。在非“总包”管理的情况下，家族还需要承担账户经纪佣金、托管人服务费或者其他服务费。

（4）集合投资工具及其他投资经理。投资经理经常将家族的全部或者部分账户投资于共同基金、对冲基金、银行基金或者其他集合投资工具。这些集合投资工具可以由投资经理或者独立的投资经理管理。投资经理还可以与其他的独立投资经理签约，将家族的全部或者部分资产作为一个单独的账户进行投资。所有的这些安排都将产生单独的成本费用，由家族来承担。作为家族来讲，应当了解这部分费用支出的结构和使用的程度。必要的时候，家族还可以要求投资经理对其他独立的投资经理进行尽职调查。

（5）保管。协议应当指定持有账户资产的保管人。保管人应当是信誉良好的金融组织，如大型银行或经纪公司，并且应独立于投资经理。如果投资经理推荐特定的保管人，则应说明其推荐的依据（如保管成本低、更好的服务或投资经理对保管人的系统熟悉）。通常，也可以要求投资经理与家族正在聘用的保管人合作。

（6）定期报告。协议应规定书面或口头报告的性质和频率。通常定期报告以季度报告为周期，内容包括一般市场状况、账户中的任何交易活动、当前持有资产状况以及投资相对于选定基准的表现。协议还应当规定家族可以合理要求投资经理提供额外的报告。

（7）经纪业务。协议中应当明确规定，投资经理作出买卖决定，如何对账户中的资产进行交易。如果投资经理通过独立经纪人进行交易，则应当确保获得最佳整体价格。协议通常会允许投资经理从其聘用的经纪人那里获得研究或者经纪服务。家族也可以指示投资经理通过特定经纪人进行交易，以防投资经理与经纪人存在经济上的利益往来，但这一般会增加家族的交易成本。

第三十三条　除另有规定外，家族直系成员终生拥有受益权，家族直系成员配偶在婚姻存续期间有受益权。

［分析］

受益权是家族为家族成员个人发展提供的物质支持，是家族成员团结凝聚的现实原因。受益权人是谁、受益的原则是什么、什么情形下丧失等是家族宪章要确定的重要内容。参与型家族成员（参与家族委员会、家族企业经营管理的家族成员）有更多机会从家族事务或家族企业中获取信息、利益，非参与型家族成员对于家族财产受益权的关注可能是他们与家族唯一的现实连结，故他们会对此给予更多关注。

以家族信托持有家族财产的、有信托协议规定的分配事项；在家族持股平台公司或家族投资有限合伙下的收益，按公司章程或合伙协议分配。在家族宪章中约定受益事项，并不是画蛇添足，其作用在于：（1）作为受益原则，指导家族财产架构内各分项受益规则的制定；（2）指导未能涵盖在家族财产架构内的家族财产分配；（3）指导信托或家族控股公司/家族投资有限合伙分配规则中的酌定分配权利的行使。

谁有受益权是需要回答的第一个问题，对于家族直系成员，除其有被剥夺或放弃的情形，应终生具有受益权，而且受益的比例、份额、数量一般也会多于姻亲受益人；姻亲在婚姻存续期间内有受益权也是符合常理的。需要说明的是，虽然有相同的受益政策，但是基于不同成员在家族事务的参与程序不同，各人从家族中取得的经济利益会不相同。从事家族企业运营、投资管理的“参与型”成员基于职位的优势明显会取得比“非参与型”成员更多的利益，这也符合“多劳多得”的原则。很多家族还会利用成熟的金融工具为家族成员提供物质保障，如统一购买大额人寿保险、医疗保险等，保险的保障及风险对冲功能十分适合家族成员的保障需求，对于非参与型成员意义更加明显。

> 第三十四条　家族财产将用于所有受益人的日常生活、教育、医疗需求、创业及紧急救助，具体执行标准由家族委员会制定、更新。
>
> 现行家族成员的受益政策详见附件，家族委员会应至少每五年审查一次受益政策，以确保：（1）各家族成员保持相应生活水平；（2）反映家族财产增减；（3）弥补通货膨胀的影响。家族成员有特殊生活需求的，可向家族委员会提出特殊受益请求。

［分析］

家族财产的用途是所有受益人非常关注的条款，涉及受益人可以得到的资助项目及数额。一般家族都会为成员的日常生活、教育、医疗需求提供物质帮助，但是资助程度会不相同。对于是不是应该支持家族青年成员的创业，家族看法各异。有的认为应该鼓励企业家精神，在青年成员具备一定创业能力，提出合理方案时，可以给予启动资金；有的认为，创业风险高，所需资金大，为部分青年成员提供创业帮助对不创业成员不公平。

除确定受益原则外，家族宪章一般会以附件的方式明确现行有效的受益政策，如：

根据家族宪章规定，家族委员会决定现行家族成员的受益政策为：

（1）生活补贴：每名家族成员每年可取得50万元的补贴。

（2）保险补贴：家族为每名家族成员配置足额覆盖风险的人寿保险及医疗/重疾保险。

（3）医疗补贴：家族每年为每名家族成员以实报实销的方式提供人民币200万元医疗补贴，用以支付医疗保险不能报销的医疗费用。若有重大疾病等特殊情形，可以额外向家族委员会申请医疗救助。

（4）住房补贴：家族为无住房的成年家族成员提供一次性不超过人民币2 000万元的住房补贴，用于其购买住房或租房。

（5）教育补贴：在支付学费和生活费之外，家族为每名接受学校教育的家族成员每年直接提供人民币50万元教育补贴。

以附件的方式明确受益政策，能在定期修订受益政策的同时不触及家族宪章正文，满足了受益政策的灵活性。购买豪车、学习开飞机、从事危险爱好等行为是否应该得到资助，都有待于家族委员会开设个案决定。

需要注意的是，家族成员的受益分配资金来源是个需要解决的现实问题。一般而言，受益分配资金来源有如下解决方式：（1）将家族成员列入家族企业员工，通过企业员工的工资、薪金方式解决受益问题；（2）家族话事人（如家族第一代）以个人财产保证受益分配资金，家族话事人作为家族企业、家族资产的所有人，管理、运营家族企业、家族资产获取收益后，依据家族受益政策向各家族成员支付受益金；（3）家族话事人设立家族信托，一次或分次将现金等金融资产置入家族信托，利用家族信托风险隔离、传承、投资的功能，将家族宪章中明确的受益政策转化为家族信托的受益条款。以家族信托执行家族受益政策提高了受益分配的合法性、可期待性。

第三十五条　有下列事宜时，将以家族财产进行额外奖励：

（1）家族直系成员结婚时，将对该家族直系成员一次性奖励×××万元。

（2）每生育一名家族直系成员，将对新生家族直系成员一次性奖励×××万元。

（3）家族成员考取985/211高校及世界排名前100的高校的本科、研究生、博士生时，将对该家族成员一次性奖励×××万元。

（4）家族成员在科研、文化、体育、政治等方面，有突出贡献且被社会认可的，将对该家族成员一次性奖励×××万元；有杰出贡献且被社会广泛认可的，将对该家族成员一次性奖励×××万元。

（5）其他经家族委员会同意的额外奖励事项。

［分析］

除了对正常生活需要予以资助外，家族还会对符合家族价值观的行为给予奖励；家族长辈也应善于利用奖励政策的导向作用向下一辈传递家族期望。

奖励结婚、奖励生育——奖励结婚、奖励生育在中国的家族宪章中十分常见，现代社会婚恋生育观多元化，家族不能强制青年成员结婚、生育，以奖励的方式传递家族繁衍的希望是个非常好的选择。家族成员在结婚或生育时可以得到家族的物质奖励，这不仅突显出家族的关爱，还增强了家族凝聚力。

奖励求学——重视教育也是中国家族的传统，对于教育的资助是最被家族接受的投资，被名校录取不但是本人的骄傲，也是整个家族的荣耀。家族一般会对所有成员的教育提供资助，在此基础上，对于被名校录取的成员，进行单独的物质奖励或荣誉表彰。

其他奖励事项——基于家族成员能力及意愿的多样化，家族认可并支持成员在多方面为社会作出贡献，从见义勇为到科学研究，都是值得被奖励的。

> 第三十六条　受益人有赌博、使用毒品、不良挥霍、破产、犯罪等行为或丧失继承权的法定情形时，经家族委员会确认，丧失受益权。丧失受益权3年后，受益人改正不良行为的，经家族委员会确认，重新恢复受益权。

［分析］

受益权的丧失情形也是应该被明确的，理由如下：（1）以奖励条款来激励，以惩罚条款来约束，以此设定家族后代的行为导向；（2）破产隔离。如果某一家族成员一直拥有受益权，但其因不良嗜好，如赌博、奢靡消费，导致负债累累，债权人有可能对其受益权主张权利，如无受益权丧失的规定，债权人很有可能跨过负债累累的受益人直接向家族或是家族信托受托人要求偿还债务。我们注意到近期部分地区正在试行个人破产制度，如果家族受益权、家族信托受益权没有丧失制度，很可能被列为个人破产财产。

对信托受益人做破产隔离是境外信托中常见条款，一旦受益人个人破产或是符合其他情形，信托公司就不再向受益人分配（或是向受益人亲属分配，进而再惠及受益人），进行保护受益人（债务人）利益。虽然这样的条款有很大的法律争议性，但不妨碍将其引入家族受益权的破产隔离规定中。

家族宪章一般会规定，某些犯罪行为、不良嗜好等作为受益权丧失的情形，但犯罪行为中，过失犯罪与故意犯罪是不是应该区别对待，故意犯罪中的很多罪名也显然与受益权没有关联，不良嗜好的程度如何确定等问题，只能待家族委员会个案认定。家族宪章确认的丧失条件还应被家族信托的分配条件确认、细化，转变为信托公司的遵循的分配政策。有丧失就应该有恢复，不当行为的改正、后果的弥补等都可以是恢复理由。

> 第三十七条　家族直系成员结婚前应与配偶签订婚前财产协议，明确夫妻财产个人所有原则，以保护家族财产；未签署婚前财产协议的，家族直系成员及其配偶不享有受益权。
>
> 现已婚家族直系成员林某甲、林某乙、林某丙应与配偶补签婚姻期间财产协议，明确夫妻财产个人所有原则，以保护家族财产；未签署婚姻期间财产协议的，家族直系成员及其配偶不享有受益权。

［分析］

家族成员的婚姻变动一直是导致的家族资产变动的重要原因，媒体中充斥着富豪们婚变导致股票被法院分割、上市公司市值产生波动的新闻。如前文所述，只要家族企业股权及其他财产未被置入家族信托、家族基金会进而“虚化”，家族财产的所有权最终属于家族成员。鉴于我国施行法定婚姻财产共同所有制度，家族成员拥有的家族财产有可能因为离婚被分割，因此规避婚姻财产风险是家族财产传承不容回避的话题。婚姻财产协议就是个很好的解决方案，其法律难度低，但充满了道德争议。

婚姻财产协议是法律提供的重要制度工具，其核心内容是确认某些家族财产归属于家族直系成员个人所有。对于结婚多年的创业者们，在功成名就、家财丰厚后，向配偶提出签署类似协议的，很难得到配偶的认可。为了达成婚姻财产协议，就有必要缩小个人所有的财产范围，一般只将家族企业股权作“个人化”约定，以减少签订协议的阻力，或是向配偶兑现利益，以“赎买”换取配偶签署婚姻财产协议。

婚姻财产协议逐渐被高净值家族重视，已经有很多家族明确要求青年一辈在结婚前必须签署协议，否则会在财产支持上进行限制。有些人觉得这类协议过于冰冷、对于感情作悲观预设，向配偶“难以启齿”，配偶也难以接受。从家族角度说，要求签署这类协议并不是要剥夺姻亲享受物质待遇，而是为了家族财产的集中与稳定，特别是公司股权。在家族宪章中对此作明文规定，减少了家族青年成员的解释压力，有利家族关系和谐。（婚姻财产协议具体文本请参看《资产保护与风险隔离操作实务》，中国财政经济出版社，2022年4月第1版）

家族直系成员还可以通过婚姻财产协议掌握将家族财产传承的控制权，若无婚姻财产协议，依据法定婚姻财产共同所有制，一方对于婚姻财产的处置要经过另一方的同意，在传承的语境中，直系成员无法自由对全部婚姻财产进行传承规划，因为所规划的财产是婚姻财产，属于双方共有，一方不得单独处置。

> 《民法典》第一千一百三十三条　自然人可以依照本法规定立遗嘱处分个人财产，并可以指定遗嘱执行人。

为了能自由规划家族财产的传承，家族直系成员就有必要通过婚姻财产协议将家族财产由夫妻共有变为个人所有，让其取得传承规划的合法性。在无法对全部家族财产进行“个人化”时，为了保证家族企业的有序，可以只通过婚姻财产协议“个人化”家族企业股权。

发散一下，很多家族不但对成员的婚姻进行适度“干预”，对成员的个人传承安排也会“关注”。前文中提到，家族企业的股权传承时需要股东及潜在的股东以相互约定的方式限制权利的行使，以满足家族财产的管理要求，故有些家族企业要求成员适时进行传承安排并向家族委员会提前说明，家族委员会会为此提供技术（法律、税务方面）协助，并提前向潜在继承人提供培训服务，帮助其适应家族企业所有人角色，与其他家族成员共同承担家族财产管理之责。

> 第三十八条　年度家族大会召开时，持有家族企业股权或权益的家族成员可以与其他家族成员协商转让其持有的股权或权益，转让价格应该达到市场公允价格水平。家族委员会应对定价及转让提供帮助、指导。

［分析］

家族第一代艰苦创业创立运营了家族企业，都希望它能长久持续运营下去，企业传承已经成为很多家族第一代企业的独立精神追求，尽管这一追求与后代的物质追求或是企业发展观点有时并不一致。家族宪章在维持家族企业长久存在的目标前提下，也应尊重后代出售股权的权利，因此创立家族内部流转市场是有必要的。

在一年一度家族大会召开之际，谈论这个话题是再合适不过的，尽管此前有意向的股东可以提前沟通，但在家族大会上提出仍然是个好的选择。其他成员有机会提出新的报价或意见，也有充分的时间在感情上接受这一变动。家族内部流转市场的设定应与公司章程对接，公司章程限定了家族股东股权的流转范围是合法有效的，公司章程还可为此提供便利，如提供估值所需要的财务资料。

国外有些家族企业已经传承至第三代、第四代，股权分散化已是事实，股东之间的血缘联系减弱，非参与型股东增加，家族理应为这些股东提供退出的机会，家族中从事家族企业经营的股东为满足企业控制权的需要，也应该满足他们的购买股权的需求，各美其美。

推动公司上市也是家族企业一个很好的传承归宿，上市公司有很完善的公司治理制度，有合理的估值，家族继续经营或是变现离开都可行。当然家族企业已经上市的，家族股东可以通过公开市场高效向不特定方自由转让股票，为了保证家族整体的控制权，家族股东可以通过内部协议限制出售股票，或是要求家族股东在出售股票时必须以协议转让或大宗交易的方式向其他家族股东转让。

如果全体或大部分的家族股东对家族企业前景并不看好，家族内部流转市场就不存在了，此时家族股东们可以共同决议，整体出售家族企业。

> 第三十九条　家族成员在满足如下条件时，可以从家族财产中获取创业资金：
>
> （1）该家族成员具有经营、管理经验，并提供证明材料；
>
> （2）向家族委员会提供创业项目的可行性分析；
>
> （3）资金要求公平、合理；
>
> （4）承诺创业成功后偿还创业资金，并向家族贡献。

［分析］

创业资助条款是指在家族成员符合一定条件后，对其创业项目进行资助。该条款会存有以下争议：（1）在家族第二代、第三代人数众多时，如何平衡申请人的利益；（2）申请人过多时，家族财产负担较大；（3）如何平衡创业者及非创业者利益。资助条件一般集中在申请人的资历、项目可行性上，资助资金由家族委员会根据家族资产及项目情况个案酌定；还有的家族会以风险投资的模式向成员的创业项目投资。

在家族持股平台公司模式下，家族第一代控制家族持股平台公司，通过家族持股平台公司投资设立不同子公司，家族第二代在不同子公司担任运营者并在子公司层面直接持股，子公司有可能分别上市。以家族持股平台公司统合家族整体利益，以子公司鼓励第二代自行创业并直接兑现利益，这种方式部分解决了家族企业传承的“合”与

“分”问题。

与普通人创业的艰难不同，准接班人们创业具有先天的资金优势——家族的财富。但是，这需要家族作出相应的制度安排，而不是有求必应。在对待后代创业的管理方面，家族还应当思考如下问题：

第一，是否鼓励后代创业。对待后代创业的态度其实是其他所有问题的前提，如果家族根本就不鼓励后代自己创业，只能继承家族企业的话，就没有必要讨论后面的问题。在中国第一、二代进入交接班第一波高峰的当前，还存在着另一个问题，就是后代是否是独生子女。往往后代是独生子女时，创始第一代更希望后代直接继承家族企业，而反对后代单独创业，创始第一代常常认为企业比子女还要重要，他们更希望子女能够接过大棒。如果不是独生子女的家庭，第一代的压力可能还稍微轻松一点，他们可以在数个后代中选择一个进入家族企业，剩下的去创业或者工作一般都会得到家族的支持。

第二，创业的行业。如果上一代支持下一代创业的话，其实在家族宪章中可以列明家族支持创业的行业，如与自身企业所在行业相关性强的行业等。对于这一类行业的选择，家族可以在资金、人力、资源等方面给予更多的支持。一旦创业成功，还能够与家族企业形成产业上的协同性。当然，对相关性不强的行业创业，并不一定不支持，仍然可以保持支持的态度，这依然是家族企业多元化发展的一种途径。

第三，创业资金的投入与产出。面对后代的创业项目是否投入资金以及投入多少等问题，应当把后代创业当成普通的创业者看待，甚至在流程上要更加地严格。家族可以设置创业与投资委员会，如果后代创业需要从家族获得资金赞助，由该委员会对创业计划进行审查。

后代需要向委员会专门演讲商业计划，特别是产品的论证、商业模式的可行性以及对未来几年的落地规划。如果委员会经过评审认为可以投资该后代的项目，与之签订投资协议，按照业绩分批投资，并对投资后的企业发展作出定期的评估，而不是一次性地给予后代资金就不管不问了。

第四，创业成功之后是否纳入家族企业。如果后代创业成功的话，是否用家族企业或者家族资金收购后代的企业将其作为家族产业重要组成部分是个值得考虑的问题。一方面这能够为家族企业带来多元化的发展，尤其是对于处于生命周期后阶段的家族企业来说，更是家族重新发展的良好契机。另一方面这也能够增强后代的家族荣誉感，被家族整体所认可所带来的荣誉感往往胜过社会对其的认可。

> 第四十条　家族委员会将以林氏家族的名义设立慈善信托/慈善基金会，家族成员均可参与运营、管理慈善项目，以增强家族凝聚力、发扬家族精神、回馈社会。慈善项目以××地区的助学及扶贫为主，坚持阳光公开、专业运作的原则。

［分析］

家族从事慈善活动可以提升家族美誉度，增强家族凝聚力，为青年一代提供项目管理经验，还有部分税务筹划功能，故越来越多家族将慈善活动作为家族事业之一，据普华永道《2021年全球家族企业调研——中国报告》统计，95%的中国内地家族企业会参与某种形式的公益活动。近年来，在中国内地家族企业中，公益捐赠已变得日益普遍。根据中国公益研究院的数据，截至2018年底，全国共有268家家族基金会，占全国基金会总数的4%。尽管数量不多，但2005年到2018年，家族基金会的捐款数额却呈指数式增长，从873万元增长到37亿元。这些捐赠主要用于扶贫、基础教育和高校。

家族一般会选择教育、扶贫作为慈善活动项目，慈善活动的载体以慈善信托、慈善基金会为主，两种方式各有优势。慈善基金会注册难度大、监管多，但是有募资功能，可以开具抵税发票。慈善信托设立难度小、投资范围大、运作监管少，但不能募资、不能开具抵税发票。有的家族将两者结合，发挥各自优势。

2013年，美的何享健先生为了慈善事业的专业运作和持续发展，通过美的控股有限公司出资5 000万元，成立广东省何享健慈善基金会，主要资助三个领域：文化、艺术；教育及社会创新；扶贫济困。2017年，广东省何享健慈善基金会正式更名为广东省和的慈善基金会，75岁的何享健与其家人公布了60亿元慈善捐赠计划，把一亿股美的集团股权（7月24日收盘价43.42元）及20亿元现金通过美的控股有限公司捐赠至广东省和的慈善基金会。其中，1亿股美的集团的股权计划设立为一个永续的慈善信托"和的慈善信托"，其财产及收益将全部用于支持公益慈善事业的发展。现金捐赠总额为20亿元人民币（2018年增加4亿元捐赠，总额为24亿元），包含5亿元现金设立的"顺德社区慈善信托"，美的控股有限公司作为慈善信托委托人。和的慈善基金会定位于资助型、支持性的慈善组织，通过设立慈善信托、基金会、专项基金及社会服务机构，从资金和方向上支持和指引，充分发挥各自的优势，并在和的慈善体系的平台上形成跨界合作效应，推动建立一个立体、可持续的现代公益慈善体系（见图4–1）。

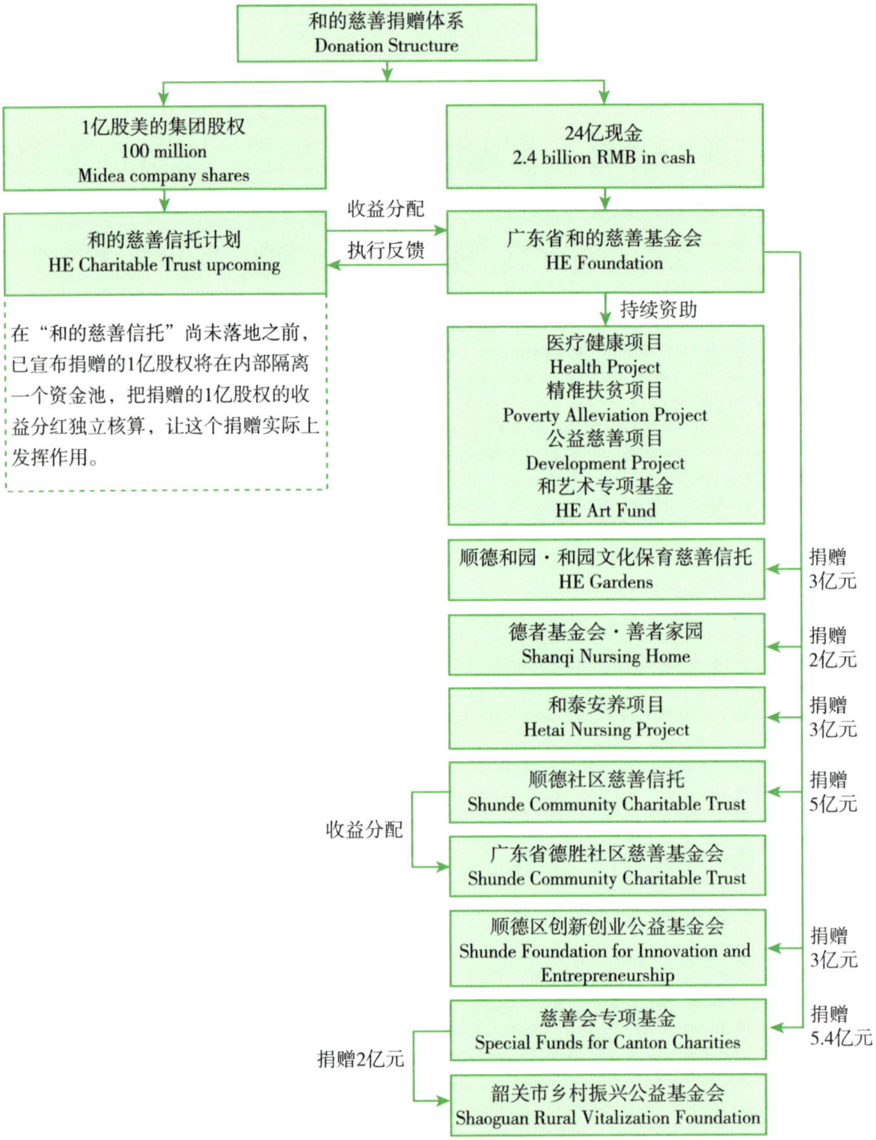

图 4–1　和的慈善捐赠体系

注：数据更新至2018年9月13日。

家族宪章中一般会约定家族慈善的目的、运行原则等，有经常性慈善活动需求的家族会单独设立慈善办公室或是慈善委员会，从事慈善项目的选择、评估、执行。

家族发展与家族企业发展关注点是不一致的，在“业务至上”“家族至上”的讨论中对此有过论述。家族成员的成长、家族成员个人生活的美满是独立于家族企业发展的价值追求。

第四章　家庭生活及人才培养

第四十一条　林氏家族鼓励家族成员结婚并维持长久和谐的婚姻关系，和谐美满的家庭生活是家族财产受益的考虑因素之一；鼓励家族成员生育子女；家族成员应赡养父母、培育子女。家族成员离婚的（因配偶过错导致离婚的除外），不得担任家族委员会委员。

［分析］

家族宪章会单设章节，鼓励和支持家族成员多样化发展，体现家族的独立追求。结婚生子、婚姻稳定是家族繁衍条件，很多家族将成员的婚姻情况作为物质支持及家族管理权力移交的考察标准。现代社会的婚恋观多元，不婚不育也渐成社会风尚，若家族在此问题上过于执着于结婚生育，很可能限制部分家族成员作用的发挥。家族价值观中对于婚姻长久和谐的追求也很有可能与家族成员的个人私生活有冲突，如何协调也是一个考验。

有些家族为了增加配偶的安全感，会在家族宪章里约定“不得离婚条款”，所谓的“不得离婚条款”是指通过约定家族成员离婚的负面效果阻碍离婚或打消家族成员离婚的念头。

第四十二条　林氏家族应给予家族年青成员充分关爱，为他们的成长创造良好环境。鼓励并支持家族年青成员接受教育，为家族年青成员的教育（国内外学校教育、培训）提供全部资金支持（学费及必要生活费用）；鼓励并支持家族年青成员的职业发展，以自身资源帮助他们的职业成长。

［分析］

家族年青成员是重要的人力资源，家族应关爱其成长。很多家族聘请专业教育顾问，筹划下一代的教育，为此提供资金、资源帮助。家族也会利用家族企业资源，为年青成员提供实习、轮岗等机会，也会聘请专业职业顾问提供职业咨询服务。在家族的照顾下，年青成员接受更高教育，在更高职业发展起点起步，也更有可能反哺家族及社会，形成正向循环。

第四十三条　支持家族成员在家族外企业工作、任职；只有具备三至五年家族外企业工作经验的成员才有资格进入本家族企业；所有新进入家族企业的成员应按照企业相关规定从基层岗位做起；有丰富管理、运营、投资经验的家族成员应在家族企业工作、任职，直至管理、控制家族企业。

第四十四条　家族大会、家族委员会、家族各专门委员会、家族企业/机构的重要职位应有家族30岁以下成员参与/学习机会，以利于梯次培养家族人才。

［分析］

家族企业需要年青成员的参与和继承，年青成员也需要家族及家族企业提供实践成长机会。对于企业规模大、世代多的家族，家族企业的雇佣政策不但涉及本家族的利益还关系到非家族股东的利益，有的家族会单独制定家企准则（家族企业雇佣准则）。

家族企业的所有权及受益权由家族或家族成员享有，管理权可由部分家族成员行使，也可由专业管理人员行使。不同家族对于企业传承的观点不同，对于企业“接班人”的选任有不同标准。有的家族会倾向于年青成员在家族企业外拥有工作经历，以获取人才的多元化；有的家族要求在家族企业的工作也要从基层开始，以积攒基层工作经验。

在家族治理机构中也应多给年青成员提供机会，以便让他们近距离观察、体会家族的运作，培养竞争与合作、监督与制衡的行为习惯。有些家族还专设青年委员会，将部分事项交给青年委员会讨论、执行。随着家族世代的延续，血缘关系逐渐淡薄，整个家族不可避免地分化为部分积极参与型成员与大多数的非参与型成员。通过为参与型成员提供合作与共事的机会，增进相互了解，以期在共同家族精神的润化下，重新产生粘合效应。

> 第四十五条　林氏家族认同男女平等，将给予女性家族成员与男性家族成员平等待遇，鼓励女性家族成员实现自我价值、为家族发展作出贡献。林氏家族认同家族姻亲是家族繁荣的重要人力资源，经营家庭（抚育子女、赡养老人）与经营家族企业同等重要，保障家族姻亲在家族企业中的任职就业权、受益权等权益。

［分析］

男女平等虽是广为接受的社会认识，也被写入宪法，但家族女性成员对于家族事务的参与程度及家族财产的受益程度仍取决于家族第一代的认知。有些家族会觉得女性成员能力天然比男性成员能力弱，在家族财产分配时，以“外姓人”的态度区别对待女性后代。在家族宪章中明确肯定男女平等，为女性成员参与家族治理扫清障碍，极大拓展了家族传承的空间。娃哈哈宗氏家族从宗庆后逐渐过渡到女儿宗馥莉，新希望集团刘氏家族从刘永好逐渐过渡至女儿刘畅、红领集团张代理将企业交给女儿张蕴蓝，很多案例也充分证明了女性接班的可能性。

姻亲基于婚姻关系与家族连接起来，是家族建设的重要参与因素，但也有可能以离婚、自主传承或是插手家族财产管理的方式干扰家族企业、家族传承。虽然家族宪章对于血亲及姻亲从权能上进行区别对待，但是姻亲作为促进家族繁荣的重要参与因素不能被忽视。重视姻亲作用、充分信任/发挥其在家庭生活中的作用，保障其权利、利益，是家族走向传承的必然选择。

> 第四十六条　尊重家族成员多样化发展的权利，鼓励家族成员在政治、文化、教育、体育、科学、艺术等各方面作出贡献，并为此提供荣誉褒奖及经济奖励。

［分析］

家族的发展不限于家族企业、家族财富方面，在家族拥有了丰厚的物质基础上，更有条件支持成员多样化的自我实现。鼓励及支持成员在其他方面作出贡献也是一个摆脱物质条件限制后的家族对社会的应有反馈。非参与型家族成员只是对企业经营不感兴趣，他们也许会在其他方面有所建树，不能因其不为家族作出经济贡献就抹杀他们在其他方面贡献，家族甚至有时有必要为他们特殊的追求与成就提供物质帮助或奖励。

第五章 家谱、祠堂、荣典

第四十七条 应编纂林氏家族家谱，收录家族成员信息、事迹；家族家谱应每五年更新修订一次。应借助现代科技建立家族沟通渠道，确保家族成员能高效、及时沟通。

[分析]

家族初始是个血缘为纽带的集合，随着世代繁衍，血缘稀释，取而代之的是以家族精神为纽带的群体。家族精神不光是口口相传的家族经历与感悟，更应具体化在实物、场景、仪式中。

编纂家谱是中国家族的传统，家谱已经成为研究家族发展的重要历史资料。定期更新家谱是件快乐的工作，家族成员的增加、个人生活的变化都可以反映在家谱中；事前的访谈沟通，事后的家谱阅读都为家族成员，特别是年青成员提供了绝好的家族意识培养机会。科技拉近距离，家族成员组成一个沟通群组，即时沟通，消弭地域和时区的差距，让家族成员不用等到家族大会才能相叙。高效沟通是增加家族凝聚力、化解矛盾、解决冲突的基础。

第四十八条 应在某某市建立家族祠堂，收录、展示家族重要成员、重要事件照片、物品，家族成员该时时拜访。

第四十九条 每年清明，应由家族委员会主席主持祭祀、扫墓活动，以缅怀先辈，增强后代联系；家族成员应通过各种方式积极参加。

［分析］

在很多地域，当地家族都有建立家族祠堂的传统，祠堂内陈设家族成员照片、牌位及其他重要史料作为家族的精神家园，家族成员参观时总是肃然起敬，对于家族的使命感油然而生。

清明祭祀也是家族的传统活动，后代在祭祀中表达对家族先辈的缅怀与认可，参与祭祀就是在塑造共同的家族认知、保持家族的凝聚力。有些家族信托甚至将参与祭祀作为重要的受益条件进行考核。

第六章　附则

> 第五十条　家族成员就本宪章所述事宜产生争议的，应通过协商解决；如无法协商的，应先提交家族大会评议；经家族大会评议仍无法解决的，家族委员会可以咨询专业人士的专业意见，并作出评判。

［分析］

家族矛盾对家族及家族企业都是非常有害的，家族治理结构应设置处理家族冲突的方法。家族矛盾分为两种：有关于家族企业的矛盾和有关于个人关系的矛盾，主要原因是企业领导缺乏透明性、程序不合适、利益分配标准难协调（如在平均标准、需求标准和所有权标准中进行选择）。家族矛盾会波及家族企业，影响企业管理层，制造焦虑，形成决策僵局，降低风险承受能力，减少信息共享。不同家族有不同的矛盾特性，总的来说，家族矛盾随着世代增加而增加，与商业经营牵连越多则矛盾越多。家族矛盾的处理策略有：竞争、合作、妥协、迁就、回避。实践表明，协商与合作是解决家族矛盾的最好方法，家族宪章提供了处理准则，家族会议、家族委员会提供了交流平台。

家族内部冲突管理始终是家族禁忌，根据普华永道《2018年全球家族企业调研——中国报告》显示，13%的中国内地家族企业决策者碍于社会和文化规范而无视家族矛盾冲突。《2021年全球家族企业调研——中国报告》显示，46%的中国内地受访者表示矛盾冲突是由直系亲属内部处理，34%的中国内地受访者使用矛盾冲突解决机制。值得注意的是，三分之一的中国内地受访家族企业选择运用合乎规矩的正式机制来解决矛盾冲突。家族第一代掌控家族及企业时，因其具有强烈的个人权威，矛盾不易产生或容易被化解。当第二代掌管家族及家族企业时，由于所有权的分散、个人为家族贡献等因素，第二代之间不可避免地存在竞争与冲突，更不用说第三代、第四代。家族治理结构及家族治理意识为家族内的竞争与合作提供了软性支持及平台支持，第一代要有意训练第二代在家族治理构架下开展治理实践，包括有序竞争、合理冲突、妥协与坚持。良好的治理行为不是天生的，是后天训练习得的。

家族成员的争议应以家族内部解决为原则，无论是自行协商，还是家族内部评判，都是在家族框架范围内，兼顾情理的处理，解决效果比直接向外部寻求评判要好得多。内部评判时可引入专业顾问，对法律、税务、管理等专业问题发表意见，为双方提供专业指导，也有助于问题的解决。

需要注意的是，基于法定救济的不可排除性，家族宪章中不可排除成员就争议解决诉诸诉讼或仲裁的权利。

第五十一条　本宪章应每十年进行一次修订。

［分析］

很多家族在家族宪章的提议及起草阶段会问到“这个宪章能管多久”。首先，必须承认人类经验及理性的有限性；其次，家族事务的复杂及社会经济发展的变化也是无法预测的。乐观的说，一个制定程序完善、内容精良、执行到位的家族宪章“能管”10—15年。那种一份家族宪章能“毕其功于一役”解决家族问题的想法是天真的，定期的修订与起草及落实家族宪章一样重要。

宪章的修订一般有两种方式：（1）定时修订，一般是5年或10年一次；（2）按事件需求进行修订，这种方法能保证及时回应家族及社会发展。宪章的修订工作是一个回顾一定期间内家族发展的过程，从内部来说，家族成员的变化导致签署人增减，家族企业所有权结构变化导致所有者协议内容调整，家族企业发展形势导致家族雇佣政策变更，家族财富增减直接导致受益政策调整；从外部来说，社会政治经济变化，家族要学会适应，法律税务变化，家族所有权结构应加以调整。这些都是在修订过程中要回应的问题，也是引发修订的因素。对于所有者协议，鉴于其法律属性强，对它的修订应着重于协议本身约定的修订条件，以补充协议或是新协议的方式进行。

还有的家族采取了“小步快跑”的方法制定及完善家族宪章，初期家族成员可以先从简单、基础、非约束性的初级版出发，在执行中反馈问题并经常性调整，调整的过程也是个家族意识教育及共识形成的过程，文本逐渐过渡到约束性、全方面性的复杂版。这是一种制定与修订结合的方式。

修订工作可以不像初始的制定工作那样牵涉过多成员，家族委员会可以指定专人或成立专门小组负责，完成修订意见稿后，由家族委员会讨论确认后，提交家族大会审议。

［总结］

家族宪章关注家族、家族企业及其所有权问题，构建了家族治理结构，为家族成员行为设定指引。不同的家族价值观、家族企业所有权结构、传承理念让每份家族宪章都个性十足。

第三节
家族宪章的效力

很多家族在制定各类家族协议时会担心所制定的条文不被遵守，他们会直接发问“这些条文有没有用”？因此，我们有必要分析一下各类家族协议的效力。

家族宣言、家企准则、所有者协议、家族宪章虽形式和内容各不相同，但都追求在某些方面“约束”家族成员，与协议、宪章这些法律文件所具有的直接法律约束力不同，家族协议的效力来源多元，约束的强制性也有高有低。

家族协议的约束力与其内容有主要关系。家族宣言主要阐述家族精神、价值观，这些内容诉诸人的内心，靠家族成员的内心认同。为了达到内心认同，就要进行家族意识教育，进而将它们内化，形成家族成员普遍具有的道德意识。家族宣言的内容多为概括性的原则，没有明确的权利义务设定，故家族宣言的效力也是道德效力，违反者会被内心谴责，会被家族成员进行负面评价。与之类似的是家族宪章中很多鼓励性条款，如鼓励家族成员接受良好教育、鼓励慈善、鼓励和谐稳定的家族生活、鼓励生育等，传递出家族价值观，但不具有强制约束力。但家族可以通过受益安排，以物质表彰的方式体现出鼓励，即“做到有奖”，所以家族宪章中有与之相关的资助或奖励条文，如教育资助、生育奖励等。总之，与家族精神、价值观的条款只有道德效力，不具有强制约束力，但可辅之受益安排，以“做到有奖”体现鼓励性。

家企准则、所有者协议是关于家族企业的约定，既有政策性的原则、准则，也有操作性的规则，其不但与家族自身有关，也涉及企业、员工、非家族所有者、社区的利益，是必须以权利义务方式进行规范的，这些条款一般具有直接的法律效力，有法律强制力。特别是所有者协议条款，涉及企业结构、家族结构，关涉利益重大，与一国的法律制度资源有关，应该以合同或协议的形式呈现。

家族第一代创立家族企业，家族企业股权可能作为遗产被家族第二代继承。为了避免股权分散，第一代成员可以设立家族信托，将股权作为信托财产置入信托，使其所有信托化；或是设立控股公司或多个持股公司，每个持股公司对应一个家族支系，使得在持股公司或控股公司层面进行股权变动但不影响运营主体公司。我国《公司法》接受股东之间关于股权转让的限制性约定，家族成员只可内部转让不得向外转让，保证了家族企业控制权不外流；也接受股东权利行使的限制性约定，保证股东行使权利时兼顾家族利益。我国的《公司法》及《合伙企业法》也认可股东或合伙人之间利益分配可以不对等，这就为管理权与受益权的分离提供了法律基础。可见，涉及家族企业的雇佣政策、所有权结构，必须利用一国的法律制度，以协议或合同的形式体现，所有相关家族成员都要签署。在所有权结构发生变化时，新的股东或潜在股东也要签署，这样才能保证法律效力的完整性。

家族宪章是家族宣言、家企准则、所有者协议的集大成者，但是对于所有者协议这样规则性强的条文，除了在家族宪章中规定一般原则外，还可以制定单独的所有者协议，细化权利义务、限制条件、处罚奖励、纠纷解决等事宜，且让家族股东签字，以强化这些约定的合法性、可执行性。

以下三个案例充分说明了家族协议的效力。

1. 林氏家族依据家族宪章建立了家族治理机构，林氏第一代林某甲及第二代林某A、林某B、林某C在家族委员会中担任委员。

林氏家族设立家族持股平台公司，林氏第一代林某甲持股85%，第二代林某A、林某B、林某C各持股5%。家族持股平台公司下设两个子公司——甲公司、乙公司，甲公司从事煤炭开采、乙公司从事煤化工。随着碳达峰与碳中和政策的推进，林氏家族委员会对于家族企业的未来进行了讨论。第一代林某甲认为尽管外部环境不利，但可以通过技术改进，在“绿色”背景下继续深耕煤炭行业；第二代林某A、林某B、林某C都认为，减少传统能源消耗已成世界趋势，即便是通过技术改进可以延缓家族企业衰退，不如现在着手企业转型，以新能源为导向，重新构建家族企业的经营方向。家族第一代与第二代就此展开了激烈的讨论，并依据《林氏家族宪章》进行表决。

《林氏家族宪章》

第十二条　家族委员会为家族事务日常管理及决策机构，行使下列职权：

……

（3）确定及调整家族资产的持有方式、经营计划和投资方案；

第十五条 家族委员会决议的表决，主席一人两票，其他委员一人一票，由半数以上的赞成票通过；当表决事项的赞成票或反对票数量持平时，主席有额外一票的投票权。

对于家族企业是否需要转型，第二代林某A、林某B、林某C均投赞成票，第一代林某甲投反对票，表决结果3∶2，通过议案。

面对分歧，林某甲认为青年一代对于商业、政策等认识过于浅显，真心认为通过科技改造，煤炭行业还可以在新时代背景下焕发新机。林某甲持有家族持股平台公司85%的股权，也是公司董事长及法定代表人，家族持股平台公司投资、控制了所有的林氏家族企业。

此时，林某甲面临着困难抉择：依据《林氏家族宪章》及家族委员会的表决，他必须推动业务转型；依据《公司法》及公司章程，他可以在家族持股平台公司层面继续推进业务升级。此时，林某甲该如何行事？

笔者认为，家族治理与公司治理是两个相对独立的体系，尽管家族委员会可以影响家族企业的运营，但家族委员会不能直接决议指令家族企业。家族委员会的决策必须依据《公司法》及公司章程转化为企业决策才能约束家族企业。

正常情况下，家族委员会决议进行企业转型后，林某A、林某B、林某C及林某甲召开家族持股平台公司股东会，再行确认家族委员会决议后，将转型内化为企业自身的决策。本案中，由于家族委员会与家族持股平台公司股东会的决策机制不同，若林某甲拒绝在公司股东会层面赞成企业转型议案，则家族委员会的决议无法内化为家族企业决策。可见，在此事项上，家族宪章的效力是软性的、道德的，无法定的直接拘束力。

2. 林氏家族设立家族持股平台公司，林氏第一代林某甲持股85%，第二代林某A、林某B、林某C各持股5%。家族持股平台公司下设两个子公司——甲公司、乙公司，持股比例如表4–2、表4–3所示。

表4–2　甲公司持股比例

股东	比例
家族持股平台公司	60%
林某甲	20%
林某A	20%

表4–3　乙公司持股比例

股东	比例
家族持股平台公司	30%
林某甲	15%
林某A	15%
非家族股东1	20%
非家族股东2	20%

《林氏家族宪章》

第三十八条　为满足家族传承及家族企业退出的需要，家族企业权益（股权、合伙份额、受益份额等）除经家族委员会同意外，不得向非家族直系成员转让；家族持股平台的章程或合伙协议应有相应表述。

> 年度家族大会召开时，持有家族企业权益的家族成员可以与其他家族成员协商转让其持有的股权和权益，转让价格应该达到市场公允价格的60%；家族委员会应对定价及转让提供帮助、指导。
>
> 若无其他家族成员要求购买待转让的家族企业权益，家族委员会可指定某位家族直系成员受让该权益。

上述“内部转让”的要求被写入了家族持股平台章程，但未写入甲公司及乙公司章程。现林某A想整体退出家族企业经营管理，经家族委员会评议决定由林某B接替。林某A觉得家族宪章设定的公允价格60%的转让价格过低，有其他潜在买家出价更高。林某A将甲公司股权按公允价格60%转让给了林某B，但是将乙公司的股权按公允价格转让给了非家族股东1。林某甲知道后极为生气，要求撤销交易并追求林某A的法律责任。

一般认为写入家族宪章的宽泛的股权“内部转让”（也包括强制回购条款、定价条款）约定只是给家族股东赋予了道德义务，家族股东之间可以补充签署股东协议，将宽泛的道德义务转化为清晰、明确的法律义务，还可以进一步在公司章程内约定上述条款，以获得更强的执行效力。但若公司有非家族成员的外部股东或是公司登记机关不同意登记“内部转让”等过于个性化条款，则股东协议的执行效力会受影响，股东协议不得对抗家族企业股权的善意受让人，即不得撤销转让交易，家族委员会（或其他家族股东）只能追究出让方的违约责任。

3. 林某A的儿子林小A大学毕业后，一直没有正经工作，结识一帮狐朋狗友，并沾染了赌博恶习，林小A因为赌博多次被公安机关行政处置。前不久，林小A在朋友的撺掇下来到澳门豪赌，一夜输掉2 000万元，其中有1 500万元是在赌场里的借款。输钱后，林小A焦急万分，急切需要资金填补窟窿，他想到了家族宪章里的受益条款。

> 根据家族宪章规定，家族委员会决定现行家族成员的受益政策为：
>
> （1）生活补贴：每名家族成员每年可取得50万元的补贴。
>
> ……
>
> （4）住房补贴：家族为无住房的成年家族成员提供一次性不超过人民币2 000万元的住房补贴，用于其购买住房或租房。

依据该条款，林小A向家族委员会申请2 000万元住房补贴，用于购买住房。林氏家族经审议，认为林小A之前因赌博问题多次被公安机关行政处置，也有向其他家族成员借款还债经历。目前，林小A并无购置住房的现实需要，故拒绝向林小A支付一次性住房补贴。并且，依据家族宪章第三十六条的规定：

> 第三十六条　受益人有赌博、使用毒品、不良挥霍、破产、犯罪等行为或丧失继承权的法定情形时，经家族委员会确认，丧失受益权。丧失受益权3年后，受益人改正不良行为的，经家族委员会确认，重新恢复受益权。

家族委员会认为林小A沾染赌博恶习，挥霍巨大，已经严重威胁到其个人财务安全及家族财务安全，家族受益分配的本意是支持家族成员的正常生活及发展，林小A的行为已经严重背离家族财产受益分配的本义。为了惩罚林小A，教育其他家族成员，家族委员会决定暂停向林小A

分配，待其改除恶习、自食其力后方可恢复受益权。

林小A不但没有拿到2 000万元住房补贴，反倒丧失了受益权，他能否通过法院或其他途径主张自己的受益权？

家族财产的受益无论是通过家族第一代的“自掏腰包”还是通过家族信托的受益分配，都是家族为自己设立的道德义务，法律属性上是单方赠与的意思表示，家族委员会有权依据家族宪章的规定及对事实的自行认定作出剥夺受益权的决定，林小A没有途径提出异议。

第五章

群策群力：家族会议的智慧

05

一、家族会议概述

我们在前面介绍了家族宪章，谈到了家族治理，家族治理涉及家族委员会、家族会议。对于制定了家族宪章、有正式家族治理机制的家族，家族会议的有效运作，是家族治理实践的基础；对于其他家族，家族会议也是建立一个更强大的家族和更强大的企业的手段。家族会议在中国可能是个新鲜的形式，其与过去家族大会、家庭会议等形式相近，主要作用是通过制度的形式为家族治理汇集共识、培养家族意识，这对家族企业的稳定性和持久性尤为重要。

在美国，一些著名的上市公司正努力地在企业中创造家族式的动力文化。例如，通用汽车和通用电气的高管们正在去除企业中的层层官僚主义，强调符合企业家族的共同使命感，以带动企业一同前进；强生公司也在内部培养一种强烈的家族文化，在员工中引起了共鸣，赢得了赞誉。这些高管意识到，企业所有者家族培育的价值观、理想和使命感实际上是潜在商业能力的巨大动力源泉。事实上，一个拥有强大价值观的健康家族可能是一家企业所拥有的最大资源。方太集团的创始人茅理翔先生有着创建百年家族的梦想，儿子茅忠群用传统文化中的儒家思想治理方太集团，也获得了茅理翔先生的认可。方太集团的精神核心、管理之魂方太儒道也就是茅氏家族所倡导的家族文化。家族文化和家族企业的相互影响、相互促进，家族企业家会不断挖掘家族文化作为家族企业发展引擎的潜在力量，同时也会充分利用企业治理让家族成长、发挥潜力。强大的企业和强大的家族是两件同等重要的事情，两手都要抓，两手都要干，实现两者目标统一的一个重要途径就是家族会议。

定期的家族会议将整个家族聚集在一起，分享目标和决策，讨论共同的问题，了解企业，维护家庭认同感、价值观和优良的传统。家族会议帮助家族以有序和建设性的方式规划企业的未来，并能够有效地完成诸如新领导层接班或企业专业化发展等重要阶段的过渡；它还能够帮助家族尽早公开地解决家族企业所有权中不可避免的问题，以防止未来产生痛苦且代价高昂的冲突。

有研究显示，拥有企业的家族为确保家族企业的连续性需要采取三个重要手段，分别是建立活跃的企业董事会、让企业领导层参与持续的战略规划和定期召开家族会议。家族会议一旦开始，往往会形成一种连锁反应，引发对家族使命宣言、家族教育项目、家族假期生活、慈善事业、家族历史、家族奉献等的思考。

一般来说，家族成员对于定期召开家族会议往往会缺乏兴趣。对于一些人来说，当家族内部交流习惯于自发开始和以非正式形式出现的时候，采用正式的会议形式会显得非常奇怪。对于另一部分人来说，会议这种形式所带来的民主精神与父母和孩子本身的不平等性不符。有些人担心，家族会议会把企业和家族事务的管理变成民主事务，凡事都需要搞民主，感觉缺乏家族的主心骨，把简单问题复杂化，处理事务的效率会大大降低。还有些人甚至拒绝向家族内部分享企业的信息，哪怕只是很少的一部分。对于某些上一代来说，召开家族会议意味着其将直面某些难以抉择的重要问题，如是否以及如何将企业传承给下一代。

当然，很多家庭在尝试过家族会议之后，发现定期召开家族会议是讨论问题、共同决策和调剂繁忙生活的好方法。对于拥有企业的家族来说，即便是在家族企业的早期阶段，也会发现自己有充分的理由来召开家族会议。让我们来看几个小案例：

- 一位企业家希望给他的孩子灌输强烈的价值观，于是在他们还在上小学的时候就开始召开家族会议。他以孩子们每月的零花钱为例，解释了预算的价值以及有意义工作的重要性。然后，安排孩子们参观公司，在那里他们可以看到父亲投入工作带来的挑战和回报。

- 为了培养管理意识，某一个家族在年轻成员进入企业时开始定期开会。创始人专注于帮助家族成员理解企业所有者的责任，包括为公司的员工、客户、供应商以及家族利益管理企业。

- 某家人第一次聚在一起讨论家族生意的未来，第二代意识到，如果要将业务继续下去，就需要安排股权转让。随着家人开始考虑“我们是应该保留公司还是出售出去？”他们深刻地意识到第三代成员还没有形成统一的价值观。

- 一个家族把第二代和第三代股权所有者召集在一起，因为他们清楚地意识到股东的数量需要大幅减少。经过精心准备，积极参与企业经营的第二代股东发起了一项收购计划并取得了其他股东的支持。

- 一家公司的第二代所有者召开了一次家族会议，他们担心某些第三代成员通过资本市场加速出售股票会影响家族的整体控制权。家族中颇具威望的创始人说服了青年的家族成员把发展业务放在首要位置。

- 一位家族企业潜在继任人敦促作为创始人的父亲开始召开家族会议，他想通过会议让他的兄弟姐妹们了解公司，并向他们保证自己会成为一个开放且负责任的企业领导者。

- 一位母亲意识到其丈夫的商业行为已经影响正常的家庭生活时，也开启了家族会议，她要预防商业纠纷导致家庭破碎，想在冲突产生之前讨论家庭参与企业的政策。

其实，不论何时开始家族会议都不晚。某著名家族拥有并领导家族企业将近五十年才开始召开家族会议，家族会议对于家族企业顺利从上一代过渡到下一代至关重要，开启家族传承话题是家族会议的重要作用之一。

开端

家族企业由第一代创立，第一代退出后，由第二代的两兄弟共同经营，二人同心协力，家族业务从区域扩展到全国，又走向世界，在世界主要地区都有代表处或是分销商。兄弟二人都有成年子女在家族企业工作，担任不同职位，但也有成年子女没有参与家族企业事务。兄弟二人仍然积极参与公司的日常经营，但是他们渐渐认识到，下一代面临的家族、家族企业问题远远复杂于上一代。作为企业主，两兄弟认为现在可能是开始接班程序的合适时机。

复杂性

× 先生是第三代中比较活跃的，他知道第三代面临的问题，这些“普通存在于家族企业的问题”有：家族成员的薪酬、工作职责、职业道德、家庭时间等。这些问题由来已久，已经到了无法忽视的地步。奇怪的是，明明每个人都知道问题的存在，但没有人去挑头解决问题，反倒是流言四起，让第三代成员之间的关系变得极其微妙。

× 先生跟自己的父亲提出了自己的担忧，父亲跟他分享了其他家族的一个类似案例。这个家族的成员之间对于家族企业的参与存在很大分歧，他们虽然保持缄默，但不满充斥心间。企业创始人病重住院，子女们在病房里被迫召开了家庭会议。病房里的家族会议变得相当难堪，子女们的表达掺杂着情绪，提起了许多不相干的话题。这样的会议不但没有解决任何问题，反而加剧了内部分歧。被动面对家族的复杂性不是解决问题的方法。

走出第一步

× 先生的父亲也意识到问题的逐渐显现，他找到了自己的兄弟，提出现在不能对这些问题视而不见了。兄弟表示虽然对于家族企业的管理及传承目前没有解决方案，但是需要向第三代提出这些问题，也要充分相信下一代解决问题的创造力。

于是，在第二代的授意下，× 先生组织了第一次正式的家庭会议。会议上，第二代们提出了自己的担忧以及对于第三代的期许。家族成员们，包括积极参与家族企业者、非积极参与家族企业者、配偶们各抒己见，大家交流的话题虽然表面上分散，提出的很多问题也都不是一时能解决的，但大家都坦诚地表达了自己的观点和利益诉求。虽然会议没有形成决议，只留下了“问题清单”，但不妨碍其成为一次成功的会议，毕竟它开启了以真诚交流应对复杂性的第一步。

虽然会议上说的都是问题，但第三代们其实很高兴，他们知道这些问题是关乎家族及家族企业的重要议题，本身就不容易解决，其他家族平时对这些问题视而不见导致问题爆发时无法收场，自己的家族有勇气正视问题，并且正积极地有规划地解决问题。

二、家族会议的作用

建立家族会议制度能为家族带来的好处：

- 建立一个更强大的家族
- 打造更强大的企业
- 规划公司未来的所有权
- 为家族成员参与企业制订计划
- 管理财富的继承
- 开启继任程序
- 保留家族传统和历史
- 业务专业化
- 管理家族与董事会的关系
- 认识并解决冲突

（一）建立一个更强大的家族

家族会议是巩固家族的有力手段，也是团结家族成员的最佳方式。当不和成为家族的焦点时，它会消耗彼此之间存在的善意和相互之间的关系，而成功的家族则专注于“我们有什么共同点”。这些家族不把注意力集中在他们的分歧上，而是在共识上，他们建立共识的基础是共同的价值观、目标和关于家族企业运作方式。虽然这些家族仍然存在冲突，但是他们知道互相倾听，培养相互之间的爱和友谊。在这个过程中，大多数家族成员都能对自己进行剖析，对家族问题进行全面深入的了解。

为了弄清在规划家族未来的过程中自己能起到什么样的作用，家族成员通常必须了解一些有关战略、资本、遗产或继承的知识。

家族会议还为个人成员提供了一个发展和展示技能的平台和机会，如领导能力、解决冲突、倾听、演讲、教导、管理以及主持会议等。有些家族把家族会议作为个人发展规划的工具，他们安排解决问题、解决冲突和其他帮助个人发展的研讨会。这样的操作可以促进团队合作，帮助个人实现自身的目标。有些家族通过各种家族会议角色的承担让每个人都能得到技能的锻炼，同时又能使家族有机会评估家族企业领导人的潜在继任者。不仅如此，这还有助于发掘整个家族未来的潜在领导者，他们也不见得一定是家族企业的领导者。

有些家族还会通过家族会议研究家族如何运行，深入了解过去的行为模式将会如何影响后代。他们可能会聘请一位专家举办家族研讨会，从过去的教训和故事，以及对家谱、家族人际关系等问题进行讨论，以帮助理解家族历史。

类似于企业，我们也可以研究家族的发展周期。家族成员在家族生活的某些阶段，例如，抚养子女阶段，比其他阶段（如成年或退休）能够更加亲密地在一起。如果家族成员能够意识到沟通的模式，他们往往可以控制问题，并建立家族的先天优势。家族会议给家族成员带来的参与感和良好关系可以维护家族，尤其是在家族企业的困难时期能够团结力量共渡难关。

（二）打造更强大的企业

家族会议能够通过一些积极的成果巩固股东基石。一个有凝聚力、消息灵通的股东兼家族继承人更有可能促进对继任和其他重大事件的有效规划，从而避免产生一系列潜在的严重问题。家族会议还会向外部传递关于企业发展前景的强而有力的信息，包括向员工、客户、供应商和整个社会。关于家族企业最常见的旧观念是，企业主很可能随时抛弃企业，让员工、供应商、客户和其他利益相关方感到非常不安。对这种观点最有效的回应就是通过定期的家族会议发出信号，表明家族正以负责任的方式一起工作。家族成员有共同责任感或使命感的讯息可以打消员工的顾虑，提高企业的凝聚力。

一个团结的大家族可以为整个企业文化奠定基调，对企业的业绩产生强大的影响。一个明确表达其价值观的家族可以帮助管理者培养使命感并将其传递给员工。家族的愿景还可以培养一种企业认同感，这将有助于激励员工，引导公司与外界的关系，乃至销售产品。

家族会议也有助于招募新员工。很多有技能和经验的职业经理人一般都会回避家族企业，因为他们担心企业所有者缺乏凝聚力和责任感。如果他们能够看到家族在长远规划上尽心尽力，则会减轻这种担心。家族会议还可以通过教育家族和培养良好的沟通能力，帮助家族从内部招聘有才华的未来商业领袖。即便一个家族不能承诺将继续掌控企业，也可以通过家族会议表明家族将负责任地行事，以避免突然或意外地改变所有权或领导权。

（三）规划公司未来的所有权

在传承道路的十字路口，所有的家族企业都会面对企业的未来、所有者的财产、领导层的继任或家族在企业中的角色等重大决策。这些问题都应该经过家族的仔细规划，而不是下意识忽视。如果家族不知道谁将领导下一代的业务，以及当前企业所有者的资本需求是什么，很难作出整体的战略规划。家族成员在没有决定如何处理家族企业的情况下，无法设立自己的财务和资产规划。不了解企业的未来战略以及现任领导者对未来的规划，就不能很好地选择继任者。更重要的是，不了解家族的意图和对企业的责任，针对遗产、战略或继承问题的规划都无法制订。很多企业主在临近退休时或年事已高时都面临着这些问题：我们该如何处理家族企业？我们是否需要为未来投入更多的资金？我们应该考虑出售企业还是兼并重组？孩子们到底想做什么？为了让企业的控制权仍然保留在家族手中，下一代会做什么？这对于下一代来说意味着什么，他们能理解么？

直到这个阶段，很多长辈才开始邀请下一代参与传承规划。这也会引发一系列的家族会议，会议的主题将会随着家族需求的变化而变化。可以说，家族越早开始规划未来，他们就越不用经历突发事件、不及时或被迫出售、清算、硬接班等诸多问题。

（四）为家族成员参与企业制订规划

在很多家族企业中，家族成员在企业中的任职是非常重要但又复杂棘手的问题。家族需要考虑：哪些家族成员可以到企业工作？姻亲可以在企业工作么？家族成员进入企业需要做哪些准备工作？家族成员的职位和权力应该如何确定？对于进入企业的家族成员是否设定年龄门槛？如果某个家族成员的业绩考核不合格怎么办？

有些家族在子女还很小的时候就面对这些问题。家族会议就是解决这些问题的一种好方式，可以让孩子们参与讨论和规划，并了解其背后的原因。家长们会认为，如果要打开家族成员进入企业的这扇门，那么就需要制定公平的基本规则，并有效地进行沟通。有些企业主自己对家族参与的规则作出了决定，但无论如何还是需要召开一次家族会议来讨论这个问题，让每个人知晓并清楚规则。企业主通常在有第二代或第三代家族成员加入企业之前就会召开家族会议，以避免未来可能造成的误解或引起的摩擦。

（五）管理财富的继承

很多家族企业主关心的一个重要问题是，创始第一代在物质上或者财富上的成功会给下一代带来什么样的影响。毕竟，如果引导不当，财富、影响力、权力可能会滋养孩子们不负责任或挥霍的生活方式。“我所看到的一切都告诉我，成就卓越、物质成功、引人注目家族的后代或多或少会有一些额外的负担和问题，我们该如何帮助自己的孩子解决这些问题？”

家族会议可以成为下一代重要的价值观和责任感的培养载体。还有些家族可能会花时间讨论这样的问题：如果要把一部分财富回馈给社会，我们应当承担哪些责任？我们需要设立什么样的慈善目标？

家族会议也可以帮助孩子们做心理辅导工作，如应对家族成员在当地的高知名度而可能面临一些日常压力，例如一辆过路的卡车上印着家族名称，同学们也有可能对子女投来异样的眼光。孩子们甚至还可能会面临更高的道德要求甚至是舆论绑架，如社会中不乏有人认为这一类家族应当为任何事情捐款。在家族会议上讨论家族创业的经历、创造财富的过程，可以帮助后代建立感恩的心，也会树立他们的自信和强大的内心，而不会因为自己是财富家族的子女而倍感压力。

（六）开启继任程序

家族企业下一任领导的遴选永远都是家族内部的重大焦点。除非作出决定的过程是公开的，否则家族成员之间可能会产生各种误会，认为这是暗箱操作的密室产物，是不公平的选择，或者是某个秘密集团阴谋剥夺他人权利的结果。

大部分家族都认为对内公开传承的程序和标准是明智的做法，除非继任者是不二人选。家族会议提供了一种工具，让家族成员能够了解继任流程的工作原理和决策方式。解释明白继任决策是一个客观的、深思熟虑的、有规划的、有标准和目标程序的过程，可以有效避免误解和矛盾。

家族会议还是向家族成员保证新任领导将担负家族企业责任的一种手段。如前文所述，某个家族四位兄弟姐妹中只有一位成为家族企业的继任者，他敦促父亲召开家族会议，想向兄弟姐妹们表明，他将是一个值得信赖的领导人。随着与家人的不断见面，父亲和他安排了与公司外部董事、兄弟姐妹们的非正式会谈，这一系列举措让家族成员相信公司的管理有条不紊。即便尚未明确家族成员中继任者的候选人，家族会议也会有所帮助，在讨论继任安排时，可以考虑其他选择，如任命或聘用非家族CEO，出售家族企业，或寻求被其他公司收购等。

（七）保留家族传统和历史

一些家族会议在开会的时候会回顾、总结家族发展史并作相应的记录，以免它永远消失。年长成员的陈述同时也是对家族历史和传统的记录。在一些家族中，某个成员，如退休的创始人或者对家族历史感兴趣的成员可能会专门负责研究和撰写家族史、编制家谱等；还有的家族可能会指定一个委员会来处理此项事务，例如，制定家族谱系、家族档案，制作家族视频与照片等。

这些行动通常会促使人们重新认识家族，将家族看成一种财富和资源，从而引发一系列以家族为核心的集体活动，如大家族的各个分支定期进行团聚或其他类型聚会。

（八）业务专业化

随着家族企业的壮大发展，家族会议在企业向专业性管理的转变流程中扮演着重要的角色，这种转变通常发生在企业员工数量在50到100人时。对于家族来说，这个阶段需要克服的挑战便是狭隘性。

在家族会议中引入第三方顾问（如管理咨询师）可以帮助家族成员了解非家族高管的重要性、外部董事的价值、财务报告和规划的改进空间以及随着企业专业化而出现的其他问题。这些会议还可以帮助每个家族成员在整体的管理视角下更清楚地看到自己的职业发展道路。

（九）管理家族与董事会的关系

许多家族企业形成了一种习惯或传统，即用家族成员来填补董事会成员的空缺。这往往可能在企业的早期阶段能起作用，但随着公司的成长和股东的世代繁衍，总会出现问题。

第一，这种做法会将董事会扩大到难以控制的规模，并助长派系主义。例如，家族企业将9个董事会席位分配给家族成员，家族三个分支分别选举不同数量的董事，家族分支之间不断地相互竞争，损害了董事会的效率，并阻碍了家族会议的进展和对待解决问题的讨论。

第二，虽然第一代和第二代股东可能会深入参与某项业务，并对其了解透彻，但后代家族成员不太可能同样了解这项业务。

第三，家族成员的存在阻碍了外部董事的任命，他们的建议对于企业的成长和成功至关重要。因此，董事会的家族垄断会阻碍管理层和家族资源发挥作用。

许多企业主利用家族会议讨论缩小董事会规模、撤换家族成员的必要性，并由合格的外部人员列席。这些会议可以帮助家族成员了解股东和董事的角色，包括外部董事为企业带来的附加值。

由家族成员构成的家庭会议也是个讨论家族与家族企业相互关系的合适场合，而这些问题很可能不太适合由企业的股东会或是董事会讨论，例如：

- 我们如何挑选下一任董事长？
- 董事长交接何时进行？
- 我们如何评估下一任董事长的表现并考虑其继任者？
- 我们如何决定哪些家族成员可以加入家族企业？
- 如果家族成员员工不合格怎么办？
- 如果家族成员选择离开公司怎么办？
- 我们是否允许配偶或其他非血缘亲属全职或兼职工作？
- 我们如何评估并为家族成员提供薪酬？
- 哪些家族成员参与了企业的规模增长或未来发展？
- 哪些家族成员可以拥有家族企业的股票？

（十）认识并解决冲突

如果家族就企业未来、家族参与、继承、家族成员在企业管理中的角色或其他问题产生争议并任其发酵，就可能会分裂家族，损害家族企业。家族会议有助于在分歧演变成危机之前得到控制或解决。如果家族会议议程中包括可能引发冲突的内容，大多数家族会请顾问或调解人主持会议。

成功解决冲突的一个关键是家族成员在家族会议过程中尽早认识到

冲突，并意识到这是正常的，不是可隐藏或可避免的事情。调解人可以帮助引导家族成员达成一个适当的、私密的解决方案。对一些家族来说，小组学习是获取化干戈为玉帛技能的好方法。有些家族则制定家族行为准则来解决此类问题。例如如下的《×××家族行为准则》：

- 家族成员应相互尊重
- 家族成员公平对待
- 家族忠诚与和谐很重要
- 对公司有利就是对家族有利
- 家族成员将以专业和开放的态度对待彼此，将个人差异排除在业务关系之外
- 家族礼节包括：
    - 尊重隐私
    - 展现职业形象
    - 按照公司规定限制公众批评和私人批评
- 家族成员之间有矛盾应明确表述出来
- 家族成员应该努力成为好的倾听者
- 家族股东不得向外界出售股份
- 家族股东应签订婚姻财产协议

有时候，家族会议需要把矛盾暴露出来，这样才能解决问题。

> 某家族的一次会议曝光了一些问题，这些问题令继承人非常不安。他是创始人的四个孩子之一，这家人一直在讨论所有权继承计划，他和他的三个姐妹将各自获得25%的股份，两个姐妹受雇于这家公司，其中一个负责一个新的部门，以施展她在平面艺术方面的抱负。
>
> 在一次小小的争执中，他看到三姐妹"联合起来"对付他，这预示着有事情要发生。"这怎么可能行得通？"他问道："我的票数是25比75，如果我总是猜测我姐妹的想法，怎么能齐心合力运营企业，如果她们反对我的提议怎么办？"

虽然这一刻对家人来说是痛苦的，但从长远来看，这是有建设性的。它迫使家族提出并讨论一些重要问题，然后一个接一个地解决，包括管理权和家族参与政策等。归根结底，家族企业的第二代所有者可能会对公司治理提出更强有力的计划，但这要借助于家族会议才能实现。

三、家族会议的召开

虽然家族成员经常在一起吃饭，或在假期等特殊场合聚会，但举行有组织、有目的的家族会议对大多数人来说都是新鲜事。本节提供了一些关于计划、安排和举办成功的家族会议的实用建议。

（一）召开会议的意义

很多企业家对于召开家族会议持开放态度，他们并不担心家族会议会把家族企业转变为一般企业。虽然家族会议为家族成员提供了一个表达观点的机会，但这并不意味着家族成员可以按自己的意愿行事，召开一次会议并不能剥夺企业主对家族企业在管理、经验和所有权等方面的主导权。

有时召开家族会议给企业家带来了一些棘手的挑战。当家族企业处于一个有压力的巨大转折点时（如创始人退休或新一代人进入企业或是下一代获得所有权），召开家族会议往往是最有必要的。对于上一代来说，这意味着一个残酷的现实：他们终究会衰老，并且不得不放弃控制权。

如果想让创始第一代的一生心血家族企业发展壮大、持续成功，并造福子孙后代，家族其他成员不仅要学会如何合作，还要了解未来的挑战和机遇。即使在早期发展阶段，家族成员也要参与。要明白企业不仅仅是某个人积累财富的工具，而是一个共同创造事业的机会，并且能借此向全世界表达家族的价值观和愿景。

（二）召开会议的时机

有些家族在孩子很小的时候就开始举行非正式的家族会议。他们讨论假期计划、夏令营时间表或者如何计划周末，分担家务、计划部分家庭预算、跑腿或照顾年幼的兄弟姐妹都可以成为共同决策的主题。会议还使最年轻的家庭成员也能学会倾听、理解彼此的逻辑和价值观以及跟进结果的重要性。有些家族在这个阶段利用家族会议来教授解决冲突的技巧，为如何分担家务而争吵的孩子们可能会讨论如何公平地分配工作。

通过鼓励孩子们表达自己对商业的理解，以及向他们展示父母在企业中的作用，家族会议可以加强孩子的自信心。他们能够减轻创业者在漫长的工作时间中可能经历的伤害或被忽视、遗弃的感受，为企业和家族的未来打下基础。随着孩子长大，父母可能会花更多的时间来组织家族会议。他们可能会试图让孩子们感受到企业所有权带来的回报和负担，以及家族企业可能提供的机会，父母也可能试图表达对家族传统和成就的自豪感。随着孩子们成长到20多岁，家族会议变得更加正式，家族参与政策、领导层接班等成为核心问题。

（三）会议的主持人

会议的主持人应该是一个能吸引家人注意和受人尊敬的人，但不一定是企业的所有者，在有能力的家族成员中轮换主席的角色是家族会议扩大家族领导基础的绝佳机会。主持人要从开场白开始串联所有会议议程，主持讨论，甚至安排表决等。更重要的是，当会议发生“不测”时，如某位成员提出了议程上没有的议题，或某位成员在讨论环节重复或有过于情绪化的表述，主持人要依据自身的权威或经验将会议带回正轨。主持人可以安排专人进行会务服务及进行会议记录。

在早期阶段，大家族通常依靠一位引导人的帮助。这个人可能是一个值得信赖的家族顾问，他有家族会议的经验，对家族和企业都有专业的了解。他并不发挥实质性的作用，而是更多地充当一个协调人和组织者的角色。引导人可能有助于激发讨论，使会议保持在正轨上，并吸引沉默的家族成员，或者他也可以帮忙解决冲突。

（四）会议的议程

对家族会议来说，无论是使讨论保持在正轨上，还是传达活动的重要性，制定正式的议程是很重要的。虽然应该允许有休息和交谈的时间，但应该为家族会议树立一个具有正式议程会议的形象。因为家族会议本质上就是有组织的、有明确目标的重大活动，应提前打印和分发会议议程。

在没有核心议题的情况下，会议策划者不应把重点放在业务上，而是要在家族成员共同关心的其他事项上制定议程。通过与家族成员面谈，探讨他们的意见和关切，还可以在准备家族第一次会议议程时作一些访谈调查，更有效地利用家族会议发现问题、进行反思。下面是家庭会议前访谈的一些常规话题：

- 到目前为止，您认为家族企业得以生存和繁荣的关键原因是什么？
- 家族的哪些先例、信仰、习惯、模式或价值观对我们的思维和未来影响最大？
- 家族和企业面临的最重要问题是什么？
- 您对当前的经营业绩和未来的战略方向有何看法？
- 关于企业及其目标、战略和绩效，您还想了解什么？
- 您是否认为会有更多的青年（第三代）成员进入企业？您觉得哪些“参与规则”有意义？
- 你觉得姻亲最适合什么样的角色？
- 在不久的将来，我们将面临哪些领导接班问题？老年一代的退休准备情况如何？
- 您认为需要关注哪些股东流动性、股票估值或公司股利政策问题？
- 对于打造未来健康的家族股东关系，应采取哪些措施或努力？
- 在未来5到15年内，您希望家族在企业内部或外部共同完成哪些任务？
- 家族的成功、商业传统或共同努力能在哪些方面帮助您实现个人的希望和目标？
- 您认为家族会议最适合您的方式是什么？
- 我们如何规划未来的领导评估和继任标准？多个雄心勃勃的家族成员能和平共处吗？
- 我们如何确保姻亲之间的和谐和支持？

- 我们如何建立一个强大的兄弟姐妹所有权团队？
- 我们如何促进更频繁、更开放的沟通，而不引发徒劳的争执？
- 我们如何让未受雇于企业的家族成员更了解情况并参与其中？
- 我们如何在所有家族成员之间建立更牢固的关系？
- 我们如何补偿未受雇于企业的家族成员？
- 考虑到家族成员的空间距离，我们应该寻求多大程度的亲密和凝聚力？我们是想成为兼容的股东结构还是“一个非常亲密的家族”？谁来组织领导，以及如何领导？
- 什么样的退休计划和政策最适合创始人及其配偶？
- 未来的企业治理结构应该是什么？未来的董事会将由什么组成？管理层、董事和股东的角色是什么？

虽然家族会议通常处理家族和企业面临的严重问题，但它也有助于教育家族，建立关系，并享受其中的乐趣。在落实议程时，需要注意家族会议的时间应该在家族发展、商业信息和娱乐三者之间平等地分配。一旦确定了关键问题，会议策划者就可以明晰最终议程了。

家族会议议程见表5-1。

表5-1　家族会议的议程

家族会议时间分配	家族会议内容
1/3娱乐	游戏、才艺表演、趣味运动会
1/3家族发展	分享家族新闻、回顾家族历史和事迹、培养人际关系技巧
1/3家族企业信息	了解财务报告、讨论商业策略、会见公司董事和高管

XX家族会议议程

1. 回顾过去一年的家族活动

2. 回顾公司的年度财务业绩、目标和明年的计划

3. 家族年青成员过去一年的成长、学习汇报

4. 家族发展课程：家族信托的功能——某律师讲授

5. 家族价值观的讨论：每个家族成员都要讲述他或她认为家族必须强调的两种或三种价值观

6. 企业财务经理对家属薪酬及激励计划所作的介绍

7. 为某某被大学录取举行特别的表彰仪式

8. 家族晚餐及才艺节目

家族会议虽然是家族成员的沟通论坛，但为了保证会议议程的顺利推进，家族可以制定“会议纪律”并提前告知参会者。以下原则可以指导会议规则的制定。

1. 家族会议的主要目的是向更多家族成员分享家族企业的信息，为了有效地进行家族治理，有必要让更多的家族成员知晓企业的经营情况、发展方向以及家族在其中的角色。

2. 家族会议不对日常业务进行决策，也不会对有关继任问题的进行决策，要注意家族会议与家族委员会、股东会、董事会的区别。

3. 会议议程将与任何正式会议材料一起在会议前分发，鼓励家庭成

员提前提出任何与家族会议相关的议题。

4. 听从主持人引导推进会议，对于正式会议内容要制作会议记录。

5. 鼓励参会者提出问题，表达对于家族企业的期望、担忧、建议和意见。

6. 参会者应本着尊重与合作的精神行事。

（五）会议地点选择

有些家族选择下班后在家族企业办公室里开会，虽然这给那些不在企业工作的家人提供了一个参观办公室的机会，但它有一些缺点。首先，下班后召开的家族大会可能会让那些加班的员工产生猜测。“这怎么了”？他们可能会想，“他们是不是打算把公司卖了”！其次，办公室的氛围可能无法具备开放性和互动性。虽然企业主和其他在企业工作的家族成员可能在自己的地盘上感到宾至如归，但在企业中不活跃的家族成员可能更像是访客而不是参与者。此外，公司办公室可能缺乏便利设施，无法使人们在长达两到五个小时的会议中感到舒适和自在。

大多数家族更喜欢度假酒店、高端俱乐部的会议室，甚至是父母或家族成员家中大型的家族会议室。这些安排应该表明会议的重要性，演讲者可能需要挂图、视频投影仪或电影屏幕。座位的布置方式应该鼓励人们倾听和参与。茶点应在会议前、会议后或休息时提供，不得随时供应。所有的安排都应该传达出筹划者的愿望，让参与者把家族会议视为一个重要的场合，同时兼顾他们的舒适性。

（六）邀请谁参加

列一份与会者名单会给家族领导人带来一些新的问题：我们邀请姻

亲吗？年幼的孩子呢？家族企业高管呢？更大家族范围内的成员要不要邀请？

这些问题的答案在很大程度上取决于家族文化或家族宪章，而且随着时间的推移，这些问题往往会自行解决。在早期处理比较敏感问题的家族会议中，最好不要邀请姻亲。当然，随着家族成员进一步达成共识，大多数家族都会让姻亲参与，要促进家族团结，姻亲需要知情和参与，不管他们是在场还是缺席，大多数人都会听到会议的情况。

许多家族会议还接纳14至16岁的少年，只要他们不捣乱。对于青少年来说，收到第一次家族会议的邀请可能是一个备受期待的“成年”仪式，青少年可以通过倾听家族会议的过程学到很多东西。此外，即使孩子们不完全理解或同意所讨论的问题，谈论家族价值观和家族目标也能让他们意识到自己的重要性。

家族企业经历几代发展后，为了控制会议的规模，一些大的家族有时只会要求持股人参加——家族从一开始就把会议定义为家族股东大会，而不是家族成员会议，他们毫无例外地坚持只邀请登记备案的股东。

外来者参与在辅助家族实现目标或进行更有成效讨论时很有意义，例如，上文提到的家族会议引导人，或是根据日程安排，律师、保险专业人士、外部董事或员工代表可能会出席会议，提供信息或回答问题。如家族邀请公司的人力资源总监解释一个帮助家族成员在公司治理上成长的计划；邀请公司律师解释回购非活跃股东股票的计划；邀请会计师提供公司财务状况的概况；邀请家族信托受托人解释信托运作问题。

（七）开场

会议主持人可以通过提出一两个让人舒适的观点来开始会议。许多家族会在会议开始阶段鼓励每个人参加，会议主持人可能会要求每个家族成员向其他人介绍他们生活中最近发生的事情，如孩子出生、搬家、毕业等。

根据会议的目的，许多家族还会介绍企业及其历史，在某些情况下，还披露一些财务信息。即使像讨论十年收入趋势这样简单的议题，也可以帮助企业现任领导人和青年家族成员之间建立信任，并为进一步分享打开大门。如果是因为某个单一的问题将家族成员聚集在一起，如继承、家族参与、家族受益补偿或其他任何问题，那么大家应该放心，这些问题是完全正常的。冲突和分歧是家族生活的一部分，是源于家族成员不同年龄和成长阶段等简单的事情。在大多数商业决策中，没有绝对的对错。在拥有和经营家族企业的问题上，意见分歧也是必然的，如果家族以建设性的方式处理这些分歧，也是值得称赞。

（八）结束会议

在家族会议正式议程结束前，根据会议内容，有可能需要达成决议，或是由主持人重述本次会议的内容。结束正式会议前主持人可以向家族成员征集下一次会议的建议话题，并确定会议日期。

对于有非正式环节的，在正式环节结束后要决定邀请谁以及是否让引导人参加，在这个阶段，许多家族领袖也开始将不同角色分配给其他家族成员，指定某人主持会议、计划议程、安排娱乐活动等，这些都能培养参与精神。

（九）家族会议的频率

大多数家族每年聚会一至四次，或平均每年两次，这取决于家族成员之间的距离、家族规模、悬而未决的问题和费用。一年一两次，家族成员可能会对公司的业绩进行一次完整的、耐心的回顾，并获得各种商业计划的最新信息。一年一次，家族成员可与整个家族分享各种形式变化、想法。

虽然，家族会议经常被用以解决家族具体问题，但是不应忽视家族会议更宏观的作用。前文讨论过，家族会议是建立一个更强大的家族和更强大的企业的手段，它应该帮助预测家族及家族企业未来可能出现的问题；应该帮助定义和表达家族的价值观和哲学；应该帮助整个家族从共同利益中受益，包括商业利益和非商业利益；还应该帮助家族成员以特殊的方式相互支持，共同努力。参与家族会议的人，无论是直系还是姻亲，都需要时刻关注家族的担忧、愿望，并不断确保会议能够解决这些问题。

（十）会议组织

大多数家族的规模都在30人以下，如果家族会议变得更大，一些家族会分成不同的任务小组，包括安排会议、计划家族教育项目、确定家族价值观、收集有关家族历史的资料或安排娱乐聚会等。这些小组鼓励家族成员之间的联系，同时也注重实际工作效果；还有一些家族由专门委员会或机构，如家族基金会或家族办公室来安排会议，并主导不同的会议议题。

对于不同的会议议程，家族的不同分支或不同世代可能有不同的参与要求。有时候，较年轻的家族成员会分开开会，列出他们自己的家族会议议题清单以供讨论。随着家族企业的发展以及问题的变化，根据企业的年龄、规模和所有权状况，家族会议的典型问题及参与者会发生变化（见表5–2）。

表5-2　家族会议的参与者及典型问题

业务阶段	参与者	典型问题
创业	核心家族（只有父母和孩子的家庭）	家族参与，继承，领导过渡，“放手”，培养家族技能
兄弟姐妹所有权	第二代家族成员和配偶	团队建设，确立共同目标，强调共同利益，家族和睦，家族教育
家族王朝	第三代及后代的成员，包括堂表兄妹、姻亲和其他亲属，在商业活动中活跃或不活跃的成员都囊括其中	股东问题，如流动性和资本分配；培养家族对企业的责任感；家族传统和历史

在企业的最早或创立阶段，被称为“创业阶段”或“第一阶段”，家族会议往往只涉及核心家族成员。父母通常会制定议程，重点是家族参与企业、继任和领导层的过渡。这时候，家族可能会为了创始第一代“放手”的需要而纠结。在这个阶段，情绪主义通常受到控制，主要是因为创始人的存在，他们的权威可以压制其他人。此时也是开始培养孩子共同决策能力的理想阶段。

在下一阶段，即“兄弟姐妹阶段”或“第二阶段”，两个或更多的第二代家族成员可能共同拥有和经营企业。在这个阶段，家族会议的重点往往是团队建设，帮助家族成员确立共同的优先事项和目标，并强调共同利益。但是家族和睦在这一阶段可能会出现问题，尤其是当第二阶段配偶们也加入其中，被压抑的思想和感情同时出现时。此时，由于没了第一代的平衡，情绪主义开始抬头。

在企业的后期，有时被称为“家族王朝阶段”或“第三阶段”，家族可能有许多第三代或后代成员，包括堂表兄弟姐妹、姻亲和其他亲属，他们可能不在企业工作。在这个阶段，家族更像一个“氏族”或“部落”，而不是一个家庭的核心单位。家族会议也往往侧重于股东问题，如流动性和资本分配。家族会议在这一阶段的主要作用是培养一种家族认同感和对企业的责任感，即便是在没有直接参与企业管理的成员也是如此。对家族传统和历史的兴趣通常在第三阶段及以后最浓，这些宝贵资源对于在家族企业中建立一个强大、灵活的家族文化非常宝贵。

在这一阶段及以后，一些家族开始在家族会议上召集家族核心成员组成不同小组的，如就股东问题达成共识，这些小组可以讨论并报告他们对股东流动性、对企业的承诺以及作为家族企业的持续性的看法等。

（十一）家族会议与家族委员会

家族通常在第三阶段或更高阶段制定家族宪章，依据家族宪章组成家族会议及家族委员会，家族宪章会为家族会议及家族委员会规定不同的职能，并设定召开会议的程序。此时的家族会议已经变成了家族宪章落地执行的一部分，是家族治理中重要的组织机构。家族委员会作为一个常设机构，家族宪章可以将部分“实权”交给家族委员会行使。相应地，家族会议更多变成了汇聚家族成员参与的组织，家族发展及家族企业发展中的重要问题由家族委员会或下属的专门小组讨论、决策。

（十二）家族仪式

许多家族认为仪式有助于促进家族团结，认可家族成就。有些家族会举行“成年”仪式，成员在14岁、15岁或16岁左右参加第一次家族会议。有些家族还会正式欢迎姻亲加入家族，并为他们安排一个“文化适应”或定向计划。家族成员升学、毕业或者获得其他荣誉等事项也可能在家族会议上举行一个小型的庆祝仪式。需要认可每个家族成员的各种成就，包括那些与企业无关的成就，从在艺术博览会上获奖到被评为最佳社会工作者，家族对其成就的认可都是对家族成员独特能力的重视，这可以加强家族成员之间的沟通，培养家族合作。

仪式也能培养自尊和自信，重复的仪式是将价值观传递给下一代的好方式，特别是对于青少年，让他们从可预测的、独特的家族传统中获得安全感和认同感。为贫困儿童收集学习用品、每逢节假日都去看望病人、每年在同一个节日里聚在亲戚家里吃饭、举行一个仪式性的纪念活动、吃祖传的食物、念祝酒词或演唱歌曲、用特殊方式庆祝生日或假日，以及一年一度的宗教朝圣或建立家族网站等，这些行为都可以培养家族成员间的亲密感和共同的价值观。

四、家族会议议事方法

正式的家族会议应当是高效、有组织的会议，因此一定要采用适当会议组织规则。在此，我们分别介绍罗伯特议事规则、世界咖啡议事规则等方法，以供借鉴。

（一）罗伯特议事规则

1863年，一个名叫亨利·罗伯特（Henry Robert）的人被任命为美国陆军工程兵长，他主持了一次大型的教堂聚会。罗伯特不知道如何主持会议，但是由于相信教众的行为，还是硬着头皮担任了主持工作。主持会议也为他带来思考，为了应对将来有可能的其他会议主持工作，他对会议程序做了很多的研究，创建了罗伯特议事规则。

1. 会议的原则

在讨论研究罗伯特议事规则的具体细节或对家族会议的适用性之前，重要的是得了解“议会程序（Parliamentary Procedure）”一词的含义。该术语实质上是指有助于个人充分参与集体的民主决策，灵活平衡多数人和少数人之间权力秩序的规则。议会遵循有这样几个关键的原则。

第一，议程中心原则。议程是开会议事的基本单元，会议讨论的内容应当具有一系列明确的主题，它们必须是具体、明确、可操作性的行动建议。先有议程后讨论，无议程不讨论。

第二，主持中立原则。会议主持人的基本职责是遵照规则来裁判并执行程序，尽可能不发表自己的意见，也不能对别人的发言表示明显的倾向性。主持人若要参与讨论发言，必须先授权他人临时代行主持人的角色，直到当前动议表决结束。

第三，机会均等原则。任何人发言前须示意主持人，得到其允许后方可发言。先举手者优先，但尚未对当前动议发过言的人，优先于已经发过言的人。同时，主持人应当尽量让意见相反的双方轮流得到发言机会，以保持平衡。

第四，立场明确原则。发言的人应当首先表明对当前待决动议的立场是赞成还是反对，然后说明理由，不能既赞成又反对。

第五，发言完整原则。在会议的过程中，不能打断别人的发言。

第六，面对主持人原则。发言需要面对主持人，参会者之间不得直接进行辩论。

第七，限时限次原则。每人每次发言的时间有限制（如约定每次不得超过两分钟）；每人对同一动议的发言次数也有限制（如约定不得超过两次）。

第八，一次一件原则。发言不得偏离当前待决的问题，只有在一个动议处理完毕之后，才能引入或讨论下一个动议，在讨论的过程中主持人应当对跑题行为予以制止。

第九，遵守裁判原则。主持人应制止违反议事规则的行为，作出这类行为的人应当立即接受主持人的裁判。

第十，文明表达原则。参会人在讨论的过程中，无论相互之间存在多大的矛盾，都不得进行人身攻击，不得质疑他人的动机、习惯或偏好，辩论应当就事论事，以解决当前的问题为限。

第十一，充分辩论原则。只有经过充分的讨论，才可以对当前的动议进行表决。

第十二，多数裁决原则。在简单多数通过的情况下，动议的通过要求赞成方的票数严格多于反对方的票数，弃权者不计入有效票。在绝大多数通过的情况下，必须有超过75%的与会者投出赞成票方能通过。

2．会议的通知

议会程序的最基本规则之一是事先通知会议，这是组织家族会议所必须的。提前通知的目的是确保所有会议的参与者能够知道会议的举行时间、地点、讨论的动议和议程顺序等。家族会议往往会像公司董事会一样需要投票批准某项提案或动议，这需要家族成员提前知道内容。

家族会议的组织者可以决定是否允许非家族成员的第三方参加家族会议。在有上述人员参加会议的时候，主持人一般都会选择限制他们发言的事项，特别是在参与人数众多或者多个议程主题有争议的情况时，以防止会议的时间过长或失控。

3. 会议记录

根据罗伯特议事规则，每次会议都要形成记录和纪要，这将使家族成员对会议有一个大致的了解，一般会议记录的基础构成要素包括如下几个方面：

（1）会议的类型，是定期会议还是临时发起的会议，还是休会之后的继续；

（2）会议的日期、时间和地点；

（3）会议的组织者，是家族委员会，还是某个特殊委员会，还是全体大会；

（4）会议的出席者，包括外部参与人员；

（5）说明与会者是否已经阅读上次会议的会议纪要。

会议的主体部分就是有关会议的详细信息，记录人必须确保所有会议的细节都公正完整的记录下来，尤其是以下详细的正式讨论要点：

- 会议上提出的任何议程，以及提出该议程的人的姓名；
- 所有议程的最终措辞和处置方式；
- 有关每个表决的信息，包括唱票表决、计票表决或投票表决；
- 议程所涉问题的执行方式及衡量方法。

（二）世界咖啡议事规则

世界咖啡议事规则的目的是创造一个安全、友好的环境，通过让参与者有效地参与几轮小组对话，有意将一个主题的多个想法和观点联系起来，从而对问题进行充分全面的考量，以获得最优解。

世界咖啡会把参会会议的人分为若干组，当每个小组是四个人时，效果最明显的。世界咖啡顾名思义，会在会议现场摆设多个咖啡桌，每个咖啡桌就是一个讨论组，每一桌都有一个组长。在整个会议的过程，只有组长的位置是不变，组员每讨论20到30分钟就进行一轮轮换，由组长向新的组员总结介绍上一轮组员的观点，以打开新组员的思路。同时，在所有的轮换结束后，每一组的组长需要总结主要的观点，并向现场每一位分享观点。

在会议开始的时候，主持人一定要明确讨论的议题，基本上每次都会聚焦某一个特定的问题，采用一事一议的方式。也可以根据提案的大主题，将大主题分解为若干个细化的问题，每一桌固定讨论某一个问题，这样在有限的时间内，所有的参会者都能够充分讨论所有议题。同时，主持人在每次开会的第一个程序都还要充分说明世界咖啡议事规则和本次会议的目的。

每个组长在组织当桌发言的时候，可以引用借鉴罗伯特议事规则以提高讨论的效率，重要的是要让参与者都有公平的机会充分发言。组长还需要提前准备纸笔，对组员的讨论做重点笔记。

在每一轮小组讨论结束后，要求除组长以外的所有组员都要换到新一桌去，而且要求坐在同一桌的组员不应当一起移到下一张咖啡桌上——相反，他们应该分散开来，这样不同的思想和想法才能碰撞出火花。组长则留在原桌，与下一组人分享上一组人的见解要点。

组长们在所有的讨论都结束后，会进行总结呈词，最后由全体参会人员基于上述观点的总结对议题进行评价，并对下一步工作作出安排。

（三）结语

家族培育的价值观、理想和使命感是家族企业潜在的巨大资源。同时，企业所有权是企业家族成长、发展和在社会上体现其价值观和梦想的无与伦比的机会。家族会议使得企业主能够充分利用这些机会，事实上，家族会议是确保家族企业持续经营的重要资源之一。

家族会议提供了各种重要的好处，包括建立一个更强大的家族和更强大的企业、规划企业和家族的未来、筹划家族参与、开放继承过程以及保留家族传统和历史。筹划家族会议需要深思熟虑，特别是在为第一次会议安排议程和为今后的聚会奠定基础等方面；会议安排应反映出会议的重要性以及与会者的舒适和信心；应谨慎挑选会议主持人，尽可能扩大家族领导基础；应鼓励家族成员分担各种家族会议角色的责任。并且，家族正在进行的议程应该被仔细监督，以确保重要的所有权和家族根本问题得到解决。安排有效的家族会议可能需要大量的努力和计划，但它可以产生巨大的回报，正如上面的例子所表明的，作为家族聚集的动力，可以鼓励成员们按照内心的共同价值观采取行动，产生超越任何个人利益的集体决定，使得企业和整个家族更加强大。

06

第六章 发凡举例：实践给我们的启示

一、背景

王总现年60岁，白手起家，经营一个食品加工企业——好滋味食品有限公司（“好滋味公司”），经过二十多年的打拼，企业由小到大，成为行业的佼佼者。好滋味公司最近几年增长稳定，每年毛利近亿元，带动地方就业近千人，地方政府对公司发展也给予了很多支持，希望好滋味公司能整合地方同类企业，进一步推动地方经济高质量发展，对王总带领公司走向资本市场、发行股票寄予厚望。

虽王总近些年苦心经营，但发展速度一直受限，同行业内其他公司虽然营收不如自己的公司，但前几年上市后得到了资本市场的加持，发展十分迅速。王总觉得上市、整合是个迅速做大做强的好思路，他与券商、律师、会计师进行了多次沟通，中介机构一致认为好滋味公司没有实质上市障碍，故组成了联合工作小组，开始公司股权架构调整、财务/税务梳理等工作。好滋味公司公布了管理层股权激励方案，职工们也信心百倍，感觉企业顺利发展能给个人带来巨大利益。公司及员工形势一片大好，但王总内心有自己的隐忧。

王总有三个子女，大儿子王小甲，现年30岁，为前妻所生，在国外完成高中、大学学业后回国，先是在一个外资食品公司工作3年，后回到家族企业跟随王总管理公司。王小甲为公司产品销售带来了新变化，其建立互联网销售渠道业绩增长喜人，网店销售、直播带货，王小甲互联网销售团队的几十人创造惊人的销售额。王小甲两年前结婚，妻子是大学校友。婚后，王小甲一心扑在家族企业经营上，其开玩笑说：“做实业太辛苦，‘出了工厂就是农田’，亏欠小家庭很多。”

王总十几年前与前妻离婚后与第二任妻子结婚，王太太现年45岁，全职家庭主妇，生有一儿一女，老大是女儿王小乙，现年13岁，老二是儿子王小丙，今年才10岁。王太太是全家的家事大总管，从日常照顾王小乙、王小丙的生活，到安排王小甲的婚事、再到照顾公婆。大家庭在她的打理下井井有条。

公司的发展、家庭的和睦却不能消减王总的隐忧。按目前的工作推进，好滋味公司大概可以在三年后上市，市值预计百亿，届时王总63岁，假设王总身体健康可以再带领家族企业10年，在他73岁时，也有必要进行家族传承了。王总虽然没有系统研究过家族传承，但他知道家族企业的股权不能分散，他希望家族也能在50年、100年内不分散。

前年，王总身边朋友突然去世，两子夺权导致企业分立，这令王总触目惊心。王总也读过一些家族的传承案例和报道，香港特区李锦记家族的纷争与反思、洛克菲勒家族的百年绵延等都让他心生向往。于是，在开展企业上市工作的同时，他开启了家族治理工作，王总的要求是：（1）在实施员工激励的同时，调整好滋味公司的家族持股结构，为十几年后的传承打下基础；（2）确保选出优秀的接班人，并且保证接班人能带领家族持续发展。

公司开启上市流程是对企业家的巨大考验，上市前家族企业是个“私人公司”，公司股东数量有限，关系紧密，企业主在企业一言九鼎，生产、销售、财务、行政一手抓，家族成员把控企业关键岗位，公司财务信息不公开、不透明，存在严重的税务不合规情况。上市后，家族企业将成为“公众公司”，公司股东数量众多，除少数股东关系紧密外，多数股东通过公开交易取得股票，公司要依据《公司法》及《证券法》要求建立合适的公司治理制度，并保证治理制度的有效运营，公司上市前或上市后要披露公司运营的关键信息，公司要按上市要求规范财务及税务。对于企业主来说，家族企业上市意味着对个人权利的约束，也意味着巨大的成本支出（很多公司以补缴税款开启上市流程）；但是，为了借助资本市场发展，壮大家族企业，增强企业传承的可能性，上市是家族企业迈入新发展阶段的必经之路。

家族开启家族治理实践对企业家也是巨大考验，一般情况下，血缘、亲情是家族繁衍、发展的主导因素，家族世代生息后发育出家族精神，激励、约束家族成员。以家族企业为代表的家族财富为家族发展提供新动力，也带来新冲击。为了规范家族企业传承、平衡家族各支系利益，家族企业第一代创始人就要为家族建立一套规则——家族治理。开启家族治理是对家族第一代的约束，从之前的家族事务“一言堂”到家族成员的参与、协商、表决，家族第一代以自我接受约束的表率作用，向后代昭示建立及遵守规则给家族长久繁衍带来的巨大利益。

王总是中国民营企业家的典型代表，坚毅、执着，发扬企业家精神，完成了家族企业从无到有、从小到大的伟大转变，同时积累了丰厚的个人财富。为了企业的发展，王总以企业改制及合规为起始，向资本市场靠拢；为了家族的传承，王总以制定家族宪章及开启家族治理为手段，为家族发展建立规则。

企业上市和家族治理，任意一个任务都是复杂而艰巨的，更何况王总要同时完成两个任务，但是在企业准备上市时开启家族治理也有特殊的优势。企业会在准备上市前进行股权结构调整，通常第一代创始人的持股一般是以个人直接持股或是以家族持股平台（公司形式或是合伙企业形式）体现，企业管理层激励方案也包括了家族其他成员。家族企业所有权结构与家族治理紧密相关，在开启家族治理实践时也涉及对家族企业股权结构的调整。借上市调整之机，考虑家族治理因素，一次股权结构调整同时满足企业上市和家族治理之需，一石二鸟，避免了多次股权调整带来的税务成本及寻找股权调整时机的感情成本。

上市意味着企业踏上了资本的快车道，企业价值在资本的加持下会得到大幅度的提升，家族企业第一代创始人及家族其他成员的财富会极大增值。家族治理不可避免涉及对家族不同成员利益分配，对于企业未来话事人的选择等安排，治理的过程是利益分配及利益平衡的过程。若待上市成功、企业价值放大后，再行处理利益问题，其难度远大于在企业价值被资本市场放大前处理。在家族企业筹划上市的初期，家族企业的价值未被放大，家族成员面对的利益冲突量级小，调和的难度小于上市后，故是调整家族利益的好时机。

家族传承对于王氏家族而言是个“重要而不紧急”的话题，王总觉得随着企业发展及自己的年龄增加，应该把传承问题提上议事日程，但开始家族治理专项工作意味着，要支付费用雇用专业服务人员，要为家族企业股权调整支付税务成本，要投入精力学习专业知识、改变固有认识，要为鼓舞家族成员参与、处理家族利益纷争投资感情成本。一端是现时的时间、感情、经济成本的支出，另一端是家族传承或有的长远利益，王总一直在平衡，以寻找合适的开启时机。贸然开启这个话题，会让家族其他成员感到奇怪。王太太会想“他为什么突然跟我聊夫妻财产所有的问题”？孩子们会想“爸爸是不是偏爱我的兄弟/兄妹”？每个人都在等待一个时机，让这个“重要而不紧急”的话题变得既重要又紧急。企业上市为王总的决策增加新的考虑因素，上市带来的规范成本、学习适应成本及巨大的资本收益，让王总觉得不能错失这个时机来讨论即将浮现的家族企业帝国的传承问题。家人们也觉得不应该等待传承危机浮现之时才去寻求解决之机，应早早筹划、实施并反馈调整，否则父辈们辛苦一生建立的家族及企业就会付诸东流。

从家族治理角度看家族企业股权结构，王总面对着独特的考虑因素。

1. 在大家族内部存在小家族的利益考量。王总、王太太、王小甲及其配偶、王小乙、王小丙以血缘及婚姻为纽带组成了王氏大家族，大家族内各成员有共同的利益诉求。王小甲为前妻所生，现已成家分户，即将迎接新生命的诞生，形成一个完整的小家庭。王小甲已成为王总的左膀右臂，对比其他家族成员，他承担了更多的责任与压力，故王总要考虑王小甲“多劳多得”的利益诉求及其小家庭的利益诉求。王总与王太太生有王小乙、王小丙，四人也在大家族内形成关系更紧密的小家庭，王小乙、王小丙年龄尚小，要为他们未来进入家族企业保留充分的可能性。

大家族及小家族的区别对应着家族财产与个人财产的区别，这个区别在王总身上尤为突显，其原因在于若王总持有的财产属于大家族，则其管理、传承应更多的受制于依据家族宪章建立的家族治理及传承规则，若王总持有的财产属于小家庭，则王总对其拥有更多的自主处置权。该区别及影响同样适用于其他家族成员持有的财产。

2. 王太太的利益考量。王总虽与王太太是二婚结合，但结婚十几年感情和睦，王总财富积累及家族企业的发展大部分是发生在婚后十几年内，依据《民法典》规定，上述财产、权益都是夫妻共同财产。基于王总“在直系血亲内传承家族资产”的想法，他需要防范离婚财产分割风险。为让传承更有序，王总要拥有自主决定家族财产（以家族企业股权为主）传承的权力。无论是防范离婚财产分割风险还是要自主决定传承，王总都需要通过某种方式将本属于夫妻共同的财产进行“个人化”。虽然家族传承是个非常正当的调整利益的理由，但将共同财产个人化至王总，是对王太太现实利益的侵害。如何保证王太太的利益诉求使其有动力配合是王总需要着重考虑的问题。这个问题又与小家庭的利益考量相关联，基于王小甲的年龄优势，王小甲更有可能成为家族企业的接班人，若王太太同意将共同财产个人化至王总，实际上就是原来属于王太太及王小乙、王小丙的家族财产“拱手相让”给王小甲。家族传承是家族整体的利益诉求，是群体目标，但不能以过度牺牲王太太的正当利益为条件。

3. 如何选贤举能？与独子家族不同，王总有三个孩子，他认为三个孩子都应该为家族企业效力，如何激励、甄选出合适的家族企业接班人也是王总十分关注的。王小甲基于年龄优势，跟随王总经历企业做大、上市过程，具有“先发优势”；王小乙、王小丙年龄尚小，如何在兄长的“先发优势”下，塑造两人的商业能力，让两人也如兄长一样投身家族事业。王总从自身的成长经历摸索优秀接班人应具备的品质，他希望将这些品质以可量化的方式向孩子们展示，明确地告知孩子们要想成为家族接班人应该符合这些标准。同时，为了向三个孩子提供公平的参与机会，王总也同意向孩子们提供同等的家族企业参与机会或是创业扶持机会。为了避免各种意外打破正常的传承进程，王总希望将传承成为一种“自动执行”的机制，即设定一种方案，能考核三个孩子，并且依据考核结果自动选择、调整接班人，要将“神秘化”的传承变得公开、透明、可期待。

4. 风险隔离。作为典型的企业家，王总多年来一直在商海里打拼，个人财富也基本用于投资扩大生产，王太太作为家族大总管，对王总这种视商业为生命的行事风格很担忧。另外，王总也知道企业上市不光是搭上资本的快车道，也意味着风险会被放大。王总有些上市公司的老板朋友就因为公司扩大规模向金融机构融资，被金融机构要求承担个人连带担保责任，甚至是老板的配偶也要一同签署担保合同。融资完成后，因为各种原因，上市公司无法偿还债务，导致老板及其配偶被金融机构追索，还列入“失信被执行人”，成为老赖。王太太也一再向王总强调要家企隔离，不能让企业经营风险影响家庭生活。

王总最开始的想法很“朴素”，要“一百年不分家，一百年不分业”，希望儿子、孙子都在家族企业任职，要求家族企业的传承必须明确可见，不想看到子孙后代为传承分配问题而生不睦。王总与王太太进行了初步讨论，王太太认为要"一碗水端平"，孩子们虽然能力可能各不相同，但每个人的初始机会都应该一样。在这样的思想主导下，王总自行勾画了第一版家族企业股权持有结构图。

第一版家族企业股权持有结构图（"方案一"）如图6-1所示。

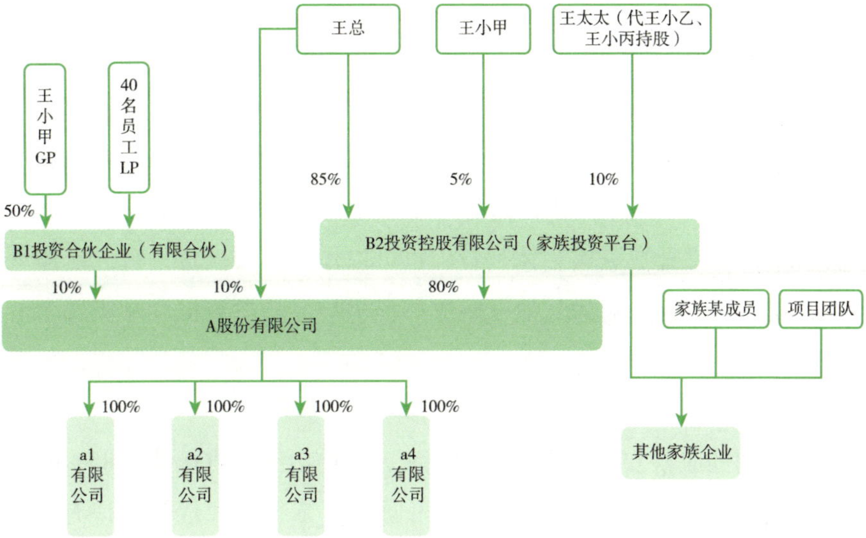

图6-1　第一版家族企业股权持有结构图（"方案一"）

方案一的特点是平均，平衡了大家族与小家庭的利益、各家族成员的利益，其考虑要素有如下三点。

1. 王总直接持有A公司10%股权，该10%股权归属于王总及王太太的小家庭，实际上最终利益享有者可能是王小乙、王小丙；

2. 王小甲通过员工激励平台B1投资合伙企业（其直接持有A公司10%股权）间接持有A公司5%股权，该5%股权归属于王小甲及其小家庭；

从小家庭利益角度看，王小甲通过股权激励持有5%权益，王小乙、王小丙通过王总、王太太持有5%权益，三个孩子的现实利益都得到了保障。

3. B2公司作为家族持股平台公司，是家族财产的主要载体。目前，B2公司持有A公司80%的股权，A公司改制上市之后，B2公司也将成上市公司的最大股东。以家族持股平台公司代替个人成为上市公司最大股东可以起到税收递延和投资平台的作用。B2公司从上市公司取得的分红或是解禁后变现取得的收益进入B2公司后，其可以再行投资设立、运营其他家族企业，或从事新业务，或从事A公司关联的业务，以发挥协同作用。王小甲目前在A公司担任高管，若干年后B2公司设立其他公司时，有可能让王小乙或王小丙担任高管。故B2公司既可作为所有家族企业的最大股东，集“合”家族整体利益，也可以作为家族投资平台，延伸不同产业线，以“分”业为其他家族成员提供均等的参与机会及实现个人利益的机会。

B2公司的股权安排也贯彻平均主义，目前由王总直接持有85%的股权，王小甲持有5%、王小乙及王小丙通过母亲王太太代持各持有5%，王总通过控制B2公司进行控制公司，主导A公司的生产、经营。

王总年已六旬，不能不考虑家族企业的传承问题，在方案一中，传承的重心落在B2公司85%股权的传承上，即谁取得了B2公司85%股权谁就控制了B2公司，近而间接控制了家族持股平台公司下的其他公司（上市或非上市）。从法律上分析，王总直接或间接持有的B2公司、A公司的股权利益都是夫妻共同财产，王总对这些股权利益的处分（生前赠与、遗嘱处分等）都应取得王太太的同意，王太太基于离婚财产分割及传承给王小甲的担忧，十分抗拒将B2公司85%股权的处分权完全授予王总。为了平衡王太太的利益诉求，王总主张以“平分”作为处置B2公司85%

股权的主要思路，即通过王总及王太太同时签署的家族财产管理协议的方式，明确在王总去世时，B2公司85%股权平分给三个孩子。家族财产管理协议不涉及B2公司以外的资产，故王总直接持有人A公司股权或王总个人名义的房产等仍按法律确定遗产继承的一般原则处理。“平分”的处置方案得到了王太太的认可，据此，王总将方案通过律师向王小甲征求意见。

香港特区李锦记家族的故事深深触动了王小甲，第一代李锦裳将家族企业股权分给第二代李兆荣、李兆登、李兆南，三兄弟间因经营理念不同导致家族分裂，第三代李文达辅佐李兆南收购了李兆荣、李兆登股份。李锦记家族第三代李文达、李文乐持有家族企业股份后，再因分家产生矛盾，李文达收购了李文乐的股份。李锦记家族第三代两次传承发生两次的分裂均源于兄弟共同持有家族股份，幸运的是，李锦记家族两次从分裂危机中走出来。而一般的家族很难有李锦记家族这般幸运，一次分裂就足以留下“创造、继承、毁灭”的悲剧。

王小甲对方案一的最大担忧是父亲去世后A公司的实际控制人是谁？如果按方案一所示的“平均化”思路，三个孩子直接及间接持有A公司的股权比例相同，构成了共同控制。在现实情况下，王小甲对公司及业务了解较多，其在公司的影响力会大于王小乙、王小丙，但是王小乙、王小丙合计的投票权又大于王小甲，此时会不会发生李锦记家族中的冲突？

此外，王小甲觉得方案一未能区分不同家族成员对于家族企业的参与程度。王小甲全身心扑在工厂、渠道，为家族企业的扩大作出了重要贡献；王小乙、王小丙正值学龄，未参与家族企业。如果不加区分，让三个孩子享有同样的权益，会让王小甲产生“躺平”的想法。王小甲还认为平分的做法还起不到选贤举能的作用，企业经营优胜劣汰毫无亲情可言，所以家族企业必须交给最有商业能力的后代运营。只有家族内部有合理竞争及奖励机制，才能选出合适的接班人，虽然淘汰了未接班者，但这是整个家族长期繁衍所必须的“合理的残忍”。只要通过其他方式能补偿落选者，也是可以达到总体公平的效果，而不应该机械地追求绝对的形式上的平等。

总体上，王小甲认为平均化的方案一对家族及家族企业都不是一个好选择，在王小甲的顾问帮助下，王小甲提出了如下的家族企业股权持有结构：

第二版家族企业股权持有结构图（“方案二”）如图6-2所示。

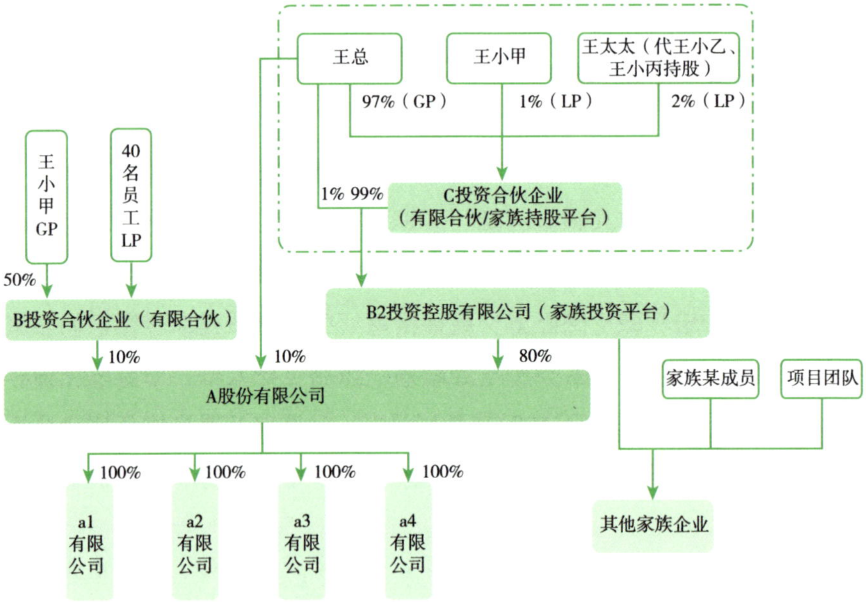

图6-2　第二版家族企业股权持有结构图（“方案二”）

方案二的特点是“为准备传承而集中”，将家族持股平台公司的主要权益集中在王总一人，由王总决定传承方向，其考虑要素有三点。

1．王总直接持有A公司10%股权，该10%股权归属于王总及王太太小家庭，实际上最终利益享有者可能是王小乙、王小丙；

2．王小甲通过员工激励平台B1投资合伙企业（其直接持有A公司10%股权）间接持有A公司5%股权，该5%股权归属于王小甲及其小家庭；

3．B2公司作为家族持股平台公司，是家族财产的主要载体，由B2公司持有A公司80%的股权。跟方案一最大的不同是，B2公司的股东从王总（85%）、王小甲（5%）、王太太（代王小乙持有5%，代王小丙持有5%，）调整为由C有限合伙企业持有99%股权、王总持有1%股权，C合伙企业内由王总持有97%份额并担任普通合伙及执行事务合伙人、王小甲担任有限合伙人持1%份额、王太太担任有限合伙人持2%份额（代王小乙持有1%，代王小丙持有1%）。以有限合伙企业取代家族成员持股的主要目的是利用有限合伙企业中执行事务合伙人的法定职权控制家族持股平台，减少家族成员对家族持股平台传承时的干预。一旦王总确定传承意向，依据合伙协议的特殊约定，选择任一有限合伙人转化为普通合伙人，即可完成家族企业控制权及权益的转移。

为了达到避免李锦记家族两次分裂的目的，王小甲坚决反对平分家族企业股权及类似方案，要求从下一代中选择最合适者继承家族企业，不能对家族企业实施下一代“共治”。为此需要他要求在家族企业所有权结构中提前安排，以保证王总对家族企业的绝对控制，以及对传承的绝对控制，要在所有权结构安排中，为顺利传承作制度安排。并且，为了使得传承从随机、神秘、不可预测事件变成公开、透明、可预测的事件，他要求在家族宪章中明确下一代接班人的标准，以及考核接班人、确认接班人的具体流程。在参考李锦记家族接班人标准基础上，他提出王氏家族企业的接班人必须符合以下条件：

- 应具有“985/211”高校或世界排名前100的高校的本科及以上学历；
- 具备两年以上家族外企业工作经验；
- 至少具备一次有价值的（从创业项目、规模等方面综合考虑）创业经历；
- 进入家族企业工作的时间不低于两年、担任公司中层及以上职务、取得的成就获得2/3及以上企业高管的认可；

在此基础之上，由王总进行考核并最终确定接班人。

王小甲的方案以“效率”为出发点，着重于选择出一个合适的接班人，打破绝对公平、鼓励第二代竞争。王总就方案二向王太太征求意见时，王太太以消极表态的方式表达了反对，其不同意方案二的原因有两点：

1. 目前家族传承的主要对象是家族企业A公司，而A公司是归属王总及其第二任妻子的王太太的夫妻共同财产，法律上，A公司的传承应该取得王太太的同意，不能由王总一人决定；

2. 王小甲年长于王小乙、王小丙，跟随王总经营企业，具有先发优势，很可能在接班人竞争中取得胜利；

3. 若任由王总决定王小甲接手家族企业，虽然有利于家族企业本身及整个大家族，但实际上是将本属于王总、王太太、王小乙、王小丙小家庭的财产让渡给了王小甲及其小家庭。

家族支系利益与家族整体利益的调和是很多家族进行家族治理实践要面对的重大问题，站在个人利益立场上考虑，王太太对方案二的反对是合理的。若以“公平”原则进行家族传承，以平分为方法，则家族治理项目可能很快实施，但“公平”确实也不利于家族企业的传承；若以“效率”原则进行家族传承，以“选贤”为方法，则家族企业更有可能顺利发展，但不利于王太太利益。如何平衡两者矛盾，让王总焦头烂额。

面对眼前的困境，王总反倒觉得更有必要进行家族治理，因为“公平”与“效率”矛盾始终是家族绕不过的问题，在自己对家族影响力最强时，暴露问题、直面利益分歧是件好事，有利于调和矛盾、解决问题，不能在家族和睦的背景下掩饰问题，否则在自己年老失去对家人影响时让后代们自行探寻解决方案，只能毁损亲情、分裂家族、拖累企业。

李锦记家族的经验要吸取，王太太的利益要考虑，在家庭亲情及家族整个利益的感召下，完全可以将两者融合，探寻新的解决方案，我们提出了第三版方案家族企业股权持有结构图，并综合家族治理的现实，我们提出了整个解决方案。

王氏家族企业股权持有结构及家族治理方案（“方案三”）如图6–3所示。

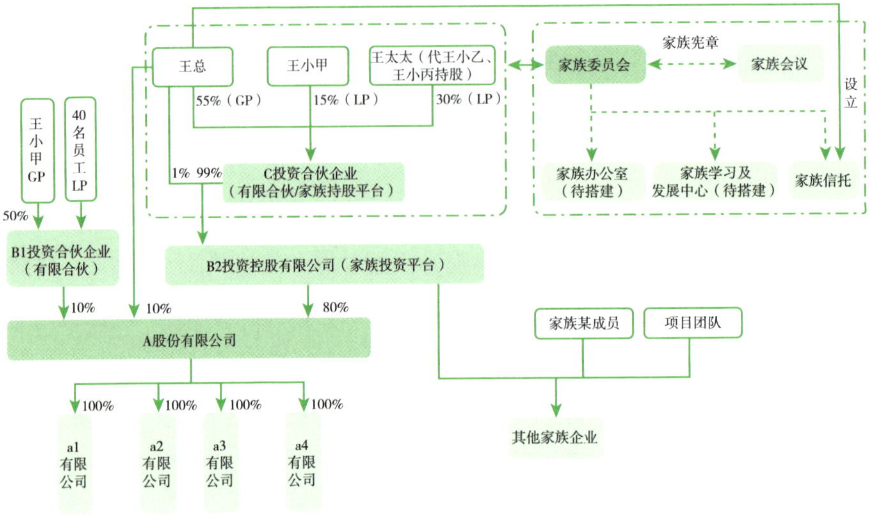

图6-3　王氏家族企业股权持有结构及家族治理方案（“方案三”）

方案三的基调是“为准备传承而集中”，但是在集中的基础上，增加了各第二代候选人的权益份额，平衡了彼此利益。在规划家族企业股权持有结构的同时，起草了《王氏家族宪章》，成立了家族会议、家族委员会、家族信托等，在家族宪章中，针对该家族的个性化问题进行了特殊约定。

王总担任C合伙企业的普通合伙人、执行事务合伙，持有55%权益；王小甲担任C合伙企业的有限合伙人，持有15%权益；王太太代王小乙、王小丙担任C合伙企业的有限合伙人，持有30%权益。对比第二版，王小甲、王小乙、王小丙持有的权益从1%增长到15%，意味着即便是王小甲在接班人竞争中获胜，王小乙、王小丙仍间接持有家族投资平台公司近30%权益，他们可以分享家族投资平台公司部分利益，或是要求王小甲以合适的价格收购两人的权益。

为了进一步平衡王小甲的先发优势，在《王氏家族宪章》中约定：

第三十二条　家族成员在满足如下条件时，可以从家族财产中获取创业支持资金。

1. 该家族成员具有经营、管理该类项目的经验，并提供证明材料；

2. 向家族委员会提供创业项目的可行性分析；

3. 资金要求公平、合理；

4. 承诺创业成功后偿还创业支持资金或与家族分享收益。

家族委员会应向王小乙、王小丙提供的创业支持资金不少于1.5亿元。

上述约定要求家族委员会给予王小乙、王小丙同等的创业支持机会，以发掘各自的商业才能。

为了让王太太在夫妻财产协议中放弃家族企业权益，王总需要以某种方式对其进行补偿，且补偿的金额与其放弃的权益相比不能过小。王总目前没有太多现金资产对王太太进行补偿，唯一可以被寄予希望的就是几年后家族企业上市进行的分红及资产增值变现或其他资产。为此，在夫妻财产协议中，对王太太放弃家族企业权益设定了前提条件，即王总在家族企业上市后应该设立家族信托，信托要素为：

- 信托目的：保障家族成员的日常生活。
- 设立人：王先生。
- 受益人：王先生配偶及家族其他成员，其中王先生配偶的受益份额应大于35%。

- 保护人：王先生配偶，在信托设立后代替设立人行使信托财产的管理及分配权利；保护人可以指定继任保护人。
- 可撤销性：不可撤销。
- 信托财产：上市公司股票变现、上市公司分红或是其他财产，信托财产规模（包括并不限于：资金数额、股票公允价值、基金净值、保险保额等）应大于人民币5亿元，可在信托设立后一次性或逐年置入信托。
- 受益人及受益份额调整：
  - 保护人可增减受益人及其他受益人的受益份额；
  - 若因王先生过错导致双方离婚的，王先生配偶将不可撤销地取得70%的信托受益份额；若因王先生配偶过错离婚的，王先生配偶自动丧失保护人身份和信托受益权。
- 家族信托一旦成立，则家族成员受益花费均从家族信托支出。

简言之，若王总要想独自处分家族企业，则其应通过设立信托的方式对王太太进行“赎买”，在信托设立且资金规模大于5亿元后，双方在夫妻财产协议里约定王太太放弃家族企业权益的条款方才生效。该信托成立后，王太太至少取得了5亿元的35%，即便是王总最后决定将家族企业交给王小甲，王太太也能通过信托份额的方式保证其与王小乙、王小丙的利益。

鉴于王总目前主要资产均用于企业经营的现实，为了减轻5亿元信托资金对于王总的压力，在信托要素中将信托财产规模定义为资金数额、股票公允价值、基金净值、保险保额等，王总不需要只将目光局限于上市公司分红或是变现上市公司股票，可以置入更多形式的金融资产。

实际上，王总与王太太确定上述信托要素的同时，已经着手安排多样化的信托资产置入，以解决王总现金不足的问题，他们确定了两种方案。

1. 保险金信托——终身寿险

人寿保险是以人的生命为保险标的，以人的生存或者死亡为保险事件，当被保险人在保险期限内死亡、生存至保险合同期满或约定的年龄时，保险人按照合同约定支付死亡保险金或生存保险金的一种人身保险形式。终身寿险是人寿保险的一种，给被保险人提供终身保障，保额一定会赔付，且保额一般是保费的几倍或十几倍，相当于以被保险人的生命为杠杆，提前锁定资产。以大额终身寿险作为信托资产的家族信托又被称为保险金信托，将终身寿险放入家族信托，可以由家族信托支付保费，家族信托成为保险金受益人，按照信托设定的规则管理、分配保险金，既利用了终身寿险的杠杆作用，又强化了保险的传承功能，是财富传承与规划的重要实现方式。

根据测算，王总每年缴纳920万保费，缴纳10年，即可获得1.5亿的保险金额。经专业保险经纪服务，王总通过了某保险公司的健康核保与财务核保，与该保险公司签订了终身寿险的合同，王总在第一次缴纳920万保费后，即拥有一张1.5亿保险金额的保险。在设立家族信托前，由王总个人直接缴纳保费，受益人是三个孩子（平分）；在设立家族信托后，将该保险的投保人及受益人都更改为家族信托，即后期的保费由家族信托支付，王总去世后，保险公司向家族信托赔付1.5亿，该1.5亿按届时有效的家族信托分配规则分配。

向家族信托置入1.5亿元保额保单，利用了终身寿险的杠杆作用，王总只需要付出920万保费的代价即可将家族信托的规模要求，从5亿调减为3.5亿，极大减轻的了王总的现金压力。

2. 上市公司股票信托

虽然目前中国的家族信托以资金信托、保险金信托为主，但以上市公司股票为信托标的的信托也逐渐成熟，其基本结构如图6–4所示。

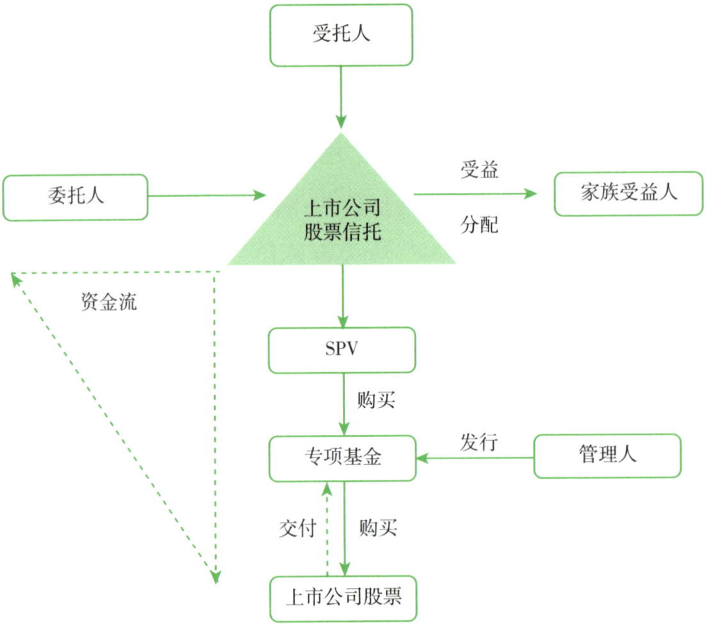

图6–4 上市公司股票信托基本结构

王总作为委托人，在家族企业上市后，在家族信托下按上述结构搭建框架，王总向家族信托交付资金（或指令信托公司利用家族信托内已有资金）后，家族信托通过专项基金向王总购买家族上市公司股票，王总将个人名下股票过户给家族信托项下专项基金，专项基金向王总支付转让对价，王总收到转让对价，扣除税务摩擦成本后，将剩余资产再次置入家族信托，以此循环操作，直至足够数量的股票置入家族信托。除了满足信托财产规模要求外，置入家族上市公司股票的好处还有：（1）满足家族控制上市公司的要求，王总通过参与管理人的运作可以拥有这些股票的投票权；（2）市值管理。

信托除了“赎买”的功能外，在家族治理中还有如下作用。

1. 风险隔离

民营企业向金融机构融资时，除了提供抵押外，企业主及配偶还要提供连带责任担保。家族企业上市后，会有更多机构与金融机构发生业务关系，王总及其配偶不可避免要向金融机构就公司债务提供连带责任。商业经营风险不可预测，万一公司不偿还债务，金融机构就会向王总及其配偶主张债权。家族企业经营风险的外溢导致了“公司承担有限责任”，而“企业主承担无限责任”。为了防止公司经营拖累家族生活，王总需要提前进行债务风险隔离。合法设立的信托，因其信托财产独立性，有债务隔离的作用。

2. 落实家族成员受益政策

为保障家族成员的基本生活，增加家族黏性，平衡参与型家庭成员与非参与型家庭成员的利益冲突，《王氏家族宪章》设定了如下的受益政策：

1. 生活补贴：每名家族成员每年可取得100万元的补贴。

2. 保险补贴：家族为每名家族成员配置足额覆盖风险的人寿保险及医疗等保险；鼓励以保险方式保障家族成员水平及资产传承。

3. 医疗补贴：家族每年为每名家族成员以实报实销的方式提供人民币80万元额度的医疗补贴，用以支付医疗保险不能报销的医疗费用。若有重大疾病等特殊情形，可以额外向家族委员会申请医疗救助。

4. 住房补贴：家族为无住房的成年家族成员提供一性次不超过人民币2 000万元的住房补贴，用于其购买住房或租房。

5. 教育补贴：在支付学费和生活费之外，家族每年为每名接受学校教育的家族成员直接提供人民币40万元教育补贴。

受益政策的执行需要有资金保障及机制保障，避免受到家族话事人的喜好、选择的影响，信托是依据信托协议、由信托公司主导的法律制度，其制度的确定性及信托公司信誉度提供的执行力，为受益政策的执行提供了保障。

故《王氏家族宪章》受益政策补充说明如下③：

- 本家族宪章所列受益政策的资金由家族委员会主席保证（可由其自行直接支出，也可由其通过其他方式解决）；
- 在设立家族信托后，本家族宪章所列受益政策将转化为家族信托受益政策，由家族信托承担，受益人增减、受益数额、受益条件等由家族信托中的有权主体确定。

为了保障家族成员的生活品质，家族受益政策罗列了家族成员可能发生各项生活需求，家族成员要充分利用保险所具有的对冲风险、杠杆、传承的作用，故有必要为全体家族成员配备保险，基本的保险方案如下。

---

③ 感谢境外保险架构设计者杨开先生提供方案。

（1）高端医疗保险。王氏家族在规划过程中，核心的问题之一就是应对未来不确定性的管理，其中就包含的医疗健康管理。家族需要的不仅限于基本的医疗需求，而是全面的高质量的管理与服务。因此，高端医疗保险成了必要选项。然而，高端医疗险的保费，随着投保人年龄的增加，会产生数倍乃至数十倍的增长，从而增加了医疗管理的不确定性。年金+医疗的综合保险方案解决了问题，即通过购买年金险，以年金分红而覆盖医疗险的保费。根据王氏家族成员目前的年龄，考虑到家族青年一代可能在国外学习、生活，经比较，他们选择了一款保障地区覆盖全球产品，负担住院及门诊费用，一次性缴纳近千万的年金保费。

（2）王太太的终身寿险。从理性上，王太太当然知道家族企业是家族发展、凝聚的核心，所以应当从三个孩子中选择商业能力最强者接班家族企业；从感情上，王太太也自然应该为自己两个孩子的利益做筹划，而且王太太认为自己的两个孩子可以按照兴趣选择自己的生活，不一定要以经营企业作为生活方式。虽然有家族信托作为家人基本生活的保障，在整体安排之外，王太太也打算为自己的两个孩子作出特殊安排。她效仿王总，以两个孩子为受益人投保终身寿险，方案如下：

王太太45岁，年缴550万，缴纳10年，锁定1.5亿保额（如80岁前因意外身故，则总理赔金为3亿）。由于王太太与王总的年龄差距，保费较王总便宜了近一半。从而凸显出家族规划与高端保险尽早实现的优势。

在家族信托成立前，保费由王太太自行负担，在信托成立后，由信托将资金支付给王太太专项用于支付保费，但该保险的受益人并不是家族信托，是王太太的两个孩子，故其保险金的传承规则可由王太太自行确定，不受信托规则约束。

考虑两个孩子尚未成年，王太太的保单可装入一个独立的保险金信托，保险的受益人为信托，而信托的最终收益人为两个孩子，让保险在信托的加持下，发挥更全面的传承功能，对孩子们的上学、就业、婚姻、生育、创业等人生发展规划作出要求和激励，从而实现王太太的愿望。同时，王太太也依然保留作为投保人，掌握对保险资产的支配权。保单的现金价值对于投保人在任何情况下都是可以信赖的，具有确定性的可观资产。在需要的时候，王太太可以变现保单解决需求，如养老，债务等。并且，王太太拥有实时改变受益人权益的权力，从客观上可以起到促进孩子尽孝道的作用。

3. 调动配偶参与家族治理的积极性

王太太曾抱怨“王总是个只有公司没有家庭的人”，王太太不想让家庭生活过于企业化，她希望家庭温馨、和睦、价值观多元。王太太从家庭生活方面对于家族治理有自己的认知，其强烈希望构建新型的家庭生活。王太太想法的落实必须建立的物质条件支持之上，家庭信托正好为她提供了所需的物质手段。在信托设立之后，王太太就拥有了管理信托财产及分配权，通过受益权的设定，王太太可以在家庭生活管理上为家庭治理贡献力量。

方案三通过调整有限合伙企业的权益份额及设立家庭信托，缓和了家庭条支系的利益冲突，保障了配偶的权益，为家族传承打下合理性及合法性基础。在此之上，经反复磋商，多次修改，制定并通过了《王氏家族宪章》。

为保证家族企业有序进行，《王氏家族宪章》加入“家族传承”章节，其主要内容为：

第三十五条 家族企业实际控制人是指家族持股平台的大股东、普通合伙人等能够通过投资关系、协议或者其他安排实际支配家族企业的人。为了保障家族主要财产（即家族企业权益）的传承，继任家族企业实际控制人由家族委员会主席从其后代家族直系成员中考察、选择，继任者应同时具备如下条件：

- 应具有“985/211”高校或世界排名前100的高校的本科及以上学历；
- 具备两年以上家族外企业工作经验；
- 至少具备一次创业经历，且被2/3及以上成年家族成员认定为有价值（从创业项目、规模等方面综合考虑）；
- 进入家族企业工作的时间不低于两年、担任公司中层及以上职务、取得的成就获得2/3及以上企业高管的认可。

基于上述条件，由家族委员会主席选出继任者。如在家族传承时，全部家族后代直系成员无法同时满足上述条件的，可由家族委员会主席从中择优选择继任者。

第三十六条 家族委员会主席年满六十五周岁前，其应提出继任者预先安排，以应对各种事件导致的家族委员会主席去世或无行为能力、限制行为能力；家族委员会主席年满六十五周岁后，其应公布继任者考察结果，提出继任者正式安排，并每三年向家族委员会更新一次考察结果及正式安排，以保证该正式安排持续符合本宪章第三十五条规定的标准。

家族委员会主席可自行向继任者移交家族企业控制权；未

自行移交的，在其去世后，由预先安排或正式安排所确定的继任者取得家族企业控制权。

第三十七条　为满足家族传承及家族企业退出的需要，家族企业权益（股权、合伙份额、受益份额等）除经家族委员会同意外，不得向非家族直系成员转让；家族持股平台的章程或合伙协议应有相应表述。

年度家族大会召开时，持有家族企业权益的家族成员可以与其他家族成员协商转让其持有的股权和权益，转让价格应该达到市场公允价格的80%；家族委员会应对定价及转让提供帮助、指导。

若无其他家族成员要求购买待转让的家族企业权益，家族委员会可指定某位家族直系成员受让该权益。

同时，为了在家族传承事项上，连接家族治理与企业治理，在有限合伙企业章程中，约定如下：

第十章　财产份额转让、出质及继承

第十三条　普通合伙人王某有权向其直系后代转让其持有的有限合伙财产份额，并自行确定拟转让的数量、价格及受让人。

第十五条　普通合伙人、有限合伙人死亡或者被依法宣告死亡时，其继承人或者权利承受人可以依法取得该有限合伙人在有限合伙企业中的资格。

第十二章 有限合伙人和普通合伙人的相互转变程序

第二十条 普通合伙人将依据如下原则考查有限合伙人并将其转变为普通合伙人：

- 应具有“985/211”高校或世界排名前100的高校的本科及以上学历；
- 具备两年以上家族外企业工作经验；
- 至少具备一次创业经历，且被2/3及以上成年家族成员认定为有价值（从创业项目、规模等方面综合考虑）；
- 进入家族企业工作的时间不低于两年、担任公司中层及以上职务、取得的成就获得2/3及以上企业高管的认可。

在家族持股平台公司章程或持股合伙企业合伙协议中嵌入与家族传承相关的条款，提高了家族传承的法律支持力度，在家族宪章的道德约束力中加入《公司法》或《合伙企业法》的法律约束力。

王总对《王氏家族宪章》的通过及家族成员的参与由衷地感到高兴，在第一次家族大会上，他感谢各位家人为了家族传承的整体目标所作出的牺牲与贡献，尽管过程不是一帆风顺，但中间的波折反而让家族成员感受到家族的凝聚力及家族团结的价值。

附件一

罗斯福家族宪章④

④ 为行文方便，基于摩根・士丹利小册子Family Constitution and Family By-laws杜撰詹姆斯・罗斯福家族，本宪章及附属的家族财产管理及分配规章着眼于家族财富的管理、分配事宜，并未过多涉及家族精神归纳及传承，也未涉及家族企业的管理及传承。

罗斯福家族宪章

鉴于

1. 本宪章各方均认可，詹姆斯·罗斯福（　　年　月　日出生　　年　月　日逝世），通过毕生辛勤工作积累财富，惠及家人，泽及社区。他对家族财富管理的观点应继续作为投资、消费和管理家族的指导原则。

2. 詹姆斯·罗斯福认为，每位家族成员通过自我努力、充分发挥其潜力所得到的收获远比从家族财富中所获的支持重要。

3. 詹姆斯·罗斯福还认为，家族成员的主动性、进取心和壮志雄心如果没有物质基础保障犹如空中楼阁，容易破灭。

4. 各方都认为应避免家族成员滥用家族财富，使他们成为自立、自足的社会成员。

5. 各方希望在詹姆斯·罗斯福三个子女的各个家庭之间保持家族认同感，以便为共同投资和管理家族财富提供合作基础，并共同对家族成员个人消费、慈善用途或家族财富的其他用途施加限制。

6. 为了实现上述目标，各方均希望按照本宪章和《罗斯福家族财产管理及分配规章》（及后续的修订和重述）的规定行事。

7. 各方均无意以通过本宪章及规章的约定以任何方式限制家族信托、基金会或其他实体中受托人、董事、管理者的权限，以影响他们在资产的投资、管理或分配或任何其他事项作出独立的决定。

各方均同意以下规定适用于家族财富的投资和管理、个人消费和慈善用途或其他用途。

第一节　家族治理

第一条　本文第二节所述的家族顾问委员会应制定有关家族财产的投资和管理、家族成员个人消费以及慈善或其他用途的政策和指南。

第二条　具体而言，根据家族宪章的进一步规定，家族顾问委员会应通过相关规章涵盖如下内容：

①家族顾问委员会在制定其政策和准则时应遵循的一般原则。

②家族顾问委员会关于家族财富的投资和管理的建议政策和准则，包括关于制订和通过投资计划和战略、保留外部投资专业人员以协助执行此类投资计划和策略，并对其进行定期审核。

③家族顾问委员会关于家族成员个人消费的建议政策和准则，包括关于对于消费目的和水平的建议及其定期审查。

④家族顾问委员会关于将家族财富用于慈善的建议政策和准则，包括关于慈善目的、支持水平的建议以及定期审查。

第二节　家族顾问委员会

第三条　成员组成。家族顾问委员会应由三类有投票权的成员组成：执行委员，常任委员和罗斯福家族代表。

执行委员：执行委员应为在管理、咨询、法律、会计、商业、投资银行业中至少有十年经验的人，或者是在年度总收入超过五千万美元的企业有三年以上高管经验的人。执行委员对家族顾问委员会提出的事项有一票表决权。

____目前担任执行委员。

常任委员：常任委员应为执业律师，且至少在财产和税收筹划、信托管理事宜方面有十年以上为高净值个人和家族提供咨询服务的经验。常任委员对家族顾问委员会提出的事项有一票表决权。

____目前担任常任委员。

罗斯福支系家族代表：三个家族支系各有一位家族支系代表，他们共同对家族顾问委员会提出的事项行使一票表决权，该表决应根据他们中大多数人的意愿进行投票（如果少于三位的家族代理人，则须全票通过）。家族支系代表是詹姆斯·罗斯福子女的，除非有经家族顾问委员会备案的相反书面指示，否则在该子女无法参加会议时，其配偶可以代表他或她投票。

第四条　詹姆斯·罗斯福三个子女们的每个家庭均应由一位家族支系代表所代表，而现任的家族支系代表应为詹姆斯·罗斯福的三个在世子女。如果其中任何子女死亡、辞职或丧失行为能力，除非有其经家族顾问委员会备案的相反书面指示，则其配偶应作为他/她的继任者，直至该配偶去世，辞职或丧失行为能力为止。如果詹姆斯·罗斯福子女指示其配偶不得担任其继任人，或在担任家族支系代表期间该配偶死亡、辞职或丧失行为能力的，则经该子女超过二十一岁的子嗣多数同意可推选家族支系代表，被推选的家族支系代表至少已超过二十一岁，完成四年大学教育，拥有学士学位，或是尽管他或她不满足上述一项或两种条件，但家族顾问委员会认为他或她已经具有成熟的判断力，有能力代表其家庭支系成员。

获委任为家族支系代表的任何后裔，任期一年，连续任职，直至其死亡、辞职或丧失行为能力；或是该家族支系重新推选新的支系代表进行更换，该更换请求须在一年任期结束前至少三十天以书面形式提出并提交家族顾问委员会。

第五条　无表决权成员。家族顾问委员会应拥有一名无投票权的成员，即特别委员，该委员仅应履行本《家族宪章》和《规章》所归定的职能。____目前担任特别会员。

第六条　投票方式。家族顾问委员会将采取的所有决定和行动应由有投票权的成员多数票决定。

第三节　任期/免职/任用规定

第七条　任期。除上文第四条另有规定外，担任执行委员、常任委员、特别委员或家庭支系代表的人应以这种身份任职，直至其去世、辞职或丧失行为能力。

第八条　辞职。担任执行委员、常任委员、特别委员或家庭支系代表的人可以在任何时间以任何理由以书面形式辞职，并具体说明其辞职的生效日期。

第九条　丧失行为能力。如本文所述，如果某人由于精神疾病，发育障碍或身体上的无行为能力而无法完全管理自己的个人或财务事务，则应被视为“丧失行为能力”。

第十条　执行委员的免职。如果确定存在合理的免职原因，执行委员可由①常任委员和②家族支系代表的投票罢免。执行委员被免职后，应根据本协议第十四条的规定任命继任执行委员，在任命继任者之前，根据本协议第十三条的规定，由特别会员临时担任该职务。

第十一条　常任委员的免职。如果确定存在合理的免职原因，常设成员可由①执行委员和②家族支系代表的投票罢免。常任委员免职后，应根据本协议第十四条的规定任命继任常任委员，在任命继任者之前，根据本协议第十三条的规定，由特别会员临时担任该职务。

第十二条　特别委员的免职。如果确定存在合理的免职原因，经家族顾问委员会多数投票表决可以罢免特别委员。特别会员被罢免后，应按照本法第十四条的规定任命继任特别会员。

第十三条　在时任执行委员或常任委员死亡、辞职、丧失行为能力或被免职时，特别委员应以临时身份任职，直至根据下文第十四条任命后继执行委员或常任委员。

第十四条　继任执行委员、常任委员或者特别委员的任命。在时任执行委员、常任委员或特别委员死亡、辞职、丧失行为能力或被免职时，经家族顾问委员时任成员（包括担任临时继任执行委员或常任委员的特别委员）的多数同意，任命继任的执行委员、常任委员或特别委员。

第四节　会议

第十五条　家族顾问委员会应每年至少举行一次会议，以审议上一年度的财务情况和运营情况及下一年的战略计划和投资政策。此外，任何有投票权的家族顾问委员会成员可随时召开家族顾问委员会特别会议。

除非家族顾问委员会成员以书面形式放弃通知，家族顾问委员会每次会议的通知必须至少在会议前三天以书面形式发给每位成员。

除非家族支系代表有经家族顾问委员会备案的相反书面指示，詹姆斯·罗斯福三个子女的配偶和超过二十一岁的子嗣有权参加家族顾问委员会的所有会议。

若家族顾问委员会认为其他人员出席会议将起到有益作用的，则家族顾问委员会可以邀请该等人员出席会议。

参与者可以亲自参加家族顾问委员会的会议，也可以通过电话参加。

第十六条 会议豁免。经家族顾问委员会有表决权的多数成员签署的文件可不经家族顾问委员会会议讨论通过就生效，家族顾问委员会可依据该文件采取相应行为。未经会议讨论就生效的文件必须注明生效日期。

第五节 信息发布

第十七条 执行委员应根据要求，向家族顾问委员会的每一位成员提供他所掌握的有关家庭财产的投资、管理、个人消费、慈善或其他用途的所有相关报告、信件和其他文件。然而，尽管有本节的上述规定，执行委员可将某些报告、信函或其他文件列为保密文件，因此不受上述发布要求的限制。

第六节　豁免

第十八条　本协议各方独立，或作为其未成年子女的合法监护人，①承诺不在法院诉讼或其他类似程序中对任何受托人（无论其是否作为受托人、投资顾问、普通合伙人、董事、管理者、经理、商业顾问或其他身份）就任何家族信托、合伙企业、公司采取或不采取的任何行动或不作为提出异议，以及②免除任何此类受托人的责任、法律和/或衡平法上的诉讼原因、索赔、诉讼、义务、承诺、要求、损害或任何种类的损失（无论是已知的还是未知的、固定的还是偶然的），并使其免受损害及因任何此类行为或不作为而产生的损失或间接损失。

第十九条　各方还认可，本家族宪章和附则不得以任何方式限制根据家族信托、合伙企业、公司、家族基金会或其他实体的宪章、协议、管理协议等的规定授予任何受托人的权力和/或自由裁量权，以就其资产的投资、管理或分配或任何其他事项作出独立决定。

第七节　修正案

第二十条　家族顾问委员会可就本宪章所约定事项采取其认为适当的任何行动，包括修订本章程或规章，但须经有表决权成员的多数同意。

第八节　确认和同意

第二十一条　在修改本宪章或规章时，家族顾问委员会有表决权的成员应向特别委员和十八岁以上的每位家族成员提供两份该修正案。上述人士应签署并向家族顾问委员会交回一份该修正案，以确认其收到该修正案并同意其中的规定。然而，特别委员或任何家庭成员没有签署和交回该修正案并不导致该修正案无效。

第九节 文本

第二十二条 本宪章一式____份，每份都被视为原件，共同构成同一份文书。

罗斯福家族财产管理及分配规章

根据《罗斯福家族宪章》的授权，以下签署人作为家族顾问委员会所有有表决权的成员，特此颁布《罗斯福家族财产管理及分配规章》。

第一节 家族财产

第一条 目前家族财产中，有____美元的资产是由代表罗斯福家族的各种信托、合伙企业、公司和有限责任公司进行投资，此外还有美____元的资产是由罗斯福家族基金会进行投资。这些总资产加上未来所有收益，应被视为“家族财产”。家族顾问委员会应就家族财产的投资和管理、消费、慈善或其他用途提出政策和指导方针。

第二条 家族顾问委员会在制定其政策和准则时应遵循以下一般原则：

（1）家族财产的慈善捐款应根据本协议第六节规定的政策和准则进行。

（2）在家族顾问委员会认为合适的情况下，可建议采取所得税和转让税筹划，以减少家庭的总体税收负担。

第二节　投资

第三条　家族财产的投资应根据以下政策和准则进行：

（1）执行委员应聘请外部投资专家协助制订投资计划和策略。每位外部投资专家应在管理咨询、会计和/或商业、投资银行方面有至少十年的经验，或者是在年度总收入超过五千万美元的企业有三年以上高管经验。

（2）家族办公室至少每年应与这些外部投资专家一起准备文件，供家族顾问委员会审查。这些文件应说明作出投资决定的一般原则，包括资本市场假设、资产分配准则、资本集中度限制等，以及说明具体投资策略及其预期目标的投资计划。但是这些投资计划和策略可阶段性根据情况需要进行修改，而无须家族顾问委员会进一步审查。

（3）尽管有上述规定，家族顾问委员会建议任何时候都应根据以下一般原则作出投资决定①应采用资产类别之间的多样化策略，以减轻重大市场波动对整个投资组合的影响；②不应将家族财产的10%以上的资金集中投资于特定的投资资产或投资管理人；③不应投资无追索权的债务，除非资本回报有法律保障或家族顾问委员会已批准这种债务。

第三节　管理

第四条　家族财产的投资和管理应通过家族办公室集中管理，该办公室应受执行委员的监督，并应被授权采取一切必要的适当行动，以执行有关家族财产的政策和战略。

1. 家族办公室应配备必要的专业人员，以管理家族的投资、会计、税务、银行、保险和其他行政事务。在外部专业人员能提供适当的、具有成本效益优势服务的时候，应使用外部专业人员。原则上，应在其专业资格、能力基础上选聘希望在家族办公室中进行有偿工作的家族成员。

2. 家族办公室应向詹姆斯·罗斯福的三个在世子女的每个家庭及为每个家族支系利益设立的各种信托以及信托下拥有的各种机构提供服务。这些服务应包括但不限于投资咨询、会计、税务规划和申报准备、银行业务、保险和其他行政服务。提供此类服务的费用应根据执行委员的合理决定，由三个家族及其各自的信托、合伙或其他实体分摊和承担。向某一家族成员提供的非常规服务过程中的额外服务或与其单独投资有关的额外服务的费用应完全由该家族成员承担。

3. 成立薪酬委员会，薪酬委员会应以书面（副本应送交家族顾问委员会）方式向各家族信托受托人提出建议，从家族财产中支付给执行委员报酬（包括但不限于基本薪金、奖金、退休福利、递延报酬、养老金计划、奖励计划、医疗和保险福利）。

4. 薪酬委员会中有投票权的成员为“常任委员”“独立委员”（定义见下文）及家族支系代表。酬金委员会唯一无表决权的成员为“特别委员”，____目前担任特别委员。他应作为有表决权成员的顾问。

5. 如上所述，独立委员应为①非家族顾问委员会成员，②非家族成员或家族成员的配偶，以及③在管理、咨询、法律、会计、商业或投资银行业务方面拥有至少十年经验的人士。独立委员应以这种身份任职，直至其死亡、辞职、丧失行为能力或被免职。独立委员经下列成员表决可被免职（无论是否有理由）：①常任委员和②家族支系代表。在任命继任独立委员之前，特别委员应临时担任这一职务。在独立委员死亡、辞职、丧失行为能力或被免职后，薪酬委员会届时有表决权的多数委员

（其中应包括作为临时继任独立委员的特别委员）应任命一名继任独立委员。

第四节　对詹姆斯·罗斯福子女的分配

第五条　建议根据以下政策和准则，从相关信托中向詹姆斯·罗斯福三个子女（下称“子女”）或其代表进行分配，使每个子女受益。

1. 个人消费分配，家族顾问委员会应为每个子女及其受抚养人负担年度个人消费预算（不含个人所得税），三个家庭的个人消费预算应是相同的。建议的年度个人消费分配应为405 000美元，自____年____月____日起生效。个人消费分配应在每个月的第一天以存款的方式按月等额支付，存入其个人银行账户，如果子女已故，则存入其配偶的账户。根据本规章的任何其分配并不减少子女的个人消费分配。

2. 就业基础分配，如果子女或其配偶“受雇”，无论实际工作收入如何，每个子女每年都应获得50 000美元。如果子女或其配偶积极地定期从事旨在创造利润的活动，或家族顾问委员会认为是为社会提供价值而不计报酬的活动，包括兼职工作，则该子女或其配偶将被视为“就业”。

3. 收入增益，每个子女应获得一笔额外的资金（“收入增益”），相当于子女及其配偶税前实际就业收入的总和，但每年不超过50 000美元（就业分配加上他或她的收入增益不超过每年100 000美元）；但是，从家庭持有或控制的企业中获得的收入不应包括在确定收入增益的范围内，除非家族顾问委员会确定这些收入在商业上是合理的［为简化起见，省略了旨在鼓励子女保留部分个人消费分配、就业基础分配和收入增益的复杂规定］。

4. 特定医疗费用的分配，建议每年从相关信托中向每个子女及其受抚养人或其代表进行分配，以支付医疗保险不能报销的医疗费用，包括牙科护理、因保单的免赔额而支付的任何金额，但该项分配应符合以下条件：①除下文规定外，此类分配每年以25 000美元为限；②除下文规定外，此类分配仅限于常规医疗护理费用，不得用于预防性护理；③每年25 000美元限额中最多10 000美元可包括用于支付未投保的任何类型的预防性保健（包括但不限于可被认为是非常规的预防性保健或可被认为非常规的保健）费用的分配；④因患重大疾病所需不能通过医疗保险报销的常规医疗费用不受分配限制。

5. 特定法律费用的分配，子女可就涉及家族宪章、本规章和/或家族财产管理的事项咨询自己的法律顾问，以便就获得独立的建议。如果家族顾问委员会认为这种服务是必要的，应在子女的要求下，从相关信托中拨款给他或她，以支付这种服务的合理法律费用。除本条另有规定外，子女发生的法律费用或其他专业费用应由其自行承担。

6. 住房津贴。从相关信托中向每个子女提供无追索权的无息贷款，用于购买于总价值不超过150万美元的住房［为简化起见，省略了有关出售住宅和处理出售收益的复杂规定］。

家族顾问委员会应有权根据其认为相关的考虑因素，包括但不限于经济因素、相关地理区域的住宅物业成本，以及子女及其作为受益人的信托的财务状况和流动性，逐一调整本文件建议的住房津贴。

7. 定期审查分配条款。家族顾问委员会应每隔五年审查一次本章程中有关子女分配的建议；但是，如果家族顾问委员会可以在有不可预见的情况下审查这些建议。上述建议在______至______期间有效。尽管有上述任何规定，家族顾问委员会仍可在其职权范围内可随时酌情调整任何具体建议，以便：（1）确保直接或间接为詹姆斯·罗斯福的三个子女利益持有资产的剩余部分足以在其剩余的预期寿命内扶养他们及其各自的受扶养人；（2）反映此类资产价值的大幅增加或减少；（3）弥补通货膨胀的影响。

第五节　对孙辈的分配

第六条［为简单起见，省略了关于向孙子孙女分配的规定，以鼓励他们上大学和毕业并从事有报酬的工作，这些规定与就业收入和财产储蓄相匹配，涵盖分配汽车和住房补贴，并支付某些医疗和法律费用。］

第六节　慈善事业

第七条　建议詹姆斯·罗斯福家族基金会或家族成员个人的慈善捐款应根据以下政策和准则进行：关于詹姆斯·罗斯福家族基金会慈善捐款的建议应由家族顾问委员会提出，在提出建议时，家族顾问委员会应倾向于以下慈善目的：____

第八条　任何家庭成员从个人消费分配、实际就业收入或其他个人资金的分配中私下作出的慈善捐助，不需要家族顾问委员会的批准；但是，任何家庭成员作出的慈善捐助的数额不得损害自己和被抚养人的生活。

第七节　文本

第九条　本规章一式____份，每份均为正本，共同构成同一份文书。

反侵权盗版声明